고전과 감성

우리 옛 시 다시 읽기

고전과 감성

우리 옛 시 다시 읽기

조태성 저

Chonnam National University PRESS

책머리에

감성이라는 용어가 나의 학문적 화두가 된 것은 불과 4년 전이었다. '감성인문학'의 기치를 내걸고 인문한국사업을 시작한 바로 그때부터였다. 그렇게 해서 지금까지 학문적 대상으로서 감성을 붙들고 있기는 하지만 내심 불안한 것도 사실이다. 통용通用과 전용專用 사이의 괴리에서 비롯되는 일종의 스트레스일 지도 모를 일이다. 이 글은 그런 가운데에서도 그간 나름대로 감성의 면모를 추적하는 과정에서 비롯된, 그러나 아직은 '덜 여문' 결과물이다.

그럼에도 불구하고 적어도 나에게 있어 감성이란 미래 세대의 보물창고다. 이제까지 인간의 삶에서 감정적인 것들과 이성적인 것들이라고 불리는 그 어떤 것들의 총합체는 논의의 대상에서 제외되어 왔었다. 감정적인 것들로부터 이성적인 것들로의 발전이 인간 삶의 진보라고 여겨져 왔던 까닭일 터이다. 그러나 지금 나는 그런 관점을 뛰어넘는 시도를 시작한다. 그런 시도의 매개는 정적情的 감성과 지적知的 감성이라는 조어이다. 이것들은 감성을 온전하게 구축하는 두 개의 큰 축이며, 인간의 삶 또한 이 둘의 총합체라는 것이 나의 판단이다. 더불어 이러한 판단의 타당성을 증명하는 것이 내가 수행하고자 하는 감성 연구의 궁극적인 목표가 될 것이다.

감성은 감정적인 것들에 대한 경험 혹은 기억이라는 한 축과 학습에 의한 경험 축적으로서의 이성적인 것들이라는 한 축이 서로 충돌하지 않으며, 언제나 상보적이거나 상보적일 수밖에 없는 필연적인 통합 메커니즘이라는 사실을 인정해야 한다. 미래 사회를 예측하는 여러 학자들의 의견에 덧붙여 보건대, 고도의 이성적인 것들의 성장은 점점 더뎌질 수밖에 없으며, 그것을 채우는 것은 어떤 정서적인 것들이고, 이것들의 적절한 조화를 바라는 상황 인식은 결국 이런 관점에서의 감성을 발현하게 하는 주요한 요인이 될 수밖에 없을 것이다.

감성은 발현됨으로써 그 가치를 획득하는 법이다. 발현의 양상은 어떠한지, 그 과정은 또 어떻게 진행되는지, 그것들을 묶어 메커니즘이라고 설명해도 좋은지 등을 밝히는 것 또한 중요한 일이다. 감성 발현 과정에서의 키워드는 감발感發이다. 먼저 느끼고, 그 느낀 것을 표현한 다음, 그것을 통해 또 다른 느낌을 생산하는 것이 감발이요, 감성 발현의 주요 과정이라고 할 수 있다. 이런 경우의 발현은 대개 어떤 특정한 목적보다는 느낌 그 자체에 주안점이 있는 까닭에 각종의 예술행위가 이에 해당한다고 볼 수 있다. 이 글에서라면 적어도 그것들은 시이자 노래들이다. 그리고 그런 노래들은 의도적이든 그렇지 않든 간에 모종의 치유 효과를 온축하고 있다. 그런 까닭에 감발은 감성치유의 주요 기제가 될 수 있다. 또한 그러한 치유는 감성 혹은 감성적인 것들의 적극적 발현과 향유에 의해 이루어진다.

감성은 홀로 서기를 지양한다. 홀로인 감성은 더 이상 역동적일 수 없다. 생기를 잃고 죽어가는 고목枯木에 가깝다. 고목에 말 걸기! 그래서 감성은 마주 서기를 지향한다. 그리고 서로의 그림자에 기대어 다른 모습으로 다시 태어난다. 그것은 습합이다. 습합은 탄생하는 감성들의 모태母胎이지 않은가. 그래서 소통은 감성 대 감성의 역동적인 말 걸기이자 새로운 감성을 만들어내는 '길'이 된다. 더불어 감성은 원활한 소통의 전제 조건일 수 있으며, 소통의 진정성을 확보하게 하는 원천일 수 있게 된다. 그런 까닭에 정치적, 문화적 감성 혹은 감수성의 차이는 주체와 객체를 서로 유쾌하게 인정하게 함으로써 얼마든지 극복할 수 있는 문제가 된다. 결국 감성적 차원에서의 소통의 시작은 상대성의 유쾌한 인정과 그로부터 비롯하는 감성의 습합으로부터 시작되는 것이다.

때로 차이에 대한 불인정은 결핍을 야기한다. 이런 결핍은 물론 심리적인 어떤 것이다. 지금, 이 글에서 치유를 언급하는 것은 감성을 매개로 한 고전 읽기에 대한 또 다른 가능성을 확인하고자 함이다. 결핍 해소 인자로서의 감성과 그 매개로서의 고전의 역할을 주목하자는 제안이기도 하다. 우리가 고전을 다시 읽어야 하는 이유인 것이다.

이 글이 나오기까지 많은 분들의 글에서 도움을 받았다. 그렇기 때문에 반드시 각주나 미주 등을 통해 그 도움 받은 바를 밝혀야 하나, 책의 내용과 그 구성의 특성으로 말미암아 간혹 밝히지 못하고 참고문헌으로 대신하는 경우도 있었다. 이 점, 널리 혜량해 주시길 바라마지 않는다. 또한 이전에 발표했던 필자의 몇몇 연구 성과가 이 논의의 바탕이 되었으며, 그에 관해서는 해당 부분에서 따로 밝히도록 하겠다.

더불어 한 공간에서 감성이라는 화두를 붙잡고 서로의 연구에 응원을 주저하지 않는 전남대학교 호남학연구원 인문한국사업단의 여러 교수님들과 연구원들에게 진심으로 감사의 말을 전한다. 그분들의 한마디 한마디가 이 글의 뼈가 되고 살이 되었다는 사실을 부인할 수 없기 때문이다. 그에 더해 언제나 사랑스러운 몸짓과 귀여운 눈웃음으로 내게 힘이 되어주는 예쁜둥이 윤서와 귀염둥이 윤형, 그리고 그들의 엄마이자 나의 아내인 조향숙에게도 한결같은 사랑의 마음을 전한다.

2012년 6월

용봉골에서 조태성 씀

차례

프롤로그

: 고전에서 감성을 읽다

감성이란 미래 세대의 보물창고다. 이제까지 인간의 삶에서 감정적인 것들과 이성적인 것들이라고 불리는 그 어떤 것들의 총합체는 논의의 대상에서 제외되어 왔다. 감정적인 것들로부터 이성적인 것들로의 발전이 인간 삶의 진보라고 여겨져 왔던 까닭이다. 그러나 지금 우리는 그런 관점을 뛰어 넘는 시도를 시작한다. 그런 시도는 우리가 감성을 **정적情的 감성**과 **지적知的 감성**이라는, 즉 통합적 영역에서의 세분화 연구를 가능할 수 있게 하기 때문이다. 그리하여 처음부터 그리고 앞으로도 인간의 삶은 이 둘의 총합체라는 관점을 유지하면서, 그러한 관점의 타당성을 증명하는 것이 감성 연구의 한 지표가 될 수 있을 것이다.

‖ 감성 혹은 감성적인 것들

감성은, 적어도 디자인에서는 심미적인 경험 축적이 이루어진 상태에서 발현될 수 있는 어떤 능력이다. 이런 심미적 경험의 축적은 개인의 '감수성' 즉, 대상에 대해 느끼는 능력의 여부 혹은 고저高低에 달려 있다. 이에 따라 개인들의 심미 경험의 축적 또한 그 양과 질에 있어 차이를 보이게 되는 것이다. 감성 혹은 감성적인 것들에 대한 개인적인 편차는 여기에서 비롯한다.

그런 까닭에 미시적 관점에서 감성은 주체의 마음 상태라는 점, 그러나 그것이 언제든지 발현 가능하다는 차원에서 그것 자체로 일종의 메커니즘이라고 말할 수 있을 것이다. 그리고 감수성은 마음 상태라기보다는 개인의 마음 행위 능력이라고 말할 수 있다. 그런 점에서 감성과 감수성의 차이를 설명할 수 있을 것으로 기대한다. 다시 말해, 감수성이란 '외부 세계의 자극을 받아들이고 느끼는 능력'이라고 정의한다면, 이에 대하여 감성은 주체의 감수성을 자극하여 다양한 감정 상황을 체험하게 하고 그것들과의 융합을 통해 보다 큰 영역에서의 정서 혹은 그 너머의 어떤 마음의 경지를 형성하게 하는 메커니즘의 일종이라고도 정의할 수 있을 것이다.

바로 이 지점에서 감성은 감수성에 의해 형성된 다양한 층위의 심미 경험을 축적 가능하게 하고, 그 축적물이 마음의 완성으로 나아가게 하는 일종의 에너지원으로 작용한다. 그리하여 마음의 완성이 궁정적인 방향으로 흐르면 일반적으로 '정서 안정'이라고 말하며, 이러한 안정된 정서를 바탕으로 '발현'되는 것을 역동적 감성, 혹은 감성의 역동성이라고 불러도 좋지 않을까 한다. 물론 이런 감성적인 것들은 감정에서 정서로의 전환 과정에서도 분명 관여하는 기제가 될 수 있다. 결국 감수성은 주체의 감성을 말하는 데 있어 그것을 가장 쉽게 간파할 수 매개가 될 수 있다는 의미가 된다.

따라서 감성은 기본적으로 감성적인 어떤 것들로부터 구성된다고 할 수 있다. 그리고 그 구성의 초기 단계에서부터 감정을 인식하는 지적인 작용이 함께 발현한다. 물론 그 지적인 작용이 어떤 감정에 대한 주체의 경험적 인식에서 비롯함은 두말 할 나위 없다. 예를 들어 집에서 키우던 애완견이 사고를 당했을 때, 주체는 슬픔을 느끼게 된다. 이러한 슬픔은 애완견에 대한 사랑의 상실로부터 비롯하는 것이며, 주체는 이미 사랑하는 것을 상실했을 때의 느낌에 대한 경험치를 축적하고 있었기에 슬픔이라는 감정 상황을 인지하게 되는 것이다. 이는 곧 감성적인 것들과 이성적인 것들은 언제나 상보적이며 동시적인 것임을 의미한다.

여기에서 감성적인 것들이라고 함은 이러한 감성의 작용에 의해 발현되는 어떤 심리적 행위, 나아가 실질적 행위를 포괄하는 용어로 사용한다. 즉, 분노나 기쁨, 슬픔 등 우리가 다분히 감정적인 것들이라고 여기는 것으로부터 나아가 그것으로 인해 발현되는 또 다른 어떤 지점 혹은 심태心態들을 말한다. 예를 들어 분노와 슬픔이 뒤엉켜 한으로 발현된다든지, 두려움이 극대화되어 체념적 상태에 도달하거나 우울증에 이르게 된다든지 하는 등을 포괄하여 감성적인 것들이라고 말하는 것이다. 이를 일러 이 글에서는 정적情的 감성이라고 호명할 것이다.

더불어 우리가 흔히 말하는 이성적인 것들도 감성의 범주에 포함될 수 있다. 감성을 구성하는 또 하나의 큰 축이 바로 지적知的인 것들이기도 하다. 왜냐하면 이 모든 지적인 것들 또한 주체가 가진 경험이라는 작용 없이는 그 축적 자체가 불가능하며, 축적이 없는 지적 산물은 존재할 수 없기 때문이다. 그런 까닭에 이 글에서는 이런 것들의 존재를 감성적 차원에서의 지적知的 감성이라고 호명할 것이다. 결국 감성은 정적 감성과 지적 감성의 통합물이라는 의미이다.[1]

이런 관점 아래에서 정적 감성은 마음에서 발생하는 감정들과 그것들의 묶음으로 발생하는 이차적 감정들 혹은 정서적 바탕을 말할 수 있는 개념이 된다. 더불어 지적 감성은 정적 감성의 경험적 축적과 이런 축적물들에 대한 학습의 산물로 이루어진 이성적 바탕을 말할 수 있는 개념이 될 수 있다. 그런 까닭에 감성은 항상 이 두 가지의 행위가 함께 작용하는 것이며, 언제나 상보적인 관계가 된다.

문학 작품을 예로 든다면, 먼저 작가는 일차적으로 어떤 것에 대한 '느낌'을 떠올리게 되면, 즉 정적 감성을 발현하게 되면, 이를 표현하기 위한 경험적 측면에서의 지적 행위인 '쓰기', 즉 지적 감성 발현을 수반하게 된다는 것이다. 문학 행위에서 어떤 정情을 표현하기 위해서는 반드시 외경外景이 필요하다. 이런 외경의 포착 상황에서 중요한 점은 바로 작가의 개성이다. 이런 개성의 존재는 사물의 순간적 포착이 순전히 직관에 의한다는 사실을 증명한다. 결국 이런 직관에 의한 행위의 결과물이 곧 '작품'이 되는 것이다.

풍상이 섞어 친 날에 갓 피운 황국화를
금분에 가득 담아 옥당에 보내오니
도리야 꽃인 양 마라 님의 뜻을 알괘라

이 작품은 면앙정俛仰亭 송순宋純(1493~1583)이 지은 〈자상특사황국옥당가〉라는 시조이다. 어느 날 명종 임금이 궁궐에 피어 있던 황국을 옥당관에 내리고는 노래를 지어 올리라는 명을 내렸다. 급작스런 명에 당황한 옥당관이 마침 숙직 중이던 송순에게 부탁하자 이때 지어 올린 작품이라고 알려져 있다. 이 작품을 보고 명종은 대단히 기뻐하며 누가 지었느냐 묻고는 송순에게 큰 상을 내렸다는 이야기도 전한다.

이 작품에서 초장과 중장은 옥당에 보내온 황국을 보고서 작가가 어떤 '느낌'을 수반하고 있음을 서술한다. 물론 그 느낌은 종장에서 '님의 뜻'이라는 구절을 통하여 결국 정체를 드러내게 된다. 초장과 중장은 엄밀히 말하자면 작가 자신이 행위가 아닌 타인, 여기에서는 임금의 행위이다. 그리고 임금이 왜 그러한 행위를 하였는지에 대해서는 '황국'을 통해 은유된다. 결국 작가는 황국이라는 대상을 통해 은유된 상징을 느꼈을 것이고, 이러한 느낌은 종장의 '도리桃李'라는 꽃을 통해 우회적으로 표출된다. 임금의 행위를 통해 작가는 자신들을 알아준다는 기쁨, 그로부터 비롯하는 자부심을 느꼈을 것이다. 그리고 이런 느낌은 다시 임금을 사모하는 마음과 충忠을 저버리지 않겠다는 다짐으로까지 확대된다. 이는 작품 내에서 포착되는 정적 감성의 면모들이라고 할 수 있겠다.

그렇다면 임금이 황국을 꺾어 옥당관에 하사한 이유는 무엇일까? 단순한 풍류는 아니었을 터, 아마 절개를 상징하는 꽃을 통해 신하들의 마음을 다잡으려는 의도는 아니었을까. 작가는 황국을 통해 임금이 금분을 보낸 뜻을 정확하게 느끼고 인식한다. 그리고 이러한 인식은 또 다른 꽃인 도리를 통해 명확하게 표현된다. 국화와 도리라는 꽃이 주는 상징은 경험적 측면에서의 학습된 인식을 표상하는 대상이기도 하다. 그것은 또한 선비로서의 개성이 투영된 식물이라는 점이라는 점도 간과할 수 없다. 즉, 지조와 변절의 상징으로서 국화와 도리를 설정하는 행위는 선비로서의 학습 경험을 토대로 치밀하게 구성된 지적 감성의 한 사례가 될 수 있는 것이다.

더불어 이런 결과물을 두고서 독자는 작가와는 상반된 문학 행위 과정을 거칠 수도 있다. 독자들은 먼저 작품에 대해 자신의 경험적 측면에서의 지적 행위를 수반한 '읽기'를 행하고, 이후 그로부터 비롯한 '느낌'을 받아들이게 되는 것이 일반적인 독서 과정이다. 이런 과정들을 통과함으로써 문학을 매개로 한 작가와 독자 사이의 감성적 습합이 이루어지는 것이며, 그런 습합의 긍정성 여부에 따라 우리는 그 작품에 대한 새로운 감성을 탄생시킬 수도 있게 된다는 것이다. 이러한 측면들을 염두에 두고서 다음 항에서부터는 감성적인 것들이라고 말할 수 있는 기제들 중 문학과 가장 밀접하게 관련을 맺고 있다고 생각되는 것들에 대해 살펴보기로 한다.

‖ 감성과 정서, 그리고 문학

흔히 "정서는 외적 자극 사건에 대한 보편적이고 기능적인 반응으로서, 현 상황에 대해 적합성을 증진하고 환경을 조형하는 반응을 촉진하기 위해서 생리, 인지, 현상 및 행동 채널들을 일시적으로 통합한다."[2]고 말해진다. 따라서 정서는 생리적 변화와 인지적 반응, 그리고 감정 혹은 느낌의 축적 및 학습 등으로 구성되는 내적 상태라고 볼 수 있다.

또한 "정서는 단순한 주관적 느낌이 아니다. 정서는 우리 신체의 측정할 수 있는 변화들을 반영하고, 종종 환경 속의 사건들에 대한 예측할 수 있는 반응들이며, 혹은 적어도 그 사건들에 대한 우리의 해석들이며 또한 우리의 사고와 행동에 중요한 영향을 미친다. 비록 우리는 정서를 우리 경험의 가장 사적인 부분으로 종종 생각하지만 정서는 우리가 주위의 세상과 교류하는 방식에 대단히 큰 영향을 갖고 있다."[3]고도 말해진다.

이런 측면에서 보자면 정서는 사회와도 불가분의 관계를 맺고 있다. 개인적 차원에서의 정서가 아닌 집단적 차원에서 정서의 문제가 더욱 두드러지기 때문이다. 이러한 집단의 정서는 대개 그 사회의 문화적 상황과 맥이 닿아 있는 경우가 많다. 사회심리학의 발달이 이와 무관하지 않을 것이다. 따라서 "정서의 사회적 구성이란 사회가 정서를 사고, 경험, 표현하는 문화 특정적 방식을 형성하는 과정"[4]이라고도 할 수 있다.

이러한 진술들은 정서의 형성에 있어 필요한 역동적인 어떤 것을 요구하고 있음을 암시한다. 다양한 감정의 경험과 그것들의 소통 또는 통합의 행위가 이러한 정서적 필요에 의해 발생하며, 그것을 완전하게 정서적인 것으로 발현하게 하는 그 어떤 것이 존재할 수밖에 없는데, 그것이 바로 감성이라고 여겨진다는 의미이다.

정서는 인간이라면 모두가 느낄 수 있는 마음상태라고 할 수 있다. 심리학적 정의를 빌린다면, 정서는 생리적 변화, 정서적 반응, 표현적 행동의 조합이 빚어내는 기분(mood)이나 감정(feeling) 또는 강한 느낌에 해당되는 마음 상태라고도 할 수 있다. 따라서 그 종류는 국가나 민족을 차별할 수 없다. 굳이 차별이 아닌 차이를 말한다면, 그것은 표현하는 데 필요한 언어적 차이일 뿐이다.

그럼에도 불구하고 '한국적 정서'를 말할 수 있는 것은 정서들 사이, 혹은 감정들 사이에서 조율되는 어떤 특별한 기제의 존재를 인정하기 때문이다. 여기서는 그것이 감성의 한국적 메커니즘 때문이 아닐까 한다. 이러한 감정과 그것들의 정서로의 치환을 설명할 수 있는 가장 이상적 모델 중의 하나로 '사단칠정론四端七情論'의 사례를 들 수 있다.

조선의 성리학은 인간의 본성에 따른 마음인 사단四端과 인간의 감정인 칠정七情이 어떤 관계에 있는 지에 대해 학파에 따라 다른 입장을 보였다. 이러한 견해 차이는 성리학의 기본 개념인 이理와 기氣에 대한 관점 문제에서부터 구체적인 인간의 행동에 대한 윤리, 정치적 척도에 이르기까지 서로 다른 주장을 이끌어 내는 경지로 발전하였다.

이러한 논의 중 특히 이황과 기대승 사이에서 벌어진 사단칠정론이 주목된다. 사단은 『맹자孟子』에서 비롯된 개념으로, 측은지심惻隱之心은 인지단仁之端, 수오지심羞惡之心은 의지단義之端, 사양지심辭讓之心은 예지단禮之端, 시비지심是非之心은 지지단智之端이라고 한 인의예지의 단端을 모아 생겨난 것이며, 칠정은 『예기禮記』에 나오는, 사람이 갖고 있는 일곱 가지 감정, 즉 희喜·노怒·애哀·구懼·애愛·오惡·욕欲을 말한다. 그런 까닭에 사단은 인간의 본성인 불변하는 본연지성을 의미하며, 칠정은 가변하는 기질지성을 의미한다고도 말해진다.

이 논의에서 먼저 이황은 "이가 발하면 기가 이를 따르고, 기가 발하면 이가 기를 탄다."고 하는 이기호발설을 주장하였다. 다시 말해 이황은 인간의 본성으로서의 사단은 이가 발한 것이요, 가변성을 갖는 칠정은 기가 발한 것이라고 말했던 것이다. 결국 이황의 입장에서 보면 보편적인 것을 발하게 하는 것은 이가 되고, 특수한 것을 발하게 하는 것은 기가 되는 셈이다. 그리고 그 보편성과 특수성은 상호 교섭하지 않는다는 의미로도 해석할 수 있겠다.

이에 대해 기대승은 "칠정 외에 사단이 따로 있는 것이 아닌데 지금 만약 사단은 이에서 발하여 불선不善이 없고, 칠정은 기에서 발하여 선악이 있다고 한다면, 이것은 이와 기가 확실히 둘이 되는 것이며 칠정은 성性에서 나오지 아니하고, 사단은 기에 승乘하지 아니하는 것이 되니 이것은 어의語意가 의심이 없을 수 없는 것이다. 칠정 밖에 따로 어떤 정이 이에서만 나오고 기에서 나오지 아니하는 정이 있을 수 없다. 또 외계外界의 물질에 감촉되어 동하는 것은 사단 역시 그러하다."고 말하며, 이기겸발성을 주장한 바 있다.

즉, 기대승이 주장한 논의의 핵심은 사단도 정이요, 칠정도 정이라는, 그래서 모두 기질지성 속에 이미 갖추어져 있던 이가 기를 타고 발한다는 점에서 이 둘을 따로 설명할 이유가 없다는 데 있다. 어떠한 정이라도 이와 기 모두에게서 나오는 것이며, 사단 또한 마찬가지이다. 결국 칠정 이외의 사단의 정이 따로 있는 것은 아니며, 그 가운데 사단이 포함되어 있다고 보는 입장인 것이다. 그렇게 보면 칠정과 사단은 분명 구분되는 것이기는 하지만, 그것이 어디에서부터 비롯하는 것인지의 문제는 아니라는 점을 짐작할 수 있다. 오히려 감성을 밝히는 차원에서라면, 칠정과 사단 사이의 관계, 특히 그 동적인 관계 양상을 밝히는 것이 먼저의 일일 수도 있을 것이다.

이런 관점에서 그가 말한 대로라면 칠정은 어떤 작용에 의해 사단으로 구현되는데, 여기에서 칠정을 굳이 감정에 해당한다고 보면, 그것은 어떤 작용을 거쳐 감정 묶음으로서의 정서로 치환될 가능성이 충분하다고 볼 수 있다. 이 감정 묶음으로서의 정서가 바로 사단이다. 그렇다면 이 가운데 '어떤 작용' 즉, 그렇게 치환하게 해주는 구실을 하는 존재가 바로 감성이라는 가설 또한 내세울 수 있지 않을까 한다. 그런 이유로 감성은 감정일 수도 정서일 수도 있으며, 감정적인 것일 수도 있고 정서적인 것일 수도 있게 되는 것이다. 그리고 이런 '마음'

과 관련한 것들은 궁극적으로 '예禮'를 지향해야 한다고 보는 것이다. 다시 말해 사단은 인간 심성이 지닌 예 실현의 가능 근거를 존재론적으로 밝히고자 하는 해명으로, 따라서 그것 자체가 바로 감성 기제가 될 수 있다는 것이다.

이런 가설 아래 보자면 감성은 어떤 감정과 감정 사이의 공유 지점에서 이것들 사이의 특정 마음 행위에 의해 발현되는 어떤 것일 수 있다. 그것은, 예를 들어 '감성적인 것들'로서의 인仁을 말한다면, 어떤 대상에 대하여 그것에 대해 불쌍하고 측은하게 여기는 마음 행위에 의해 구현되는 어떤 심태心態가 된다는 말이다. 여기에서 말하는 이러한 마음 행위의 스펙트럼 작용[5]과 그 지점이 바로 감성의 본질이 아닐까 한다. 물론 이런 감성 작용에 의해 형성된 정서는 외부 조건에 따라 개인차가 빚어질 수도 있어, 그것에 대해 어떤 특정한 이름을 쉽게 부여할 수는 없을 것이다.

우리는 흔히 김소월의 〈진달래꽃〉에서 '한恨'을 읽는다고 한다. 물론 이 작품에 대해 연구자들에 따라 한恨의 정서로 읽는 것뿐만 아니라, 〈공무도하가〉에서 〈가시리〉를 거쳐 '이별의 정서'를 잇는 우리의 가장 대표적인 노래로 읽히기도 한다. 그러면서도 이 시에 나오는 주된 화자의 마음은 이별의 슬픔을 체념으로 승화시켜 극복해내는 아름다운 사랑 노래라는 해석도 빠지지 않는다. 이 해석에 의하면 한恨은 긍정적인 정서가 된다. 따라서 이 작품이 내포하고 있는 감성은 물론 '슬픔을 긍정적 체념으로 승화시켜 극복해내는 마음', 나아가 '인고忍苦'가 될 수도 있을 것이다.

오늘날 우리가 한을 다시 주목하는 이유는 그것이 가장 한국적인 정서라고 여겨진 까닭 때문만이 아니다. 오히려 그것은 그렇게 인정하도록 조작한 사회적, 역사적 학습의 결과라는 점을 인정하기 때문이다. 그런 이유로 예전에는 이 한이라는 개념에 대해 대개 부정적 인식의 결정체로 보는데 주저하지 않았다. 그러나 지금은 어느 누구도 그것이 부정적이라고 보지만은 않는다. 한은 우리 삶에 있어 긍정적 지향의 한 방식일 뿐이며, 또한 그것의 부정적 인식을 극복하고, 다시 승화의 차원으로 주체의 긍정적 삶을 이끌어 내는 가장 한국적인 방식으로 인정받고 있는 것이다.

무엇 때문일까? 이 작품을 감성의 차원에서 해석해 보면 우리는 화자의 내면을 훨씬 더 세밀하게 관찰할 수 있게 된다. 님을 떠나보내야 한다는 여성 화자의 단순한 슬픈 심경이 아닌 그것을 초월한 어떤 욕망을 읽을 수 있기 때문이다. 가는 길에 꽃을 뿌려 놓고는 '사뿐히 즈려 밟고 가라'는 여인의 마음을 어떻게 읽어야 할 것인가? 그것은 본성本性으로 밖에는 이해할 수 없는 일이다. 님이 떠나가서 슬픈 것이 아니라 함께 하고 싶은데도 그럴 수 없어 슬픈 것이다. 그래서 떠나보내야 하는 슬픈 심사는 절대로 떠나보낼 수 없다는 적극적 욕망 행위로 읽힐 수 있는 것이다.

이것이 바로 감정을 정서로 치환시키는 감성의 작용이다. 즉, '슬픔' 혹은 '이별'이라는 작중 화자의 감정이나 감정 상황은 언어적으로 표현되는 일련의 과정을 따라 어떤 정화의 작용을 거치게 된다. 그리하여 애초의 감정 너머 또 다른 정서적 경지에 이르게 되며, 이것이 곧 우리 문학에 나타나는 한국적 감성의 특별한 경지라고도 할 수 있다는 것이다.

이렇듯 정서는 어떤 식으로든 안정되었다고 말할 수도 있고, 또한 그런 상태임을 알 수 있다. 그런 안정된 정서 혹은 정서 다발들이 우리를 긍정적 가치를 지닌 주체로 성장할 수 있게 한다. 한의 정서를 부정적 가치로만 본다면 이러한 주장이 타당성을 잃을 수도 있다. 그러나 한이 부정적 가치에서 머무르지 않고 어떤 승화 내지 정화의 작용을 거쳐 긍정의 정서로 치환될 수 있다는 점을 주목한다면, 정서의 안정화는 이런 마지막 단계를 의미한다고 볼 수 있는 것이다.

그렇다면 감성은 안정되었다고 말할 수 있을까? 물론 그럴 수도 있겠지만, 기본적으로 감성은 안정되면 안 된다고 보아야 한다. 왜냐하면 안정된 감성은 더 이상 무언가 추동할 계기를 상실해버린 상태라고 볼 수 있으며, 그런 까닭에 감성의 본연적 역할을 수행할 수 없을 가능성이 높아지기 때문이다. 즉, 감성의 가장 큰 특성이라고 할 수 있는 '역동성'을 상실해버렸다는 의미로 읽힐 가능성이 농후해 지는 것이다.

감성은 안정된 상태로 고착되어서는 안 된다. 끊임없이 움직이면서 무엇인가를 만들어내려는 역동적인 모습이 바로 감성이어야 한다. 물론 그러한 모습 가운데 감성의 움직임이 불안정함으로써 생기는 부정적 감성이 형성될 수 있고, 반대로 안정된 움직임을 보임으로써 긍정적 감성이 형성될 수도 있다. 그러나 우리가 주목해야 하는 것은 안정되어 고착화된, 즉 일처일형적一處一形的인 감성의 면모가 아니다. 안정되어 있으면서도 다양하게, 그리고 역동적으로 움직이는 일처다형적一處多形的인 감성이어야 한다는 점이다.

‖ 감성의 발현과 그 실체로서의 고전

감정의 다발 짓기 그리고 파장

감성 발현의 파장을 규명한다는 것은 그것이 인간의 행위를 구별하거나 혹은 어떤 독특한 행위의 원인과 결과를 유추하는 데 일조할 수 있다는 점에서 의의가 있다고 본다. 감성이 가진 어떤 역동성을 확인한다는 의미이다. 이는 감성 발현 시 나타나는 파장 혹은 스펙트럼이 어떤 감정 상황에 대한 경험치의 강조 혹은 종류에 의해 결정된다고 보기 때문이다. 역으로 보면 어떤 자극에 대해 첫 경험(유아기)이 감성 형성에 영향을 크게 미치는 까닭은 '그 자극'에 대해 이미 경험된 축적치, 즉 학습치가 없기 때문이다. 또한 이러한 이유로 감성 발현의 파장은 개인성을 가질 수밖에 없다. 그 개인성은 마치 인간의 지문처럼 유일성을 획득하게 되는 것이다.

그렇다면 이러한 파장은 어떤 식으로 우리의 삶에 적용될 수 있을 것인가? 문학이라는 분야로 그 거리를 좁혀본다면, 파장이 문학 행위에 미치는 영향은 무엇일까? 그리고 그것은 기왕의 문학적 분석과 어떤 차이가 있을 것인가? 그 차이는 어떤 의미를 지닐 수 있겠는가? 이런 물음들 앞에서 즐겁게 답을 내어 놓을 수 있을 때라야 비로소 감성과 문학이라는 독립적 연구의 틀이 완성될 수 있을 것이다. 이 글은 그에 관한 하나의 답을 제시하고자 한다. 그것을 위해 감성적인 것들로서의 특정 정서의 파장, 예를 들어 '분노'라는 정서의 표출 파장이나 그 다스리는 방식을 여러 분야에서 설명함으로써 지역과 지역, 나라와 나라 사이의 감정 차이를 설명할 수도 있게 되기를 기대한다. 더불어 이러한 방식이 삶의 소통 코드로서의 감성의 역할과 의미를 더욱 구체적이고 선명하게 드러낼 수 있을 것으로도 기대한다.

여기에서 이렇게 개인의 정서를 풀어내는 혹은 풀어내게 하는 방식의 동일화는 집단 정서를 형성하게 하는 한 기제가 될 수 있다. 파시즘이나 포퓰리즘 등이 그 대표적 사례가 될 수 있을 것이다. 따라서 감성은 그 자체로도 어떤 '기제(메커니즘)'가 될 수 있는 것이며, 이러한 감성은 시대사회적, 정치적, 문화적 배경의 차이에 따라 얼마든지 달리 나타나게 되는 것이다.

감정의 다발 짓기는 그것이 정서를 형성하는 주요한 과정 중의 하나라는 점에서 의의를 가진다. 여러 가지 단일 감정들이 상호 관련을 맺으면서 어떤 감성적 기제에 의해 하나의 마음 단위로 묶여가는 것, 그래서 그 묶임에 의해 형성된 복합 감정 단위를 감정 다발이라고 말할 수 있다. 또한 이렇게 형성된 감정 다발 역시 감성적 기제에 의해 정서로 치환되는 일련의 과정을 거치게 된다.

이때 그 감성적 기제는 여러 가지가 있을 수 있겠지만, 여기서는 그 대표적인 것을 뭉뚱그려 감수성과 지성이라고 본다. 즉, 대상에 대해 받아들일 수 있는 주체의 어떤 마음 능력과, 그것을 경험하고 학습하여 사고의 형태로 축적해 놓은 지적知的 영역들의 총합으로 본 것이다. 예를 들어 감성정치나 감성시학 등이 어떤 느낌의 정치, 느낌의 시학 혹은 정서의 정치나 시학을 말하지만은 않는다는 의미이다.

결국, 감정과 정서로 대표되어지는 감성적인 것들과 감성의 관계는 이런 관계여야 감성의 역동성, 또는 삶의 에너지로서의 감성이 설명될 수 있지 않을까? 즉 감성은 감정이든 정서든 그 어떤 것이든 막론하고 인간의 마음에 어떤 반향을 일으키게 하는 힘이다. 다시 말해 사람들에게 마음속의 어떤 것을 불러일으키게 하는 모든 행위 또는 표현 등등을 아울러 감성이라고 말할 수 있는 것이다.

감수성의 질과 감성 스펙트럼

감수성의 고저高低 또한 감성의 발현 정도를 설명하는 중요한 요소이다. 감수성의 고저는 감수성의 질質과도 같은 의미라고 할 수 있다. 감정과 달리 감수성의 고저는 지적 감성 작용의 한 결과라고도 볼 수 있다. 경험의 축적이 학습으로 완성되는 과정의 진폭이 바로 지적 작용 과정이라고 생각하기 때문이다. 여기에서 우리는 감성과 감성적인 것들, 그리고 감정과 정서 사이의 관계를 상정할 필요가 있다.

우선 감성은 그것을 발현하는 주체의 총체적인 면모라고 할 수 있다. 감성이 내면적인 것, 마음적인 것뿐만 아니라 그 자체로 발현하는 경향도 감지되기 때문이다. 이런 경우 대부분 집단에 의지하는 경우가 많다. 촛불집회라든지 광화문 길거리 응원의 경우가 이에 해당하는 사례다. 흔히 말하는 '분위기에 휩싸인' 경우가 종종 있다는 의미이다. 물론 외면적으로 표출되는 감성은 내면의 감성적인 것들에 기초한다. 주체의 어떤 내적 감응에 의하지 않고서는 외면에서 그 어떤 것의 발현을 기대하기는 힘들기 때문이다. 따라서 감성은 감성적인 것들의 외면적 발현태라고도 할 수 있다.

반면 감성적인 것들은 마음 행위에 의해 작동되는 감정 나아가 정서적인 것들을 의미한다. 그리고 그들 사이의 묶임과 치환을 가능하게 하는 감수성이나 지성적인 것들을 포괄한다. 그러나 이들 역시 주체의 외부를 둘러싼 대상에서 자유롭지 못하다. 그런 측면에서 감성과 감성적인 것들은 상보적이며 호혜적인 관계를 맺을 수밖에 없음이다.

다시 말해서 감성은 감정 그 자체에 의해 어떤 뚜렷한 형태 없이 즉발적即發的으로 발현될 수도 있으며, 정서의 형성 과정에 개입하여 현현적顯現的으로 발현할 수도 있다. 또한 감성이 매개체로 작용하여 '감정의 정서로의 치환'이 가능하게 할 수도 있는 것이다. 이때 감수성의 고저나 심미 경험의 축적 정도가 매개체로서의 감성의 능력을 좌우하는 것은 물론이다.

정서의 형성이 감정과 감정들 사이의 묶임 혹은 얽힘, 그리고 개별적 혹은 개성적 관계 맺기에서 비롯된다는 사실은 앞서 살펴보았다. 이때 '관계 맺기'는 물론 경험적 작용의 축적이거나 심미 경험의 축적 등으로 완성되는 지적 혹은 이성적 작용의 한 결과임도 이미 말한 바 있다. 그렇다면 그것들 사이의 관계 맺기는 어떤 식으로 설명할 수 있을 것인가? 이 역시 감성의 발현과 관련한 문제가 된다. 감정과 감정들 사이의 얽힘 현상에서 그 중간에는 공통 지점이 생기게 마련이다. 관계를 맺는데 있어 서로 공유하는 지점이 없다면 관계 맺기 자체가 성립하지 않기 때문이다. 이러한 맥락에서 감성의 발현 또한 그 공통 지점에서 일어날 수밖에 없는데, 그 모습이 마치 어떤 스펙트럼이 형성되는 것처럼 보인다.

가령 어떤 상황에 의해 A와 B라는 임의의 감정들이 발현되었다고 하자. 이러한 감정들은 상황에 따라 별개로 존재할 수도 있지만, 또한 그 상황에 따라 어떤 관계를 맺을 수도 있다. 즉, '그 상황에 따라' 이러한 임의의 감정들이 서로 관계 맺을 가능성을 내포하는 것은 그것을 인지할 수 있는 주체의 자각이 존재하기 때문이다. 이때 그런 자각에 의해 감정들 사이에 어떤 관계를 맺게 하는 매개가 바로 감성의 작용인 것이다. 감성은 처음부터 한 모습이라기보다는 주체가 자각한 상황에 의존하여 어느 방향으로든 스펙트럼화 되는 경향을 보인다고 여겨진다.

예를 들어 A와 B의 감정은 서로 비슷할 수도, 정반대일 수도 있는 감정들이다. 만약 슬픔[애哀, A]과 화남[노怒, B]이 접점에 있다면 이 둘의 감정은 주체의 직간접적인 자각 아래 상호간의 교감을 끊임없이 추구한다. 이러한 교감의 추구는 개인의 체험과 감수성, 혹은 이성에 의해 학습된 무의식적인 어떤 행위일 가능성도 있을 것이다. 그리고 그것은 상황과 조건에 따라 어느 한 쪽에 무게 중심을 옮겨가게 된다. 한 쪽의 감정 색채가 더욱 짙어지는 동시에 다른 한 쪽의 색채는 옅어지는 현상이다. 그것이 바로 감성 발현의 스펙트럼 현상이다.

이러한 스펙트럼 또한 개인의 감수성과 이성의 혼합 작용으로 형성되어 개인마다 분명한 차이가 있을 수 있다. 즉, 정서는 근본적으로는 분명 개인적인 속성으로서, 그 개인차가 엄연히 존재한다는 의미이다. 반면 감정은 공통된 느낌의 공유된 경지를 말하는 것이므로 개인차가 있다는 말도 일리가 있겠지만, 그보다는 대상에 대한 지각 정도의 차이가 있다고 보아야 더 정확한 표현이 되지 않을까 한다.

결국 스펙트럼의 진행 방향이 짙어지는 쪽에 부정적 감정이 지배한다면 이는 주체의 정서 불안 현상을 야기할 수 있을 것이며, 이는 감성의 발현이 폭발적으로 일어날 가능성이 있음을 의미한다고 볼 수 있다. 긍정의 경우에도 마찬가지일 것이다. 즉, 감성의 발현 양상은 극단으로 치우칠 경우도 있겠으나 그럴 경우는 대개 한 순간이며, 이 순간 어느 한 감정을 배제하거나 극복해버림으로써 주체 및 집단의 마음 상태 나아가 사회와 역사의 균형을 추구할 수 있게 된다고 할 수 있다. 따라서 감성은 이러한 스펙트럼을 만드는 기제, 에너지 아니면 어떤 역동적인 힘일 수 있으며, 이러한 사실은 앞서 제시한 스펙트럼 효과로 충분히 설명될 수 있다고 하겠다. 이러한 내용들을 그림으로 표현해 보면 [그림 1]과 같다.

[그림 1][6]에서 필자는 정서 반응 혹은 정서적 경험의 두 축으로 '■'로 표시되는 '쾌-불쾌'와 '사랑함[애愛]-미워함[오惡]'을 배치하였다. 이 네 지점을 중심으로 서로 가까운 지점에 있는 '●'의 정서들은 매우 유사한 특징을 가지며, 거리가 멀거나 반대쪽 지점에 위치할수록 반대 정서로 인식되거나 아예 다른 정서들로 인식될 수 있다는 것을 보

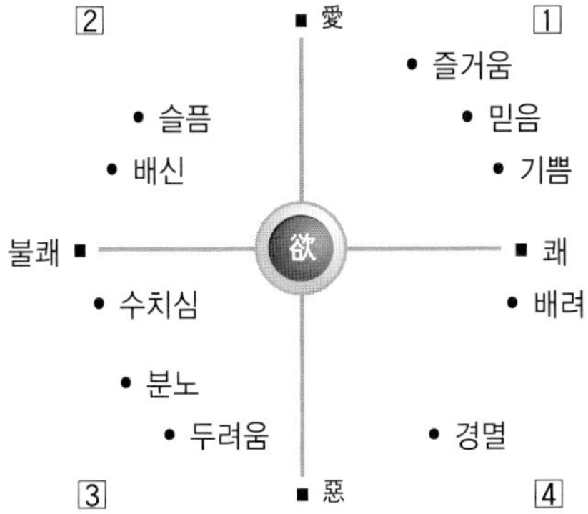

[그림 1] 감성 발현 모델

여주는 것이다. 또한 이 두 축의 중심 정서가 발현하는 원인을 '욕欲'으로 설정하여, 그것의 성취 여부에 따라 부차적인 정서들이 생겨나고 이동한다는 것을 보여주고자 하였다. 한편, '■'로 표시되는 네 축은 서로 가까운 지점에 위치한 정서들끼리 비교적 쉽게 습합을 이루어 '독특한 파장(스펙트럼)'을 발생시키며, 거리가 멀수록 이러한 파장이 발생되기 어렵다는 사실을 보여준다고도 하겠다. 따라서 우리가 위의 감성 발현 모델을 기준으로 그 안에서 발현할 수 있는 수많은 개별 정서들을 그려내고, 이들이 생성하는 파장을 구별해낼 수 있다면 감성에 관한 하나의 체계도를 완성할 수도 있을 것으로 여겨진다.

우리는 또한 위 그림을 이용하여 간단한 실험을 진행하는 것으로써 체계도의 밑그림을 만들어낼 수 있을 것이다. 예를 들어 위의 그림에서 점이 상징하는 감정 혹은 정서가 없다고 가정할 때, 그리고 두 축만이 존재하고 있다고 가정할 때, 우리가 갑자기 특정 상황에 처해진다면, 느껴질 것 같은 감정을 모두 적어보게 하라. 그리고 그 결과에 대해 어떤 진단적인 해석이 내려진다면, 우리는 개인의 감성을 읽을 수 있게 된다. 그리고 그 차이 또한 명쾌하게 드러낼 수 있게 되는 것이다. 물론 그런 감정의 차이가 어떤 방식으로 발현되는 지에 관해서도 설명할 수 있게 된다.

요컨대 이상의 진술들은 모두 감성이 감성적인 것들과 이성적인 것들의 총합이라는 점을 말하고자 하였다.[7] 그래서 감성은 정적 감성과 지적 감성으로 구분해 볼 수도 있게 되는 것이다. 그리고 감성의 관여 방식과 관여 이후의 발현 방식 등을 설명하고자 했다. 따라서 이상의 진술대로라면, 감성 혹은 감성적인 것들에 대해 '옳음'의 차원으로 설명하든 '그름'의 차원으로 설명하든, 우리는 더 이상 감성과 이성을 대비하여 설명할 필요성을 느끼지 않는다.

감성 발현체로서의 고전

주체의 감성 발현이 실현된 일례로 고전 문학 작품을 들어 보는 것은 어떨까? 시조의 경우가 이에 매우 적합할 듯하다. 시조는 그 형식과 내용에서 가장 절제되어 있으면서도 욕망이 가장 최소화된 그리고 최고의 겸양이 묻어나는 대표적인 우리 시가 장르라고 생각된다. 이는 최소화된 시조의 형식에도 잘 알 수 있는 부분이다. 물론 형식만으로 시조가 최고의 감성 발현 사례가 되는 것은 아니다.

시조를 비롯한 모든 시가 문학은 감정이 아닌 정서의 문제를 다룬다고 한다. 이때의 정서란, 즉발적 표현 양태를 가지는 감정의 상태에서 그 감정 주체가 가지는 일련의 지각 행위가 투영된 상태를 말한다고 볼 수 있다. 그렇다면 시조를 포함한 우리 시가의 대개는 정서의 문제를 넘어 감성의 문제로 파악되어야 한다고 여겨진다. 왜냐하면 우리 시가의 완성은 정서라는 것을 형성하게 하는 주체의 작용으로만 그치는 것이 아니라 그것 이외의 의미를 부여해 줄 수 있는 '앎'의 요소가 더해진다고 여기기 때문이다.

그렇게 더해진 앎의 요소는 정서를 감성 작용의 결과로 인지하게 해주는 동시에 그것이 주체의 욕망을 최소화해주는 장치임을 암시하는 것이다. 따라서 시조에서의 의미 구조는 그것에 적합한 형식 구조를 구축하며, 이것이 곧 감성 표출을 위한 시적 장치임을 함의한다고 할 수 있겠다. 필자는 이것을 시조의 감성 구조라고 명명한다.

그렇다면 이러한 시조의 감성 구조는 어떤 식으로 설명할 수 있을 것인가? 물론 시조에서 인식되어 표현되어야 할 '대상'은 작품의 필수 요소이다. 또한 거기에 대상을 인식하는 '주체'가 있으며, 인식의 결과를 보여주는 언어적 '표현'이 수반되어야 한다. 이 과정에서 대상과 대상(혹은 주체)의 인식 사이에는 일정한 작용이 필요하고, 이러한 일정한 작용이 감성의 작용에 포함된다고 보기 때문이다. 왜냐하면 대상에 대한 인식은 주체의 여러 경험들에 의한 기억에 가깝거나 혹은 생경한 감정들의 혼용 상태에서 이루어질 가능성도 존재할 수 있기 때문이다. 물론 이러한 인식의 이전부터 존재했던 여러 환경적 배경 또한 감성 작용의 범위에 포함될 수 있을 것이다. 이런 과정을 거침으로써 비로소 하나의 시조 작품이 완성되는 것이다. 나아가 그것들 사이의 관계를 유기적으로 연결시키는 일은 작품의 완성도를 높이는 필수불가결한 과정이며, 그것을 구조화라고 말할 수 있겠다.

따라서 이 구조화의 과정에서 대상과 대상을 인식하는 주체의 사이에는 일정한 작용이 필요할 터인데, 이러한 일정한 작용이 바로 감성의 작용이라고 여겨진다. 왜냐하면 대상에 대한 인식은 주체의 여러 경험들에 의한 기억에 가깝거나 혹은 생경한 감정들의 혼융 상태에서 이루어질 가능성이 크기 때문이다. 물론 이러한 인식의 이전부터 존재했던 여러 환경적 배경 또한 그 작용 범위에 포함될 수 있을 것이다.

백제의 노래인 〈정읍사〉에서도 욕망의 최소화 방식을 엿볼 수 있다. 감성이 욕망의 잠재된 발현체라고 할 수 있는 것은 그것을 최소화하는 방식을 갖고 있기에 성립되는 전제이다. 〈정읍사〉에서 여인이 갖고 있는 욕망은 궁극적으로 무사한 사랑의 확인이라고 볼 수 있다. 이때 그에 따른 욕망의 최소화 방식은 바로 '염려'와 '기다림'이다.

ᄃᆞᆯ하 노피곰 도ᄃᆞ샤
어긔야 머리곰 비취오시라
어긔야 어걍됴리
아으 다롱디리

져재 녀러신고요
어긔야 즌 ᄃᆡᄅᆞᆯ 드ᄃᆡ욜셰라

어긔야 어걍됴리

어느이다 노코시라
어긔야 내 가논 ᄃᆡ 졈그ᄅᆞᆯ셰라
어긔야 어강됴리
아으 다롱디리

〈정읍사〉

이 노래에서 '즌 ᄃᆡᄅᆞᆯ 드ᄃᆡ욜셰라' 즉, 진 데를 밟을까 두렵다는 구절은 화자의 염려를 나타내는 직접적인 표현이라고 볼 수 있다. 물론 이 '진 데'를 색주가로 보아 이 노래 전체를 남녀상열지사로 보는 견해가 있기도 하다. 그러나 그것은 화자의 염려를 드러내기 위한 하나의 소재에 불과할 뿐, 노래 전체의 의미를 해칠 정도는 아니다. 즉, '즌 ᄃᆡ'는 화자의 입장에서 염려의 대상인 남편에게 일어날 수 있는 모든 부정적 상황에 대한 은유에 불과한 것이다.

'어느이다 노코이다'라는 구절도 마찬가지이다. 혹자는 이 구절을 두고 '어느 누구와 놀고 계시느냐'는 의미로서 화자의 의심을 의미한다고 보기도 한다. 그러나 노래의 전체적인 맥락을 생각한다면, 이 구절은 '어느 곳에든지 놓고 계시라'거나 '놓고 오시라' 등의 의미가 더 타당할 듯하다. 그것은 피곤한 남편에 대한 '염려' 또는 귀가를 '희망'하는 화자의 마음으로 보기 때문이다.

더불어 이 노래에 함의된 화자의 욕망과 그로 인한 모든 부정적 인식, 그리고 그 표현은 첫 구에 보이는 '달'이라는 대상에 의해 표출되면서 또한 동시에 극복되기도 하는 이중적 성격을 가지고 있다. 즉, '달님이시여, 높이높이 돋으시어 머리 위를 비추어 주십시오'라는 첫 구절의 의미는 화자의 욕망이 표면적으로 배출됨을 시사한다. 남편에 대한 사랑을 높이 뜬 달로 비유하고자 한 것이다. 나아가 밝게 비추는 달은 또한 남편의 야행을 걱정하는 배려의 상징이 되기도 한다.

이런 상징들은 본래 달이 가진 원형적 이미지와도 상통한다. 남편의 사랑을 갈구하는 욕망의 이미지, 남편의 안전을 기원하는 염려의 대상, 어둠을 밝히는 광명의 상징이 바로 그것이다. 이것들은 노래 안에서 화자의 욕망과 하나로 습합되어 결국은 의미적으로 이중 순환 구조를 이루게 되는 것이다. 달이 지면 어둠이 오는 것처럼, 사랑에 대한 화자의 욕망을 상징하는 달이 사라져버리면 자신의 사랑도 사라질 것 같은 내면의 불안함과 그럼에도 불구하고 그것을 극복하고자 하는 또 다른 욕망이 충돌하고 있는 것이다.

다시 말해 이 노래에서 달은 화자의 염려를 함께 하는 대상이요, 그러한 염려를 완화시켜주는 구체적 물상이 되기도 하며, 꺾이지 않는 기다림을 상징하는 매개물이 되기도 한다. 그리하여 이 노래에서의 달은 화자의 욕망을 드러내는 직접적인 매개물일 뿐만 아니라, 그 욕망을 최소화하여 드러내기 위한 시적 장치가 되기도 하는 것이다.

결국 우리는 이 노래를 통하여 '염려'는 상대에 대한 믿음과 배려 없이는 성립될 수 없는 행위이며, 기다림 또한 그에 기반하고 있음을 알 수 있다. 따라서 욕망의 최소화 방식은 곧 그것 자체로 감성의 표현 방식이라고 할 수 있으며, 그에 따라 발현되는 감성의 양상은 주체의 열려진 마음 상태에 따라 조금씩 달리 나타나게 되는 것이다. 물론 이러한 양상이 조금씩 달라지는 현상은 최소화의 범주에 대한 주체의 수용 능력, 즉 주체가 가진 감수성의 질質과 관련되어 있을 것으로 여겨진다.

‖ 고전과 감성, 여백 혹은 여백의 미

예술적 측면에서 여백餘白이란 종이 따위에 글씨를 쓰거나 그림을 그리고 '남은 자리'라는 개념보다는 '남긴 자리'라는 개념으로 보는 것이 오히려 타당하다. 남긴 자리는 그야말로 비어두기 위함이요, 그것은 비어 있음으로 해서 더욱 아름다워지는 것을 의미하기 때문이다. 간혹 지적 감성의 영역에서 이 비어있음은 종종 아름답지 못함으로 간주되기도 한다. 그러나 정적 감성의 영역에서라면 비어있지 않아서 아름답지 못하게 되는 경우가 오히려 더욱 많다. 열려진 상황에서 드러날 수 있는 역동성을 배제시킬 수도 있기 때문이다.

> 미완의 이념은 자연적으로 있는 그대로의 상태를 그저 수동적으로 받아들이려는 결핍된 어떤 형태를 말하는 게 아니다. 오히려, 불완전성을 적극적 가능성으로 변용시키고, '무無'와 '비어 있음'을 잠재적 형태요소(Gestaltungselemente)로 이해할 필요가 있다. 이러한 적극적인 기능을 분명히 하기 위해서는 단순성의 범주가 갖는 '내용'이나 '관계'

> 에 관한 의미를 이해할 필요가 있다. '무無'나 '비어 있음'은 무엇보다도 내용적으로 단순함을 말한다. 뿐만 아니라 관계적으로 열려있음을 뜻한다.[8]

이 인용문은 '비어 있음'에 관한 열린 관계에 대해 다시금 주목하게 해준다. 내용적으로 복잡하고 합리적이며 충만하다고 해서 그것이 정말 아름다운 것이라고 말할 수는 없다. 그와 반대로 단순하다거나 비합리적이어서, 혹은 충분히 가득 차 있지 않다고 해서 아름답지 못하다고 말할 수도 없을 것이다. 오히려 단순한 내용과 그 주변의 '비어 있음' 혹은 '열려 있음'이 상호 상승 작용을 일으켜 어떤 감성적 기제를 촉발시킴으로써 더욱 아름다워질 가능성이 높다고 본다. 이러한 기제들의 수용이 감상자들의 감수성의 질質과 관련 있음은 물론이다.

그러나 단순히 비어있거나 열려있다고 해서 여백이 무조건적으로 감성을 촉발하는 어떤 기제가 될 수 있는 것은 아니다. 여백이 감성 기제로서의 역할을 수행할 수 있게 하는 어떤 범주나 기준의 설정이 필요하다는 의미이다. 그런 점에서 감성 발현의 메커니즘과 여백과의 관계를 어떤 식으로든 설정해야 하는 문제가 새롭게 대두된다. 확신하기에는 다소 어려움이 있지만, 여기에 동양 철학의 이론, 예를 들어 불가佛家의 공사상空思想이나 유가儒家의 음양오행사상陰陽五行思想 등의 이론을 적용해 보면 어떨까 한다.

작품을 지배하는 여백은 작품에 표현된 그 어떤 것과도 결코 다른 존재가 될 수 없다. 존재하는 어떤 것이 존재하지 않는 어떤 것과 다르다고 말할 수 없는 것은 존재하지 않는 어떤 것이 갖고 있는 열린 가능성 때문이 아니겠는가. 그 열린 가능성이 바로 여백인 것이다. 여백이 어떤 형태로든 감성적인 것들이 될 수 있는 까닭은 바로 그 열린 가능성 때문이라고도 할 수 있는 것이다.

여백은 시간과도 관련이 있다. '기다림'은 어떤가. 최소한의 인위, 즉 인간의 개입이 시작된 이후 나머지는 모두 자연에 위임한다. 그리고 자연에 위임한 나머지, 그것이 바로 여백 혹은 비워 두기가 아닐까 한다. 기다림에 의한 여백은 결국 그것 그대로 채워짐 혹은 채워질 수 있음을 의미하는 것이다. 기다림 그 자체가 완성이라는 뜻이다. 한국의 음식과 도자문화는 그 대표적 사례 중의 하나이다.

우리 음식에 빠지지 않고 첨가되는 장은 기다림이 없이는 결코 이루어질 수 없는 양념이다. 오랜 시간의 삭임, 즉 기다림으로 우리는 '묵은 맛'을 만들어낸다. 도자문화陶瓷文化 또한 특별하다. 도자의 모양과 문양은 사람의 손을 거치지만, 그 도도한 색의 미는 장인의 불을 만지는 솜씨라기보다는 불 때[시時]를 기다리는, 어쩌면 자연이 가져다주는 천운天運 같은 것일 수도 있다. 그래서 그것은 일종의 기다림이 될 수 있는 것이며, 기다림의 미학美學으로 승화될 수도 있는 것이다.

여하튼 여백은 한국의 대표적인 미적 자질의 하나로 평가되어 왔다. 그러한 미적 자질이 자연과 인간 사이의 동화同化에서 비롯되었음은 주지의 사실이다. 또한 그것은 분명 정서 표현의 한 방식이라고도 할 수 있다. 그렇다면 정서를 구축하는 감정들 사이의 여백 또한 그러한 역할을 담당할 수 있지 않을까 추측해 볼 수 있다. 즉, 감정들 사이의 여백을 어떤 방식으로 스펙트럼화 할 수 있는가는 어떠한 정서적 자질을 형성하게 하는가와 밀접한 관련이 있을 것으로 보인다.

물아일체物我一體는 또 어떤가.

> 천지여아병생天地與我竝生, 이만물여아위일而萬物與我爲一
>
> 천지는 나와 함께 나고, 만물은 나와 더불어 하나가 된다.[9]

물아일체란 외물外物과 자아, 객관과 주관, 또는 물질계와 정신계가 어울려 하나가 되는 것을 의미한다. 그러나 하나가 된다는 것에 방점을 찍을 필요는 없다. 본디 물아일체의 경지에 이르고자 했던 것은 자기 자신을 비우기 위함이었다. 그렇게 하여 빈 마음에 채우고자 했던 것은 바로 도道였기 때문이다. 그래서 물아일체를 논하고자 한다면 그 '일체'의 이면에 있는 마음 작용에 방점을 두어야 하는 것이다.

물아일체는, 그래서 마음의 여백과도 관련이 깊다. 무언가 가득 찬 마음으로 세계(혹은 자연)와 일체가 되기는 어렵다. 그것이 객관화된 어떤 관념이나 불변의 사고라면 더욱 그러할 것이다. 세계는 주체가 자신이 세계의 일부임을 자각할 때 비로소 일체로서의 그 모습을 드러낸다. 또한 그 자신의 자각이 이루어졌을 때 주체의 마음에 비로소 여백이 생겨나는 것이기도 하다.

물아일체의 실체적 현상을 보기는 어렵지만, 옛 선인들이 남긴 흔적에서 그 일단을 찾아볼 수는 있다. 시조 작품이 대표적인 사례이다.

> 말 없는 청산靑山이오 태態 없는 유수流水로다
> 갑 없는 청풍淸風이오 임자 없는 명월明月이라
> 이 중에 병病 없는 이 몸이 분별없이 늙으리라

이 작품은 조선시대 성리학자인 성휘(1535~1598)가 읊은 것이다. 언뜻 보면 화자의 독백이 작품을 지배하고 있는 듯 보인다. 그러나 좀 더 세밀하게 읽으면 그 안에서 대화를 시도하는 화자를 엿볼 수 있다. 대화의 상대는 드러나 있지 않은 듯하지만, 실은 '말 없는 청산'과 '태 없는 유수'가 화자의 대화 상대인 것이다. 그것을 가능하게 해 주는 것이 바로 물아일체의 본질이다.

예로부터 선비들은 자연을 인식의 대상이 아닌 자신의 투영체로 보고자 하는 경우가 많았다. 따라서 자신이 하는 말이라면 여과 없이 자연에 투영되리라 믿었고, 자연 또한 그를 받아들이는데 어색함이 없을 것이라는 관념이 일반적이었다. 상호 간의 어떤 친숙함이 전제되어 있었다는 말이다. 이러한 친숙함이 바로 물아일체의 경지에 들게 하는 매개였다고 할 수 있다. 이런 경지는 특히 시조에서 두드러진다.

> 성리학이 산수를 매개로 했을 때, 물아일체物我一體를 추구했다. 물아일체는 인물성동론人物性同論과 접맥되었는데, 대체로 인성과 물성이 동일하다는 인식에서 출발한 것 같다. 물아일체는 무아론無我論에 근거한

> 다. '무아'는 사적인 감성적인 서정을 배격하고, 작가의 인성과 산수의 물성을 합치하는 데 목적이 있다. 그리하여 그들은 강호를 단선적인 미적 자연에서, 선善과 진眞의 경계로 격상시키고자 했다. 강호에서 진락眞樂을 얻는다는 것은 이 같은 경지에 진입한다는 의미이다.[10]

성리학은 조선 선비들의 주류 사상이었다. 또한 그 사상이 고도의 형이상학이었음은 부인할 수 없다. 시조라는 문학 장르는 이러한 사상을 받아들이는 데 있어서도 거리낌이 없었다. 회고懷古나 훈민訓民으로부터 시작되었던 시조는 성리학을 만나면서부터 더욱 강한 감성적 기제를 확보할 수 있었다. 주제적 측면에서 시조에 관해 "시조와 성리학의 만남은 주제의식에서 감상적이거나 퇴폐적인 면을 약화시켰을 뿐 아니라, 전아典雅한 품격으로 그 미학적 차원을 높이는데 기여"[11]했다는 평가가 있다. 이는 시조가 가지고 있던 평면적 주제 구성이 어떠한 의도 아래 입체적 구성으로 바뀌었다는 것을 의미한다.

물론 그러한 의도가 성리학적 목적과 무관하리라 여겨지지는 않는다. 하지만 작품 자체를 두고 보자면 '대상으로부터 멀어져 있던 시적 화자가 대상과 합일되는 경향'으로 나아가려 했다는 점을 주목하지 않을 수 없다. 그것은 비록 성리학적 영향에서 비롯되었겠지만, 그와 더불어 작자 자신의 몰입을 적극적으로 표현하려는 과정에서 발생하였음도 부정할 수 없다.

문제는 이러한 '물아일체'의 본질을 감성적 차원에서 어떻게 보아야 하느냐이다. 작품 자체를 통해 무언가를 느끼고자 하는 독자들의 특정한 감상의 경지일 것이냐, 아니면 작자들이 추구했던 마음 상태의 한 경지일 것이냐를 따지는 일반적인 문학 비평의 문제를 떠나, 작품을 통해 작자의 의도와 독자의 합일을 이끌어낼 수 있는 어떤 매개를 찾는 문제인 것이다. 작자는 작품을 통해 자연과의 합일을 이룬 자신의 어떤 경지에 만족하는 것으로만 그치지 않는다. 오히려 합일을 이루기까지의 마음 발현의 과정, 감정과 감정 사이들의 소통과 배제의 과정, 나아가 투쟁의 과정을 통해 획득되는 어떤 경지를 비로소 표현할 수 있었다는 데에서 만족을 느끼게 되는 것이다.

따라서 그들은 그러한 과정을 극복하는 매개로서 물아일체의 사상을 수용하고 그것을 통하여 자신이 의도하는 바를 성취해내고자 했다. 그리고 독자들은 작품을 통해 나타나는 표면적 의취, 이를테면 강호가도江湖歌道 같은 것뿐만 아니라 그에 이르게 하는 기제, 즉 물아일체에 의해 발현되는 마음 상태의 전 과정에 동승하게 되는 것이다. 그런 의미에서 물아일체는 결국 쓰기 행위의 전 과정에서 수용될 수밖에 없었던 선비들의 감성 발현 기제요, 양질의 감수성 기제라고도 볼 수 있는 것이다.

■ 주석

1 조태성, 「고려 '가'와 날 것의 감성」, 『배달말』 49, 배달말학회, 2011, 334～335쪽.

2 Keltner & shiota(2003), p.89. James W. Kalat, Michelle N. Shiota 지음, 민경환 외 옮김, 『정서심리학』, 시그마프레스, 2007, 406쪽. 재인용.

3 민경환 외 옮김, 위의 책, 406～407쪽.

4 민경환 외 옮김, 같은 책, 93쪽.

5 감성과 스펙트럼 현상과의 관계에 있어서는 다음 장에서 상술한다.

6 그림 1은 Russell의 정서 원형 모델을 원용하여, 감성 발현의 모델을 제시한 것이다. Russell의 모델은 민경환 외 옮김, 같은 책을 참조할 것.

7 이런 경지의 구체적인 발현 과정이나 발현 양상에 대해서는 조태성, 「감성의 발현과 그 방식, 파장 혹은 스펙트럼」, 『감성연구』 창간호(전남대학교 호남학연구원, 2010)를 참조할 것.

8 김중순, 「한국문화의 미적 가치 개념에 대한 도가적 해명」, 『한국학논집』 제36집, 계명대학교 한국학연구원, 2008, 403쪽.

9 『莊子』, 〈제물편〉.

10 이민홍, 「山水와 時調學, 그리고 性情美學」, 제6차 한국시조학회 전국학술발표대회 발표집, 2009, 8쪽.

11 이민홍, 위의 글, 3쪽.

제1장

감성의 배제와 베풂

석지현釋智賢은 공안公案에 대해 "합리적 지성을 철저히 없애는 작업이다. 거기서 나오는 답은 무의식에서 오는 회답이다. 일정한 의식의 태도에 대한 보충적인 반응이기 때문에 이 대답은 전일의 경지를 이루는 데 중요한 역할을 하게 된다. 융은 이렇게 말하고 있다. 의식이 그 내용을 비우면 일시적으로 무의식 상태가 된다. 선禪에서는 의식에 있던 에너지가 의식에서 유리되어 공안의 집중으로 옮겨짐으로써 무의식의 자연적인 에너지 충전을 최대한으로 강화시키는 것이다."(『禪으로 가는 길』, 一志社, 1983.)고 말한다.

이에 의하면 공안을 화두 삼아 선의 수행에 전념하는 이들에게서 의도적이든 그렇지 않든 우리는 **감성의 배제**를 목격하게 된다. 구도의 길은 그래서 배제된 감성의 길이다. 그리고 그 길의 막다른 곳에서 **감성의 베풂**을 말할 수 있게 된다. 길의 또 다른 시작이다.

제1절
송광사의 〈목우도〉와 선시의 감성

1. 선시에서 감성을 읽다

매 한 대, 고함 한 소리

흔히들 선시禪詩는 말로는 표현할 수 없는 선의 종지를 '부득이' 하게 문자언어로 표현한 시라고 한다. 그런 까닭에 극도의 압축성 내지 함축성을 띠어 지고至高의 상상력이 발휘될 수밖에 없는 문학이라고도 말한다. 그럼에도 불구하고 선시에는 의도된 문학적 장치가 없다고 할 수 있다. 문학적 장치를 굳이 고려하지 않아도 된다는 뜻이다. 갑작스레 몽둥이로 얻어맞는 듯한 느낌으로 선의 세계에 다가서게 하는 매질[봉棒]과, 귀청이 찢겨나가는 듯한 말 한 마디로 문득 선을 느끼게 해주는 고함[할喝]을 찾기 위한 시적 여정이라고도 볼 수 있겠다. 그렇기 때문에 선시에 흐르는 이해 못할 역설이나 상징, 나아가 그로부터 비롯하는 극도의 압축이나 함축은 단지 매질과 고함의 한 지표요 방편에 불과한 것이다. 그리고 거기엔 그저 '직지인심直指人心 견성성불見性成佛 교외별전敎外別傳 불립문자不立文字'라는, 달마대사가 그의 오성론悟性論으로 제시한 선의 종지만이 관류할 뿐이다.

선시의 내면에는 시간과 공간이 존재하지도 않고 존재할 수도 없다. 기승전결이라는 문학적 장치를 비롯하여 그 어떠한 순차적 질서도 허용하지 않는다. 선을 느끼며 마음을 닦는 데 있어 어떠한 공간이나 시간들도 필요치 않은 것처럼 말이다. 따라서 선시를 대하는 우리에게 있어서도 어떠한 도구나 방법도 필요하지 않다. 그저 몇 번 씩 되풀이하며 음미하고, 그렇게 해서 생겨나는 느낌 바로 그 자체를 즐기면 된다. 그것이 선시가 우리에게 주는 본연의 기능인 것이며, 우리가 취하려 하는 선의 요지임을 알면 되는 것이다. 여기에서 우리는 굳이 선시의 언어적 문제를 언급할 필요조차 없음을 알게 될 것이다. 어차피 선이란 언어로 표현할 수 없는 것이기에 말이다. 우리는 우리 자신의 정신세계를 그저 느끼고, 그저 믿으면 그것으로 충분한 까닭이다.

●● 아픈 건 말인데 뜸은 돼지 어깨 위에

이쯤에서 이제 회양선사가 쓴 〈시각운상인示覺雲上人〉이란 선시를 감상해보자. 각운상인에게 준다는 시이다.

회주의 소가 풀을 뜯는데
익주의 말이 배가 터지네
천하의 의사를 찾아 보이니
돼지의 어깨 위에 뜸을 들이네[1]

도저히 이해가 되지 않는, 그래서 도대체 이게 무슨 시냐고 투덜대는 이가 있을 지도 모르겠다. 맞는 말이다. 우리 일상에서의 논리가 전혀 통하지 않는 시이다. 또한 그러한 논리를 일부러 대입시킬 여지도 없는 그런 시이다. 그렇기 때문에 이 시를 이해하기 위해서는 우선 우리의 일상생활을 지배하는 시간이나 공간을 초월해야만 한다. '일상이란 무엇이다.'는 고정 관념에서 벗어나야만 하는 것이다.

'회주의 소가 풀을 뜯는' 모습은 그저 우리들 각자가 살아가는 현상이며 삶의 모습일 뿐이다. 그러한 삶 속에서 우리는 '익주의 말이 배가 터지'듯 분명 생로병사의 문제에서 벗어날 수 없는 처지이다. 누구에게든 '고苦'는 따르는 것이기 때문이다. 우리는 이러한 고苦에서 벗어나기 위해 '천하의 의사를 찾아 보이'듯이 나름대로의 해결책을 모색하며 그것과 투쟁한다. 그 투쟁의 산물이 바로 '돼지의 어깨 위에 놓인 뜸'인 것이다. 이 모든 과정은 우리가 현세를 살아가는 자세나 거기에서 비롯되는 투쟁, 즉 생멸에 관한 만물 본연의 모습이라고 할 수 있다.

이 시에서 말하고자 하는 것 역시 우리가 살아가는 세계는 본래 이런 것, 여기에서 벗어나려 하지도 말고 부인하려 하지도 말라는 내용이다. 어차피 깨달음이란 속세를 아는 것이고 그 안에서 이루어지는 것이기 때문이다. 깨달음이란 속세에 있는 나를 정확히 보는 것, 그리고 내 안에 있는 것이라는 가르침인 것이다. 그러한 이유로 선시는 주로 수행修行과 오도悟道를 말한다. 후술하겠지만, 〈목우도牧牛圖〉의 열 장면 중 이 두 과정에 해당하는 그림이 모두 일곱 장면을 차지하는 것만 보아도 그렇다. 그래서 우리는 선시를 두고 감성의 배제와 베풂을 가장 쉽게 말할 수 있게 되는 것이다.

익주와 회주라는 공간을 인식하는 일은 벌써 이성적 작용의 결과이다. 즉, 두 개의 공간으로 따로 인식하는 것 자체가 이미 이성적 작용이라는 것이다. 선시는 그런 공간을 인식하지 않는다. 물론 동일시하지도 않는다. 그럼에도 불구하고 이러한 시어들이 선택된 이유는 이성의 작용을 넘어선 경지를 내보이고자 함이다. 그러한 경지에 다다르고서는 두 공간은 두 개도 아니고 하나도 아닌 그저 동일한 시간적 공간이 되어 버릴 수밖에 없는 것이다. 결국 이 작품은 오도자悟道者의 고도의 감성적 행위는가 시를 역설로 이끌고, 이 역설은 또한 감성의 베풂을 위한 숨겨진 장치로 작용할 수 있다는 점을 여실히 보여주는 작품이라고 하겠다.[2]

물론 감성의 '배제'와 '베풂'이라는 관계 또한 마치 선시의 내용처럼 역설적이다. 즉, 의미의 차원에서라면 적어도 배제와 베풂은 호혜적이라고 볼 수 없다는 것이다. 그러나 "이성의 차원을 넘어선 '그 무엇'의 존재를 확인한다면 가능한 일이 될 수도 있다. 선시의 역설을 인정한다면 선시가 담고자 했던, 또는 그것을 통해 표출하고자 했던 본래의 목적들이 이러한 역설적 행위를 통하여 오히려 더욱 두드러진 모습으로 달성되고 있음"[3]을 위의 시를 통해 확인할 수 있기 때문이다.

여기에서 '그 무엇'이란 도道 혹은 도의 경지를 말한다. 그것의 존재를 깨우치는 일이 바로 '오도吾道'인 것이다. 그런데 이 오도의 경지를 말로는 도무지 설명할 수 없다. 오로지 스스로 깨우치는 것 이외에는 방도가 없는 것이다. 그럼에도 불구하고 이에 이르기 위해 수행승들은 치열한 수행의 과정을 거친다. 이런 치열함은 물론 자신과의 투쟁이요, '자신'을 비우는 일에 다름 아니다. 완전히 비운 자신이라야 새롭게 깨우친 각자覺者로서의 자신으로 되돌아올 수 있기 때문이다.

이러한 과정에서 모든 이성적인 것들과 감정적인 것들을 비우려는 마음 작용, 즉 감성은 치열하게 역동할 수밖에 없다. 이렇게 역동하는 감성은, 적어도 선시에서라면 모두 '비움'을 위한 것이기에 이를 일러 감성의 '배제'라고 한다. 또한 이런 비움 이후 생겨난 도의 경지를 다시금 환원하려는 움직임 역시 여러 작품들에서 확인할 수 있는 바, 이를 일러 감성의 '베풂'이라고 말하는 것이다.

2. 송광사에서 마음소를 찾다

불교에서는 가장 귀하고 존숭해야 할 보물로 세 가지를 꼽는데, 부처님[불佛], 가르침[법法], 스님[승僧]이 그것이다. 이 세 가지를 일러 삼보三寶라고 하는데, 우리나라에도 이 삼보를 대표하는 절집 3곳이 있어 삼보사찰 혹은 총림이라 부르기도 한다. 양산 통도사는 부처의 법신法身을 상징하는 진신사리를 모시고 있어 불보종찰佛寶宗刹이라고 하며, 합천 해인사는 부처의 가르침을 집대성한 『고려대장경』을 모신 곳이라고 해서 법보종찰法寶宗刹이라고 한다. 그리고 순천 송광사松廣寺는 고려 중기의 고승 보조국사普照國師 지눌知訥(1158~1210)이 당시 타락한 고려 불교를 바로잡아 한국 불교의 새로운 전통을 확립한 정혜결사定慧結社의 근본도량으로, 지눌의 제자 혜심을 비롯하여 조선 초기까지 16명의 국사를 배출했다고 해서 승보종찰僧寶宗刹이라고 불린다.

'송광'이라는 절 이름은 조계산의 옛 이름인 송광산에서 비롯된 것으로, 구전에 의하면 이 산이 장차 '18공十八公이 배출되어 불법을 널리[광廣]펼 훌륭한 장소'이기 때문에 '송광'이라 하였다고 한다. 즉 소나무 송松을 '18공十八公'으로 파자하고 '광廣'을 '불법광포佛法廣布'의 뜻으로 해석한 데서 유래한 것이다.

송광사의 창건에 대한 정확한 자료는 없지만, 〈송광사사적비〉와 〈보조국사비명〉 및 『승평속지』 등에 신라 말기의 승려인 체징體澄에 의하여 창건되었다는 기록이 남아 있다. 그 당시에는 길상사라고 불리었으며, 승려의 수가 30명 내지 40명을 넘지 못하는 규모의 사찰이었다고 한다. 이후 고려 인종 때의 승려인 석조釋照가 중창하려는 원願을 세우고 준비하였으나 완공하지 못한 채 죽고 말았고, 이로부터 50여 년이 지난 뒤 보조국사 지눌이 이곳으로 정혜사定慧社를 옮겨옴으로써 비로소 새 규모의 사찰로 발전하기 시작하였다.

송광사는 그 진입하는 길에서부터 우리의 마음을 씻어주는 절집이다. 소나무와 전나무 등으로 이루어진 빽빽한 숲길과 그 사이 눈과 귀를 적셔 마음까지 씻어주는 계곡 물줄기를 따라 오르다 보면 일주문에 이를 즈음에는 어느덧 편안해져 있는 자신을 다시 만날 수 있으리라. 일주문에 이르는 길고 아름다운 이 길은 어쩌면 선과 속의 구별 속에서 잊혔던 자신을 찾아 맑은 마음으로 선의 세계에 이르라는 배려일 지도 모르겠다.

일주문을 지나 처음 만나는 것은 척주각滌珠閣과 세월각洗月閣이라는 두 개의 전각이다. 죽은 자의 위패를 절집에 모실 때 하룻밤을 모시고 제를 지내면서 혼백을 씻기는 곳으로, 척주각은 남자의 혼백을, 세월각은 여자의 혼백을 씻기는 곳이라고 한다. 혼백마저 씻겨 들이려는 절집의 가풍이 이러한 배치를 만들었으니, 막 발을 내딛은 산 자의 영혼이야 두 말 해서 무얼 하겠는가. 그 왼편에는 지눌이 꽂아 놓은 향나무 지팡이가 나무가 되었다는 고향수枯香樹가 우뚝 솟아 있어, 마치 "이제 이곳에 들어와도 된다."는 양 세상 사람들을 내려다보고 있는 모양이다.

이곳에서 왼쪽으로 방향을 바꾸면 흐르는 개울물에 보를 쌓아 연못을 만들고 그 위에 무지개다리를 놓은 다음 건물을 올려놓은 수중누각이 있는데, 우화각羽化閣이라 부른다. 소동파의 〈적벽부〉에서 비롯된 말로, 겨드랑이에 깃털이 돋아나 신선의 세계로 들어간다는 뜻이니, 이제 신성한 곳으로 들어가는 통로를 거치는 셈이다.

이 우화각의 상류 쪽에는 시내를 베고 누었다는 뜻의 침계루枕溪樓가 2층의 규모로 웅장하게 서있고, 하류 쪽 돌다리로 이어지는 곳에는 거울 같은 물가에 맞닿은 집이라는 임경당臨鏡堂이 서 있다. 이곳 침계루와 임경당은 특히 그 운치가 빼어난 곳이어서 예로부터 시인묵객들이 자주 찾아 묵어가기도 했다고 한다.

천왕문을 지나 절집 마당에 이르면 종고루鐘鼓樓가 보이고, 다시 안마당으로 들어서면 송광사 고유의 십자형 건물을 정면으로 대하게 되는데, 그 왼쪽에는 승보전僧寶殿, 오른쪽에는 지장전地藏殿을 둘러 두어 이 곳이 승보사찰의 중심인 대웅보전大雄寶殿임을 그 위용으로 확인시켜 준다. 이들 건물들을 자세히 보면 그 단청 빛이 모두 새로워진 것임을 알 수 있는데, 이는 송광사에 일어났던 몇 차례의 화재로 말미암아 소실과 중건을 거듭한 까닭이다.

승보전에는 또한 송광사의 가풍이 잘 드러난 벽화가 그려져 있는데, 〈목우도牧牛圖〉라는 열 개의 그림이 그것이다. 〈목우도〉는 '심우도尋牛圖' 혹은 '십우도十牛圖'라고 부르기도 하는데, 소와 소치는 사람을 대상으로 선 수행의 대의를 형상화한 열 장면의 그림을 말한다. 지눌은 그 자신을 이를 때 항상 목우자牧牛子라 하였다고 한다. 소를 기르는 사람이라는 뜻으로, 여기에서 소는 지혜智慧 혹은 진심眞心을 이르는 말이다. 그 소를 기른 곳이 이곳 송광사였으니, 오늘 날에 이르기까지 일찍이 볼 수 없었던 왕성한 송광사의 선풍禪風은 곧 여기에서 비롯되었다고 할 수 있겠다. 승보전 외벽을 빙 둘러 〈목우도〉의 처음부터 마지막 그림까지 그 의미를 생각하며 완상해보는 것만으로도 송광사를 보다 깊게 느낄 수 있을 것이다.

‖ 마음소를 찾는 그림, 〈목우도〉

예부터 소에는 법신法身, 진여眞如, 불성佛性, 각체覺體, 본심本心, 마음[심心], 참사람[진인眞人], 본래면목本來面目, 한 손바닥의 소리, 무無, 본체, 실재, 절대 등 불교학적, 선적, 철학적으로 다양한 표현이 주어

지고 있지만, 실제로는 어떠한 문자나 표현을 가지고도 쉽게 개념화할 수 없는 마음소[심우心牛]라고 할 수 있다. 즉, 현상에 대해 실재로도 보이고, 나에 대해 무아無我로도 보이고, 현실의 자기에 대해 이상理想의 자기로도 보이는 신령한 소[4]로서, 선의 극명한 상징이 되어왔던 것이다.

필자는 이전의 연구에서 소가 가진 상징적 의미에 대해서 선시와 관련하여 고찰한 바 있다.[5] 이에 의하면 소는 크게 세 가지 형상으로 나타나는데, 첫 번째는 '가우假牛' 즉 '가짜 소'의 모습이며, 두 번째는 '흑우黑牛', 마지막은 '백우白牛'의 모습이었다. 여기에서 먼저 가우는 선 수행의 방편을 일러주는 상징으로 사용되었으며, 이러한 가우의 형상으로 '진흙소[니우泥牛], 무쇠소[철우鐵牛], 나무소[목우木牛] 등이 있음을 확인한 바 있다. 특히 당대의 선지식들은 수행자들을 위해 이러한 소의 형상을 빌려 선의 묘체妙諦를 알려주는 시법示法의 방편으로 삼았으며, 이런 이유로 선사들의 시법시示法詩에서 주로 가우의 모습을 확인할 수 있었다.

그리고 흑우는 선 수행의 과정에서 주로 보이고 있음을 〈목우도牧牛圖〉라는 선화禪畵를 통해 설명하였다. 아직 길들여지지 않은 소의 모습이 〈목우도〉에서는 흑우로 형상화되고 있었으며, 선사들의 시에서는 이러한 형상이 직접 보이지는 않으나 그 의미가 상통함을 확인함으로써 흑우의 상징성을 드러내 보였다. 더불어 백우는 고난한 선 수행의 과정을 거쳐 오도悟道에 이른 모습을 형상화하는 단계에서 보임도 확인하였다. 자유자재한 백우의 모습에서 나아가 아무 것도 보이지 않는 모습에 이르기까지 그 의미는 바로 오도로 일관됨을 그림과 시로써 설명한 바 있다.

〈목우도牧牛圖〉는 열 개의 그림이다. 또한 〈목우도〉는 '심우도尋牛圖' 혹은 '십우도十牛圖'라고 부르기도 하는데, 소와 소치는 사람을 대상으로 선 수행의 대의를 형상화한 열 장면의 그림을 말한다. 순서대로 그림을 보자면 먼저 소를 찾다[심우尋牛]가 소의 자취를 보고[견적見跡], 이내 소를 발견하여[견우見牛] 소를 얻고[득우得牛], 소를 치다가[목우牧牛] 그 소를 타고 집으로 돌아오며[기우귀가騎牛歸家], 소는 잊고 사람만 있는데[망우존인忘牛存人], 나아가 사람도 소도 모두 잊어[인우구망人牛俱忘] 결국 근본으로 돌아와[반본환원返本還源] 저잣거리로 나서서[입전수수入廛垂手] 선禪을 행한다는 내용이다.

선종 〈목우도〉는 현재 약 10여 종[6]이 전하고 있다. 이 가운데 중국, 한국, 일본에서 가장 널리 애독되어온 〈목우도〉는 임제종臨濟宗 양기파楊岐波 오조五祖 법연法演의 문하 대수원정大隨元靜의 법을 이은 곽암廓庵 사원선사師遠禪師의 〈십우도〉이다. 곽암의 〈십우도〉는 총서總序, 그림, 소서小序, 게송偈頌의 네 부분으로 구성되어 있다. 또한 열 장의 그림에는 각각의 제목이 붙어 있어 수선 각 단계를 하나의 집약된 단어로 함축하여 보여주고 있다. 이처럼 완성된 형식을 갖추고 있는 곽암의 〈십우도〉는 여러 종류의 〈목우도〉 가운데 가장 정돈된 내용을 보여주고 있다.[7]

또한 곽암 〈십우도〉의 특이한 점은 보명[8]이 제10도를 '원상圓像'으로 표현하고, 이 원상에 대해 '격식을 초월한 자유로움으로 그윽하고 미묘한 곳으로 향상해 나간다'라고 언급한 데 대해[9] 곽암은 제8도에서 이러한 원상을 표현하고 있다. 여기에서도 소, 즉 심우心牛에 대한 관점의 차이가 여실히 드러나고 있는 것이다. 이로 보아 송광사의 〈목우도〉는 곽암의 〈십우도〉를 가장 잘 계승하고 있다고 보아도 무방하다.

〈목우도〉는 기본적으로 불법에 전념하는 과정을 의미한다. 필자는 이전의 연구에서 이미 이러한 과정을 네 가지로 나누어 살핀 적이 있다. '인지과정-수행과정-오도과정-시법과정'이 그것이다. 먼저 인지과정에는 심우와 견적, 수행과정에는 견우와 득우, 목우 그리고 오도과정에는 기우귀가, 망우존인, 인우구망, 반본환원 마지막으로 시법과정에는 입전수수의 게송과 그림이 각각 해당된다. 이 중 감성의 배제를 통해 구도의 길을 모색하는 과정은 인지와 수행과정이라고 할 수 있겠다. 물론 오도에는 경계가 없으며 따라서 끝이 없다는 점을 감안한다면, 나머지 오도과정과 시법과정에서도 끊임없는 수행이 이루어진다고 볼 수 있다. 결국 구도를 위한 감성의 배제는 어느 한 순간도 그치지 않는다는 것을 의미한다고 하겠다.

‖ 인지와 수행 그리고 감성의 배제

여기에서 말하는 배제란 단지 사전적 의미에만 국한되지 않는다. 감각으로는 판별할 수 없는 어떤 마음의 상태까지도 버리는 것을 의미하기 때문이다. 수행의 과정에서 특히 인지는 배제의 시작점이라고 할 수 있다. 왜 수행을 해야 하는지 무엇 때문에 오도의 경지에 올라야 하는 지 등에 관한 자기 성찰로부터 수행은 시작하는 것이고, 이러한 자기 성찰이 곧 '인지認知'와 다름없다고 보기 때문이다. 다음 글은 인지에 대한 〈목우도〉의 시학을 설명한다.

> 십우도는 깨달음(悟道)의 과정을 수행과 준엄한 규율을 순차적으로 서술하고 있는 구도의 시학이다. '소찾기'(尋牛)에서 출발하는 '참자기'(眞我)를 찾는 여정은 각 단계마다 수행의 층위를 확인해주며 정진을 요구하는 역동적 텍스트로 자리하게 된다. '발자국을 봄'(見跡), '소를 봄'(見牛)에서의 바라보기(見)는 단순하게 사물을 쳐다보는 것이 아니라 구도를 이루기 위한 관(觀)으로서 바라봄(見)의 양상이다. '바라봄'의 대상은 제2도와 제3도에서 '발자국'과 '소'로 환유로 나타나는데, 목동의 이들 상징의 발견이 정점이 아니라 출발이라는 점에 주목해야 할 것이다.[10]

이런 출발이 곧 인지의 시작이라고 할 수 있겠다. 예로부터 수행승들은 수행의 궁극처라고 할 수 있는 오도의 경지에 이르기 위해 필요하다면 무엇이든 행하거나 혹은 버리거나 하는 과정을 반복해왔다. 버리는 그것들은 특히 마음에 있었다. 마음속에 든 일체의 잡념 혹은 망념들을 터럭만큼도 남기지 않고 버려야 하는 것, 그 버린다는 생각마저도 버려야 하는 것, 그것이 오도의 경지였다. 감정이나 이성 혹은 그것들의 종합적 작용이라고 할 수 있는 감성마저도 철저히 배제해야만 다다를 수 있는 경지인 것이다.

따라서 배제는 일단 개인적이다. 다시 말해서 감성의 배제는 참선의 과정에서 치열한 자기 투쟁을 표현하는 말에 다름 아니다. 오도를 위한 참선의 전제는 '버리기'에 있다. 버리는 대상은 '전부'이다. 여기에는 '나'는 물론이요 '부처'까지도 포함된다. 그렇게 버림으로써 '없음'에 이르는 경지, 나아가 이러한 없음마저 버리는 '참 없음[진무眞無]'의 경지에 이르는 것이 바로 오도인 것이다. 이러한 과정에서 우리는 '배제'를 이야기할 수 있으며, 이렇게 버리고 난 뒤 얻어지는 경지를 노래한 오도시는 결국 감성의 배제에 의한 산물[11]이라고 할 수 있는 것이다.

심우, 소를 찾아 헤매다

그렇다면 이러한 오도를 위한 인지는 어떻게 말할 수 있는가? 목우도의 열 장면 중 첫 번째와 두 번째 장면을 통해 살펴보자. 먼저 첫 장면은 〈심우尋牛〉이다. 인지과정의 첫 번째 그림인 심우는 사람이 들에서 뛰어다니는 소를 찾으러 가는 모습을 그렸다. 본래 잃은 것도 없는데 무엇인가

[그림 1] 심우

찾으러 다닌다는 것 자체가 깨달음을 등지는 일이다. 그리하여 더욱 더 거칠고 복잡한 번뇌에 휘감겨 잃을 것이 없음에도 잃어버리게 되고, 그를 되찾으려다 오히려 시비是非만 더욱 솟구침을 암시하는 그림이다. 즉 수행자가 사람에게 본래부터 갖추어져 있는 원성圓性인 마음의 소[심우心牛]를 잃어버린 뒤 그것을 찾으러 나선 것을 비유한 그림이라고 할 수 있다.

망망한 잡초 헤치고 소의 자취 좇아 찾는데
물 넓고 산 멀어 길은 다시 깊어지네
기력 정신 혼미하여 찾을 곳도 없나니
단풍나무에 늦은 매미 울음만 들려오네[12]

위의 노래는 〈심우송尋牛頌〉[13]이라 이름할 수 있겠다. 대개 이러한 심우, 다시 말해 인지과정에서 생겨나는 선시는 이종찬의 분류에 의하면 염송시拈頌詩[14] 등에 해당된다 할 수 있겠다. 염송시란 선사들의 어록이나 공안公案에 대해 시로 표현한 것을 말한다. 따라서 이러한 시는 수행자들이 수행의 원천을 찾고 수행해 나가는 과정에서 하나의 지침이 될 수밖에 없다.[15]

이 노래에 등장하는 소는 물론 마음소이다. 그 소를 찾는 것은 곧 자기 자신을 찾는 것과도 다름이 없다. 결국 제1노래인 〈심우송〉은 자기 마음을 찾는 노래, 나아가 찾아야 할 당위성을 인지하고 설파하는 노래라고 볼 수 있겠다. 또한 이 노래에는 이미 인지의 결과를 내포하고 있다. 제3구에 나오는 '찾을 곳도 없나니'라는 구절이 바로 그 것이다. 표면적으로는 아무리 소를 찾아보아도 더 이상 찾을 곳이 없다는 의미이나, 실은 그 찾을 곳도 없어야 하는 경지가 바로 오도의 경지가 아니겠는가.

무의자無衣子 혜심慧諶[16] 또한 이러한 인지 및 수행의 중요성과 관련하여 다음과 같은 노래를 지어 수행자들에게 알려준 바 있다.

> 허공의 꽃은 애초에 피지도 않았는데
> 꿈속의 나비라고 실로 감정이 있겠는가
> 만일 이들 중에 아무 것 없음을 깨친다면
> 고생스레 앞날을 물을 필요 없다네[17]

이 시는 혜심이 여러 스님들을 모아 놓고 가훈을 가르치고자 지었던 작품 중의 하나이다. 혜심은 이 노래를 통해 수행자들에게 구체적으로 무엇을 수행해야할 지, 수행의 궁극적 목표는 무엇인지에 대하여 말해주고 있다. 애초에 아무 것도 존재하지 않는데 이러한 존재를 고생스레 찾으러 다니는 우를 범하지 말라는 내용이다. 마치 앞서 말한 〈심우송〉에 꼭 들어맞는 대답을 시로써 표현해 낸 것 같은 느낌이다.

허공에는 본래 꽃이 없지만 눈병을 가진 사람들이 혹 이것을 보는 일이 있는데, 이를 일러 불가에서는 공화空花라 비유하기도 한다. 몽접夢蝶이라는 개념 역시 장주莊周가 꿈에 나비가 되어 날아다녔다는 고사를 인용한 것으로, 공화와 대구를 이루어 본래무本來無의 경지를 잘 설명해주고 있다. 결국 본래무를 깨치는 것이 곧 도를 깨치는 것이라고 아주 쉽고 자연스럽게 대중에게 보여주고 있는 것이다.[18]

나옹懶翁 혜근惠勤[19] 또한 게송을 청하는 수행승에게 다음과 같은 노래를 지어주었다.

> 도를 배우고 참선함에는 헤아리거나 의심함이 없어야 할지니
> 어금니 꽉 물고 화두에 몰두하세
> 문득 온몸이 땀으로 가득차면
> 석녀의 눈은 분명코 훤히 뚫려 열리리라[20]

아마 어떤 수행자가 나옹에게 오도의 방편으로서 참선과 구도의 길이 어떤 것인지 물어온 듯하다. 이때 나옹이 내려준 답은 명확하다. '헤아림' 또는 '의심함'이 없어야 한다는 것이다. 이것들은 모두 사유의 기초적 행위에 해당한다고 볼 수 있다. 오도에 이르기 위해서는 이성적 행위조차도 배제되어야 하는, 즉 지적 감성마저도 절대 배제되어야 하는 그런 수행의 자세가 필요하다고 나옹은 역설한다.

작품에 나오는 석녀는 말 그대로 돌계집이다. 여기서는 돌로 만든 여성상을 의미한다. 그러니 눈은 조각되어 있을망정 살아있는 눈은 결코 아니다. 그럼에도 어느 순간 그 눈은 생명을 갖게 된다고 이 시는 노래한다. 그 생명이 열리는 그 순간이 바로 오도의 순간이리라. 결국 한 찰나의 그 시간은 온몸을 내던진 채 분별과 시비도 모두 끊어

버린 순간에 비로소 이르게 되는 것이다. 이 순간은 인간으로서 가질 수밖에 없는 모든 감성적인 것들의 철저한 배제가 이루어진 바로 그 순간이라고도 할 수 있겠다.

견적, 소의 발자국을 보다

이제 두 번째 장면인 〈견적見跡〉을 감상해보자. 이 그림은 소의 자취를 찾아다니는 장면을 묘사하고 있다. 다음은 〈견적송見跡頌〉이다.

> 물가와 숲 아래 수많은 자취
> 방초 사이 헤치니 보이는 것 있잖은가
> 깊은 산 늘어져 다시 깊은 곳에 이른다 하여도
> 요천의 비공이 어찌 그를 감추리[21]

[그림 2] 견적

이 그림은 수행자가 이제 소의 발자국을 발견하는 장면을 그린 것이다. 소를 찾다가 점차 마음속의 존재하는 소의 자취를 보기 시작했다는 것을 비유한다고 볼 수 있다. 교敎와 법法의 가르침에 의해 그 뜻을 알고 가르침을 살펴서 그 자취를 깨닫는 과정인 것이다. 스승이 내린 게를 받들어 참선을 행하는 수행자에게는 비록 아득하지만 길이 보이기 시작하는 때이기도 하겠다.

> 들소의 천성은 본래 길들이기 어렵나니
> 널따란 풀밭에서 제멋대로 뛰노는데
> 어찌하여 코끝에 고삐 매달고 있어
> 끌고 가고 끌고 오고 사람들 마음일세[22]

위는 원감국사圓鑑國師 충지冲止[23]가 함께 한 사람들에게 지어준 〈야우송野牛頌〉이다. 들소의 천성이 아무리 드세고 길들이기 어렵다고 할지라도 반드시 사람들이 길들일 수 있는 방편이 있다고 하였다. 하물며 사람인들 도를 이루고자 수행에 나섰을 때 그 방편이 없을 리야 있겠느냐는 것이다. 단지 눈앞의 보이지 않는 고삐, 즉 보이지 않는 방편을 느껴 찾지 못하고 보이는 것만 찾으려 하는 자세를 경계한 시라고도 할 수 있겠다.

원래 도道란 보이고 보이지 않는 경계, 들리고 들리지 않는 경계를 끊어야만 비로소 나타나는 것이라 하지 않았는가. 찾을 것도 없는데 무작정 찾으러 나선 수행자의 본래 모습에서 시작하여 비로소 그 자취를 살짝 엿보는 단계에 이르는 과정을 나타낸 그림과 노래가 인지 과정의 노래, 즉 '심우尋牛–견적見跡' 과정의 노래인 것이다. 혜심의 시나 충지의 시에서도 나타났듯이 이러한 과정의 선시는 주로 자신의 수행을 읊은 선시라기보다는 후대의 수행자들을 위한 방편의 선시로

보인다.[24]

대부분의 선시는 이런 수행의 과정에서 수행승들을 위해 지어졌다고 할 수 있다. 선시를 제작하는 목적에 가장 부합하다고 보기 때문이다. 그런 이유로 참선에 들고자 하는 수행승들에게는 먼저 오도의 경지를 경험한 선사들로부터 수행의 방편에 대해 듣고자 하는 열망이 강했을 것이다. 소의 흔적을 찾는 과정 자체가 수행의 시작이며, 수행에 대한 대상이 보다 분명해질 수 있기 때문이다. 또한 그 대상을 분명히 인지할 수 있는 계기가 될 수도 있다.

송준영 또한 이 장면에 대해 "〈발자취를 발견하다〉에서 바로 발자취를 발견하는 순간, 그 순간임을 알면 그 뿐이다. 무얼 더 찾고 더 생각할 것이 있다는 말인가? 그래도 모르면 어쩔 수 없이 갖은 고생 끝에 드디어 소를 찾게 된다. 곧 수선하는 길, 공부하는 방법이 잡혔음을 노래하고 있다."[25]고 말한다. '공부하는 방법이 잡혔음'은 곧 수행 대상에 대한 명확한 인지를 의미한다고 볼 수 있다. 따라서 이 장면은 이후 수행과정에서 필요한 전제 조건들이 충족되는 지점이라고도 할 수 있겠다.

다음 혜심의 〈출가경계음出家境界吟〉은 이러한 지점이 매우 잘 드러난 시라고 할 수 있다.

> 출가를 하였거든 모쪼록 속박에서 벗어나야 하느니
> 몇 개의 관문이나 거듭해서 거쳤는가
> 홀로 뛰어나 세상 밖에서 노닐고

높은 뜻으로 세상을 내려 보게 된다네
몸이 쾌활하니 한 조각 구름인 듯
마음 청한하니 개인 달빛인 듯
밥 한 그릇 누더기 옷 한 벌
천만의 산을 나는 새가 된다네[26]

이 시는 출가의 지경에 이르러 머뭇거리는 이들에게 출가 이후의 자재한 삶을 보여주는 작품이다. 혜심은 수행의 생활을 결정한 이들에게 굳이 '어떻게 해야 한다'는 등의 방편은 전혀 보여주지 않는다. 그가 말하는 것은 그저 속박에서 벗어난 세상의 모습이 어떠한지에 관한 것뿐이다. 게다가 그러한 세상의 모습 역시 전혀 특별한 모습이 아니다. 그렇게 가장 평범한 듯한 삶의 모습을 보여주고 있으나, 실은 마음을 깨치지 못한 사람들에게서는 쉽게 찾아지는 그런 평범함은 결코 아닌 것이다. 한마디로 '선은 어디에나 있으나 어디에도 없는' 그런 경지를 보여주는 작품이라고 할 수 있겠다.[27]

오도의 경지에 이른 선사들의 입장에서 본다면 결국 선의 묘체란 스스로 느끼지 못하는 것일 뿐, 어디에나 있는 것이 된다. 반면 아직 수행중이라면 그 어디에서나 있는 선의 모습을 보지 못해 아직은 어디에도 없는 것이 되고 만다. 그 어디에나 있는 선의 묘체를 넌지시 시를 통해 보여주고자 했으니, 그것이 곧 수행의 방편이라고 할 수 있다. 또한 그 방편을 인지하여 수행의 길로 들어서는 것이야말로 선의 묘체를 찾는 첫걸음이 되는 것이다 수행승들에게 있어 방편에 대한 '믿음'은 절대적이어야 한다. 한 점의 의혹이라도 있어서는 결코 미망迷妄에서 벗어날 수 없다. 나옹 혜근은 다음과 같이 노래한다.

> 모름지기 참선이란 믿음이 우선이니
> 즐거이 공부하되 다시 방편 잡으시라
> 의심덩이 불현듯 가루가 되면
> 진흙소가 겁초의 밭을 갈리라[28]

진흙소가 밭을 간다는 것은 어불성설이다. 그러나 우주에 대한 그리고 자신에 대한 한 점의 의혹이라도 모조리 사라지는 순간 진흙소는 생명을 얻게 된다. 그리고 그 순간 수행승은 자신의 마음밭을 갈고 있는 소가 되기도 하고, 그 소를 치는 목동이 되기도 한다. 이런 경지는 오로지 믿음이라는 방편을 가지고 참선에 정진해야만 가능한 경지라는 것을 나옹은 알려주고 싶었던 것이다.

●● 견우, 소를 보다

이제 수행의 과정과 관련한 장면들을 살펴보도록 하자. 여기에는 '견우見牛'와 '득우得牛' 그리고 '목우牧牛'가 해당한다고 볼 수 있다. 소를 찾아야 한다는 인지의 과정을 넘어 이제는 찾던 소를 보고서 얻고 그것을 길들여가는 과정이다. 선을 수행하는 과정과 다를 바 없다. 먼저 수행과정의 첫 단계라고 할 수 있는 〈견우見牛〉를 보자.

금빛 꾀꼬리 가지 위에서 지저귀고
따스한 햇볕 부드러운 바람에 언덕 버들 푸르네
다만 이 뿐이니 다시 회피할 곳 있겠는가
우뚝 솟은 머리 뿔 그림으로도 그릴 수 없네[29]

이 노래를 보다 쉽게 이해하기 위해서는 우선 이 노래와 함께 병기된 〈소서小序〉[30]를 읽어야 한다. 그 말미에 '물에는 짠맛이 있으나 보기만 해서는 모르니 맛을 보아야 하고, 또 그 색깔만 보아서는 그 색에 아교가 있는지 없는지 모르니 그림을 그려봐야 안다'고 하였다. 거듭되고 힘든 수행을 거쳐 완성한 오도의 경지는 직접 들어가 보지 않고서는 알 수가 없다는 의미를 비유하고 있다. 어떻게든 그런 경지에 도달한 것 같은 상황을 시의 제1구와 2구에 말하고 있기는 하다. 그러나 정확히 그 정도의 경지일 뿐, 도대체 형용할 수가 없는 상황이다. 그래서 '우뚝 솟은 머리 뿔 그림으로도 그릴 수 없네'라고 토로한 것이다.

[그림 3] 견우

결국 수행을 시작한 이후 마음소를 찾기는 하였으나 아직 온전한

나의 소는 아니다. 온전한 나의 소가 되기 위해서는 그 소를 붙들고 놓치지 않아야 한다. 또한 끊임없이 길들여야 하는 과정이 아직 남아 있음을 기억해야 한다. 그렇게 길들이는 과정이 곧 수행의 연속이요, 오도의 근원을 찾아가는 몸부림이라고 할 수 있겠다.

다음은 조선의 스님이었던 벽송당碧松堂이 학희선자學熙禪子에게 주는 게송이다.

> 산 앞뒤에서 밝아오는 달빛이여
> 바다 건너 불어오는 맑은 바람이여
> 어디에다 물을까 본래 면목을
> 다시금 점을 찍는 하늘 기러기[31]

제1구와 2구에서 보이는 달과 바람은 오히려 평범한 존재들이다. 그러니 그것들에게 진면목이 무엇인지 물을 까닭이 없다. 적어도 일반적인 시각에서만 본다면 그렇다는 말이다. 그러면서도 하늘을 나는 기러기 한 마리에게 진면목이 무엇인지 물어보라고 하는 것일까? 이쯤 되면 그야말로 언어도단이다. 달과 바람도 범상한데 기러기는 또 무엇이 특별할 것인가. 문제는 자신의 마음가짐일 것이다. 소를 보았든 그렇지 않든 모든 것이 마음먹기에 달려 있음이다. 그것을 붙들 것인지 그렇지 않을 것인지 역시 자신에게 달려있다는 말이겠다.

이 게송에 대해 이종찬 역시 "달은 어디에나 밝다. 어둠이 있다면

제 그림자에 제가 가린 것이다. 바다가 더 시원하다고 찾지만 바람은 어디나 같다. 내 마음이 답답하면 선풍기 바람도 싫다. 참모습이 어디 있는 것이냐. 중천에 떠 있는 기러기 한가로이 보이지 않느냐. 기러기 하늘에 떠서 한가로이 보이지만 기러기는 땅에 서 있는 내가 한가로이 보일 수도 있다. 시시비비는 나에게 있는 것이다. 내 마음이 가라앉으면 우레 소리도 들리지 않는다."[32]고 평한 바 있다. 아래는 〈신암信庵〉이라는 게송으로, 이 또한 나옹 혜근이 오랜 수행을 통하여 확고하게 믿음을 정립한 경지를 읊은 선시에 해당한다.

확실한 양 의심 없어 몸소 직접 밟았거니
여섯 창에 외로운 달 다시금 분명하네
이제는 이쪽저쪽 달려 좇지 않으리니
조그만 암자는 세월없이 맑디 맑네[33]

나옹 역시 〈견우송〉에서 그러하였던 것처럼 확고한 믿음, 즉 마음의 소를 발견하고 난 이후의 경계할 바를 시를 통하여 확실하게 보여주고 있다. 이제 도를 발견하였으니 이쪽저쪽 기웃거리지 말고 언제나 한결같은 모습으로 한 자리에 서있는 암자처럼 그렇게 한 길을 좇을 것을 '신암信庵'에 비유하여 표현[34]하였다. 이 선시를 통해 우리는 수행의 과정에서 '믿음'이 갖는 중요성을 그리 어렵지 않게 간파할 수 있을 것이다.

득우, 소를 붙잡다

이제 '믿음'을 확인하는 것으로 소를 보았다면, 그 믿음으로 소를 인지하는 과정이다. 소의 존재를 확실하게 믿음으로써 수행승들은 비로소 그 소를 얻게 된다. 그것이 곧 〈득우得牛〉다. 다음은 이 과정과 관련한 〈득우송得牛頌〉이다.

[그림 4] 득우

정신을 다 기울여 애써 소를 얻었지만
사나운 기운 힘써 다루기가 어렵네
어느 때는 높은 고원에 이르고
그러다가는 또 깊은 구름 속에 머무네[35]

득우는 단어의 의미로만 보자면 마치 오도에 가깝다. 소를 얻었으니 애초에 의도한대로 수행의 결과물을 얻은 것처럼 보이기 때문이다. 그러나 이 과정에서의 득우란 수행의 어떤 결과물을 획득했다기보다는 그것을 얻기 위해 나아가가는 방편의 획득이라고 보는 편이 더 정확하다고 할 수 있다. 수행자로서 해야 할 일이 무엇인지 인지하고는 있었지만, 그 수행의 대상이 무엇인지는 아직 불명확하던 차에 비로소 발견한 어떤 실체로 볼 수 있기 때문이다. 그리고 그 획득의 밑바탕에는 믿음이 깔려 있다.

그러나 그 확고한 믿음을 가지고 온 힘과 정신을 쏟아 찾아 헤매던 소를 보고 또 얻었으나, 소는 아직 온순하거나 평온하지 못하다. 온 힘을 다해 소를 다루려 해도 아직은 야성이 남아 있는 소를 어찌할 수는 없다. 어떤 때는 마치 높은 들판에서 거니는 양 평온하지만, 또 어떤 때는 깊은 구름에 가려 아무 것도 알 수 없는 그런 상황이 곧 〈득우송〉의 요체라고 볼 수 있다. 따라서 수행자에게 남은 일은 계속해서 정진하는 것뿐이다. 어느 한 순간도 방심하지 말고 완전하게 길들일 때까지 경계를 늦추지 말아야 한다는 의미라고 하겠다.

다음은 이러한 상황에 대해 언급한 소요逍遙 태능太能[36]의 〈제목 없음[무제無題]〉이라는 작품이다.

> 이 땅 이 산하 이곳이 내 집인데
> 다시 어디 가서 고향 집을 찾으리오
> 산을 보다 길을 잃고 미친 듯 헤매는 사람이여
> 온종일 가도 가도 집에는 못 가리라[37]

이 노래에서 집은 멀리 있지 않다. 물론 여기에서 집이란 오도의 경지를 말하는 것이리라. 그렇게 가까운 곳에 두고서도 다시 집을 찾아 헤매는 것은 무슨 까닭일까. 집 너머의 집에 대한 집착 때문이다.

그리고 그 집착은 '너머'의 존재 유무를 확신하지 못하는 마음에서 비롯된다. 즉, 아직까지 완전하게 의혹에서 벗어나지 못하고 있음이다. 그러다보니 자꾸만 저 멀리 산만 쳐다보게 된다는 것이다. 그 사이 이 땅 이 산하는 모두 눈밖에 있게 된다. 보고 얻었던 소의 실체에 대해 자꾸 의심한다는 의미인 것이다. 결국 이 작품은 그렇게 지속되는 의심이 아주 가까이에 존재할 수도 있는 진면목을 아예 볼 수조차 없게 만드는 행위이기에 언제나 경계하라는 가르침이라고도 볼 수 있겠다.

태고太古 보우普愚[38] 또한 이러한 〈제목 없음[무제無題]〉이라는 노래를 지어 소를 얻고 나서 해야 할 일을 말한 바 있다.

> 고요하여도 천 가지로 나타나고
> 움직여도 한 가지 없네
> 없다 없다 이것은 무엇인가
> 서리 뒤의 국화만 무성하네[39]

위의 노래는 보우선사가 "『원각경』을 읽다가 '모든 것이 없어진 것, 그것을 움직이지 않음이라 한다[일체진멸一切盡滅 명위부동名爲不動]이'라는 구절에 이르러 모든 지해知解가 없어지면서 읊은 시이다. 내용상 기, 승구로 보아 이미 도라는 경지에 도달하였음에도 불구하고 이내 '무無'자 화두가 생겨났음을 이야기하고 있다. 그리하여 다시 '무'의 뜻을 잡고 간절히 참구하여 마침내 아무 것도 모르는 경지에 이르면 의심이 다하고 생각이 다하는 곳에 이를 수 있음을 결구로써 보여주고 있는 것"[40]이라고 할 수 있다.

목우, 소를 기르다

[그림 5] 목우

이제 수행 과정의 마지막 장면을 보여준다고 할 수 있는 〈목우牧牛〉에 대해 이야기해보자. 목우는 말 그대로 소를 치는 일이다. 소를 길러서 길들여가는 과정이라고도 할 수 있다. 소를 길러간다는 것, 그것은 곧 수행에 용맹 정진하는 일과 다르지 않다. 이 과정에 대해 읊은 노래는 다음과 같다.

> 채찍과 고삐를 한 순간도 곁에서 떼어놓지 말라
> 그대 한 걸음 씩 티끌로 들어갈까 두렵다
> 장차엔 서로 길들이고 순화되어
> 재갈과 사슬에 구애되지 않더라도 스스로 그대를 따르지니[41]

수행을 정진하는 데 있어 단 한순간의 방심도 허용하지 말라는 경계를 담고 있는 〈목우송牧牛頌〉이다. 노래대로라면 방심을 허용하는 그 순간, 그간 쌓아온 수행의 공력은 다시 티끌이 되고 만다. 그러나 방심 없이 정진하다 보면 저절로 길들여진 소를 만날 수 있게 된다. 그렇게 길들여진 소는 구태여 고삐와 재갈을 물리지 않아도 언제나 자신 곁에 머물러 있음을 깨우치는 날이 오는 것이다. 언젠가 오도의 경지를 밟을 수 있게 된다는 의미라고도 하겠다.

결국 이 노래는 "희미하게나마 도의 흔적을 찾았으나 거기에 머무르지 않고 이내 나타나는 불완전한 수행의 결과인 의심과 시비를 다시 잡고 채찍질하여 완전히 끊어버리는 경지에까지 이르도록 노래하고 있다. 의심과 생각이 다하는 곳, 완전한 순리에 이르는 곳은 희미한 자취의 한 자락을 붙잡는 것으로 이르는 것이 아니라 그를 넘어선 부단한 수행을 통하여 이르게 됨을 보여주고 있는 것"[42]이다.

송준영 또한 이 노래를 두고 "1행과 2행에서 오랜 관습의 훈습된 무명과 분별의 세계로 다시 들어가는 것을 막는 것. 그래서 고삐와 멍에를 바짝 당겨 소를 기르면, 있는 그대로 임운등등하여 가두거나 풀어놓거나 모두 자유롭게 활동하여도 범함이 없다. 그럴지라도 우리는 우리의 목동이 앞서고 우리의 소가 스스로 뒤따르는 그 순간, 이 순간을 무엇이라 부를 것인가?"[43]라며 목우의 의미를 되새기게 해준다.

그렇다면 어떻게 수행해야 하는 것인가? 다음 편양鞭羊 언기彦機[44]의 노래는 수행승을 위한 여러 가지 수행의 방편을 제시한다.

바람 쫓는 명마 채찍 그림자 꺼리면
어느 것이 참다운 용의 뼈대냐
벽옥의 방망이 굳게 잡아
정령의 굴을 부숴버려야지
은비늘 고기는 그물도 뚫고
붉은 봉황은 쇠사슬도 끊는다
깊이깊이 바다 밑 다니고
높이높이 봉우리 끝에 서면 돼
바람 앞에 두 번 휘파람 불고
하늘 밖에 할 한 번 외쳐 봐
검은 빗돌 고갯마루의 구름이요
망주의 정자 앞 달
아침에는 백로주 물가
저녁에는 황우협의 골짜기
네 영혼 존중하지 않으면
모든 불조는 또 무엇 하는 물건
저녁 하늘에 구름 엉기지 않으면
먼 산은 끝없이 푸르러
가랑비 앞산을 지나고
들못에는 가을 물 맑다
무쇠 나무도 할 한 번에 꺾이고
가마솥 끓는 물 교리 불러 식혀라
화택에는 서늘한 비
어둔 거리에는 광명의 촛불

해맑은 선사에게 보답하려거든
이 소식을 오히려 알아라
한 봄에 바람결 싸늘하면
천 산의 바위눈을 상대해 보렴[45]

이 작품은 수행승이 올바른 수행 정진을 위해 지켜야 할 사항과 방편들을 여러 가지 비유를 통해 노래한다. 바람 좇는 명마는 수행승을 말하며, 채찍을 꺼리는 것은 수행에 대한 정진이 부족함을 비유한다. 몽둥이[퇴槌]와 고함[할喝]은 또한 수행의 채찍을 비유한다. 굳게 내려친 몽둥이에 정령의 굴도 부수어지고, 용맹한 고함 한 번이면 무쇠나무도 꺾일 수밖에 없다. 끊임없는 정진만이 마음소를 다스리는 첩경인 것이다.

다음은 이러한 수행을 통해 오도의 경지에 도달한 모양을 노래한 소요 태능선사의 〈목우행牧牛行〉이라는 작품이다.

시냇가 이쪽저쪽 소를 놓아 기르는데
우거진 꽃들이며 유유한 물길
놓아서 길러도 남의 농사 망치지 않으니
구태여 줄을 씌어 잡아 가두리[46]

제목에서 보이는 것처럼 이 노래는 목우의 과정이 끝난 경지를 읊고 있다. 그래서 목우행인 것이다. 부단한 노력과 한결같은 정성으로 이루어낸 수행의 완성은 곧 자유자재한 소의 움직임으로 포착할 수 있다. 이제는 어떠한 방편이나 채찍도 필요하지 않다. 그렇게 하지 않더라도 스스로 뒤따르는 소가 되어 있는 것이다. 이제 수행승에게는 마음속에 굳게 새겨진 소와 함께하는 일만이 존재한다.

지금까지 살펴보았던 모두 다섯 장면으로 구성된 인지와 수행의 과정은 결국 감성의 배제가 이루어지는 과정이라고 할 수 있다. 참선의 과정에서 오도를 위해 필요한 것은 마음을 비우는 일이다. 그러나 마음을 비우는 일은 평범한 수행으로써는 해결되지 않는다. 또한 그 누구의 도움도 받을 수 없다. 오직 스스로의 힘으로 온힘을 다해 마음속의 미망과 의혹들을 티끌조차 남김없이 버려야만 비로소 진입할 수 있는 경지인 것이다. 그리고 무의식조차도 의식할 수 없는 그런 상태여야만 한다. 다시 말하자면 비워가는 자신의 존재조차도 잊을 수 있을 때라야 진입할 수 있는 그런 경지인 것이다.

오도를 위한 선 수행[참선參禪]은 본래 자발적인 것이었다. 오도를 위해 필요한 것이라면 무엇이든 행하거나 혹은 버리거나 하는 과정의 연속이었다. 버리는 그것들은 특히 마음에 있었다. 마음속에 든 일체의 잡념 혹은 망념들을 터럭만큼도 남기지 않고 버려야 하는 것, 그 버린다는 생각마저도 버려야 하는 것 그것이 오도의 경지였다. 감정이나 이성 혹은 그것들의 종합적 작용이라고 할 수 있는 감성마저도 철저히 배제해야만 다다를 수 있는 경지인 것이다. 그래서 이런 경지로 나아가고자 한다면 정적情的 감성이든 지적知的 감성이든 그 어떤 것도 장애가 되어서는 안 된다. 그 구별 자체가 무색한 일이 되는 것이다.

따라서 배제는 일단 개인적이다. 다시 말해서 감성의 배제는 참선의 과정에서 치열한 자기 투쟁을 표현하는 말에 다름 아니다. 오도를 위한 참선의 전제는 '버리기'에 있다. 버리는 대상은 '전부'이며, 여기에는 '나'는 물론이요 '부처'까지도 포함된다. 그렇게 버림으로써 '없음'에 이르는 경지, 나아가 이러한 없음마저 버리는 '참 없음[진무眞無]'의 경지에 이르는 것이 바로 오도인 것이다. 이러한 과정에서 우리는 '배제'를 이야기할 수 있으며, 이렇게 버리고 난 뒤 얻어지는 경지를 노래한 오도시를 감성의 배제에 의한 산물[47]로 보고자 했던 것이다.

‖ 오도와 시법 그리고 감성의 베풂

감성의 베풂은 오도 이후 이루어지는 시법 행위에서 보다 적극적으로 나타난다. 먼저 경험한 오도의 경지를 각종 상징과 비유를 통하여 수행승들에게 알려줌으로써 그들의 수행에 방편을 쥐어줄 수 있기 때문이다. 오도의 경지를 읊은 대부분의 오도시悟道詩는 어떤 특별한 방편을 일러주지는 않는다. 그 자신이 한 순간 경험했던 깨달음을 노래하기 때문이다. 그러나 시법시示法詩는 구체적인 방편을 일러주는 경우가 많다. 어떤 경우에는 질문을 던져주기도 한다. 그 방편과 질문을 화두 삼아 수행에 정진하라는 의도이기 때문이다. 이제 각각의 과정에 해당하는 장면들을 살펴보도록 한다.

●● 기우귀가, 소를 타고 집으로 돌아오다

목우도의 여섯 번째 장면은 〈기우귀가騎牛歸家〉이다. 이 장면은 소를 타고 집으로 돌아가는 모습을 묘사하고 있다.

비스듬히 소를 타고 집으로 돌아가고자 하네
강적의 피리소리 저녁노을에 울리고
한 박자에 노래 한 곡 무한한 뜻 실었으니
지음이 어찌 북 치는 소리에 놀라랴[48]

길고 힘들었던 수행의 과정을 거쳐 드디어 오도의 경지에 오른 형상이다. 소를 타고 집으로 돌아가는 길, 평온한 저녁노을을 배경으로 어디선가 들려오는 피리소리는 그저 무심한 듯 무심하지 않은 양이다.

[그림 6] 기우귀가

예전에도 들었을 피리소리요 항상 보아온 저녁노을이건만 지금 이 순간만큼은 새로운 세계와 다름 아닌 것이다.

그렇다면 이제 각자覺者로 거듭난 이 사람에게 '돌아갈 집'이란 어떤 의미일까? 물론 그곳은 자신의 마음일 것이다. 그것도 일체의 미망이나 의혹이 존재하지 않는 진면목 그 자체일 것이다. "자성본원의 실상인 소를 타고, 자성본원 자신인 목동이 자성본원으로 되돌아갈 뿐."[49]이라는 송준영의 해석도 이와 무관하지 않다.

부휴浮休 선수善修[50]도 이러한 경지에 대해 노래한 바 있다. 다음은 〈어떤 스님에게 준다〉는 작품 2수 중 첫 번째 노래이다.

스승 찾아 도를 배운다는 것 특별한 일 아닐러니
그저 소를 타고 집에 이르면 되는 것을
백척간두에 큰 걸음 한다면
수많은 부처들도 눈앞의 꽃이다네[51]

이 작품에서 소는 '본심本心'을, 집은 '불성佛性'을 비유한다. 깨달음은 마음에 있다는 의미이다. 그리고 그 마음은 잡아 두는 것이 아니라 버려야 하는 것이 된다. 백 척의 장대 위에서 활보하라는 제2구는 이를 대변한다. 그렇게만 된다면 그렇게 열망했던 부처들도 모두 부질없는 존재가 된다. 결국 부처는 내 자신이요, 내 마음에 있는 존재이기 때문이다.

이 노래는 어떤 스님이 찾아 와 배움을 청하면서 그 결과로서의 오도는 어떠한 경지인지를 물어오기에 답하는 과정에서 지은 것으로 생각된다. 여기에서 부휴선사는 특별한 어떤 것을 말하지는 않는다. 그동안 수행에 왔던 것들을 다시 성찰하면서, 이미 자신의 마음 안에 있는 소를 드러내면 될 일이라고 말할 뿐이다. 바로 곁에 있는 소를 보지도 잡지도 못하였으니, 그 소를 타고 집으로 돌아가는 일은 아마 불가능할 것이다. 그러나 그 소를 타는 일은 딱 '한 걸음'이다. 마음을 버리면 되는 일, 부휴는 그 한 걸음을 강조한 것이다.

●● 망우존인, 나는 있되 소는 잊다

일곱 번째부터 아홉 번째 장면에 이르는 그림들 역시 오도의 경지를 노래했다고 볼 수 있다. 일곱 번째 장면은 〈망우존인忘牛存人〉이다. 집에 돌아왔더니 소를 잊었다는 의미이다.

> 이미 얻어 소를 타고 집으로 돌아오니
> 소는 없어지고 사람은 한가하네
> 홍일삼간도 오히려 꿈속의 일이니
> 빈 채찍이야 초당 사이에 부숴지리[52]

[그림 7] 망우존인

소는 이제 잊어도 좋다. 스스로 잊어야 하는 것이 아니라 이미 채찍과 고삐를 풀어 놓아도 좋은, 잘 길들인 소이니 구태여 생각하지 않아도 좋다는 말이다. '집'이라는 곳을 확실하게 경험하였으니 더 이상 집과 관련한 미혹이 있을 수 없다. 해가 석 자씩이나 떠올랐어도 늦잠을 자며, 그것조차 오히려 꿈이라 여길 수 있는 경지이다. 소를 잊었으니 채찍은 또 무슨 소용이 있겠는가? 이제는 근원으로 돌아왔으니, 이전에 소용되었던 모든 방편은 이제 버려도 좋다는 의미가 아니겠는가? 〈망우존인송忘牛存人頌〉은 바로 그런 경지를 읊고 있는 노래라고 할 수 있다.

> 사방이 텅 비어 트여있거니
> 온갖 가지 하는 일이 모두다 공일 뿐
> 없다 없다 그 경계를 그 누가 헤아릴까
> 올올등등 하는 모양 고풍을 보여주네[53]

위는 나옹 혜근의 〈무위無爲〉라는 작품이다. 제목에서 표현된 '위爲'란 생멸生滅의 변화를 나타내는 뜻이니, 그것이 없다고 함은 곧 '공空'을 의미한다. 즉 깨달음에 대한 모든 법들의 기저가 되는 본체本體의 다른 이름이 '무위'인 것이다. 올올兀兀한 모양은 움직임이 없는 모양, 즉 깨달은 경지에 대한 굳건한 마음 상태요, 등등騰騰한 모양은 그 마음에 대한 확고한 마음의 표현이다. 그런 모습 그대로가 곧 본래면목本來面目이니, 혼자 존재한들 무엇이 문제될 수 있겠는가. 그러다 보면 어느 순간 '없다[민연泯然] 없다[탕진蕩盡]'는 그 경계도 허물어져 존재하는 모든 것을 잊을 수 있게 되는 것이다.

인우구망, 소도 잊고 나도 잊다

이제 여덟 번째 장면인 〈인우구망人牛俱忘〉을 감상해보자. 이 장면은 소도 잊고 자신도 잊는다는 그런 의미를 보여준다.

> 채찍과 소, 사람 모두 공(空)하니
> 푸른 하늘 멀고 넓어 소식 통하기 어렵네
> 붉게 타는 솥 위에 눈 모양 다투겠는가
> 이에 이르니 바야흐로 조종과 하나 되네[54]

이 장면에는 텅 빈 공간만이 화면 가득 표현되어 있다. 채찍을 비롯하여 소와 사람 모두 잊었으니, 그 어느 것도 존재할 수 없다. 그럼에 표현된 원형의 이미지는 전후좌우의 구별이 없다. 시작과 끝도 없는 그야말로 원융무애한 경지의 상징이라고 할 수 있다. 결국 모든 분별이 없어지고 따라서 집착하거나 미혹할 것도 없으니 완전한 깨달음의 경지라고 할 수밖에 없다.

[그림 8] 인우구망

제3구를 주목해보자. 솥 위에 떨어지는 눈발이야 처

음에는 제각각 자신의 모양을 다툴지도 모르겠으나, 그 솥이 타고 있다면 문제는 달라진다. 눈발은 제 모양을 다툴 새도 없이 녹아 없어져 버리고 만다. 그것이 자연의 이치다. 그 평범한 이치들을 오도의 경지에서 다시금 바라볼 수 있을 때 비로소 '조종祖宗'과 하나가 되어 원융하게 되는 것이다.

> 이렇게 아무 것도 없는 공空, 곧 절대무絶對無는 일곱째 단계를 초월한다는 일종의 절대부정絶對否定을 상징한다. 불교에서의 절대무는 아무것도 존재하지 않는다는 뜻이 아니다. 그보다는 절대무란 대상화하고 실체화하는 사고방식, 진정한 자기를 실체로서 대상으로서 파악하는 사고를 버린다는 뜻이라 생각된다.[55]

이렇게 '사고' 자체마저 버려진 경지, 그곳이 곧 오도의 경지라고 할 수 있다. 따라서 오도를 위한 배제는 선의 단계에서는 필수적인 요소라고 볼 수 있는 것이다. 혜심 또한 다음과 같은 말을 남기면서, '산은 산이오 → 산은 산이 아니오 → 산은 산이오'라는 오도의 과정을 보여준다.

> 하늘은 곧 땅이요 땅은 하늘이라. 산은 곧 물이요 물은 곧 산이라. 중은 곧 속인이요 속인 또한 중이라. 이미 이 뜻을 얻었다면 산은 곧 산이요 물은 물이며 중은 중이요 속인은 속인임을 알리라.[56]

이 말은 이미 범상한 경지를 넘어선 이에게 일러주는 말이다. 아직 완전한 오도의 단계에 이르지는 못하였지만, 그 경지에 다다르기 위해 애쓰는 이들에게 보여주는 방편의 말인 것이다. 범상한 이들에게는 하늘은 죽어도 하늘의 모습이다. 산 또한 그대로 산의 모습일 뿐이다. 그러나 각자覺者는 다르다. 마음과의 치열한 투쟁을 통해 한 꺼풀씩 벗겨나가야만 보일 수 있는 그런 모습을 본다. 그래서 종내는 아무것도 채워진 것이 없는 마음 상태에 이르러야 만이 도달할 수 있는 경지가 되는 것이다.[57]

반본환원, 근원으로 돌아오다

아홉 번째 장면인 〈반본환원返本還源〉은 또 어떤가.

> 근원으로 돌아오는 것 이미 헛된 공이니
> 바른 도를 다툼도 맹농과 같네
> 암자에 앉아 암자 앞 사물을 보지 않아도
> 물은 절로 아득하고 꽃은 절로 붉게 피네[58]

장님이 무엇을 볼 수도 없는 노릇이요, 귀머거리가 또한 어떤 소리를 들을 수도 없는 노릇이다. 그런 그들이 바른 도를 다툰다고 하는 것은 일종의 어불성설이다. 본 것도 없고 들은 것도 없는데, 그리고 볼 수도 없고 말할 수도 없는데, 어떤 '다툼'이 가능할 수 있겠는가. 그래서 위의 〈반본환원송返本還源頌〉은 그 이치가 곧 '공空'이요, 근원으로 돌아오는 것과도 다름없다고 말한다. 그런 경지에 이르면 굳이 앞을 보지 않아도 물이 '절로' 아득함을 알 수 있게 되며, 꽃이 '절로' 붉게 피는 것도 알 수 있게 된다는 것이다.

다음은 허응虛應 보우普雨[59]의 〈오도산에 올라〉라는 작품이다.

[그림 9] 반본환원

도라는 산 이름 한 번 보고자
하루 내내 지팡이 짚고 괴로이 올라가는데
그러다가 문득 보는 산의 진면목
구름 절로 높이 날고 물은 절로 흐르나니[60]

도라는 것을 깨우치기 위해 마치 높은 산을 엉금엉금 기어오르듯 정진하는 모습이 눈에 선하다. 그러다 문득 다가오는 참모습의 실체는 어떠하였던가. 실은 언제라도 볼 수 있는 구름이요, 물길이다. 그럼에도 그 풍경이 새삼 다가오는 것은 마음의 작용이 새로워졌다는 것을 의미하지 않을까. 실제 오도산이 존재하는지의 여부는 이 노래에서 그렇게 중요한 문제가 아니다. 오히려 스스로 오도의 경지에 오르기 위해 수행하는 과정이 더욱 중요하다. 보우선사는 그런 과정 속에서 문득 깨닫게 되는 도의 경지를 말하고 싶었을 것이다. 그것이 그가 이 노래를 '등산'의 과정에 비유하여 담담히 진술하고자 한 까닭이리라.

〈목우도〉에서 보이는 오도과정의 노래와 선사들의 오도시에는 약간의 차이점이 있다. 〈목우도〉에서 오도를 노래함은 그 수행과정의 고난함과 오도 이후의 지속적인 수행을 점차적으로 강조해나가는 반면, 선사들의 오도시는 문득 깨치는 오도의 기쁨을 자발적으로 노래한다는 점이다. 즉 〈목우도〉의 노래는 그 기능에 맞게 대상자를 두고서 오도의 경지를 노래하지만, 선사들의 오도시는 순전히 자신에게 들려주는 독백의 노래가 되는 것이다. 물론 여기에는 타인이 끼어 들 여지가 전혀 없음이다.[61]

다시 말하자면 〈목우도〉에 그려진 오도과정에서의 오도시들은 모두 감성의 베풂과 관련이 있다고 보인다. 〈목우도〉는 선 수행의 지침서와 다름없는 만큼 거기에 표현된 선시 역시 이의 목적에 부합해야 한다고 보기 때문이다. 물론 선사들의 일반적인 오도시가 감성의 베풂과 전혀 관련이 없다고는 할 수 없다. 그러나 대부분의 노래가 독백의 차원에서 이루어지는 만큼, 그것이 타인에 의해 의미화 되기 위해서는 그 타인의 수행 과정이 전제될 수밖에 없어야 한다.

감성의 베풂이라고 하는 것의 의미는 바로 여기에 있다. 오도에 이르기 위해 수행하는 과정에서 수행자들은 시도 때도 없이 일어나는 마음의 작용을 단 한 치도 허용하지 않으려는 처절한 배제의 노력을 기울여야 했다. 그리고 그 배제의 끝에서 일어나는 오도의 경지를 경험한 순간 배제되었던 모든 것들은 다시 원상原狀이 되었다. 그리고 그 원상原狀은 이제 원상圓相의 테두리 안에서 경험하는 원상原狀이 되는 것이다. 오도의 경지에서 부르게 되는 노래는 바로 이렇게 재탄생한 원상이라고 할 수 있다. 그리고 의도하든 그렇지 않든 간에 다시금 그 원상을 보여주기 위한 노래가 된다. 그 보여주기를 여기서는 감성의 베풂이라고 하는 것이다. 그 보여주기 역시 마음 작용에서 비롯하기 때문이다.

입전수수, 세상과 어울리다

감성의 베풂을 위해 길을 나서는 마지막 장면은 〈입전수수入廛垂手〉로 명명된다. 이 장면은 시법과정에 해당한다고 볼 수 있다.

> 가슴 헤치고 맨발로 거리에 나서니
> 흙을 바르고 재투성이지만 뺨에 가득한 웃음
> 신선의 진짜 비결 쓰지 않고도
> 바른 가르침으로 고목에 꽃 피게 하네[62]

위 〈입전수수송入廛垂手頌〉에 보이는 맨발에 허름한 옷차림, 그래도 겉모습은 상관없다는 듯 지어보이는 얼굴 가득한 미소가 마냥 범상하지는 않다. 그리고 그 안에서 이제는 특별히 신선의 어떤 비결을 알 필요도 없고, 그저 깨우친 그대로 행하기만 하면 절로 시법이 될 것이라는 의미도 엿보인다. 또한 이 장면은 "중생제도를 위해 자루를 들고 자비의 손을 내밀며 중생이 있는 곳으로 향하는 모습을 그렸다.

[그림 10] 입전수수

이제는 이타행利他行의 경지에 들어 중생제도에 나선 것을 비유한 것이다. 여기에서는 자기의 풍광을 모두 묻어 버리고 옛 조사들이 밟은 길 역시 모두 저버린 다음, 표주박 하나 차고 거리에 들어 지팡이를 끌고 집집마다 다니며 보살행을 설파하는"[63] 그런 오도자의 모습을 표현하고 있는 것이다.

이에 대해 변선환은 '만남'을 매개로 다음과 같이 설명한 바 있다.

> 마지막 제10단계에서 표현되는 주제는 사람 사이에서의 만남이다. 여기서 절대무에서 나온 진정한 자기가 "사이(Zwischen)"의 무아적 역동을 가지고 개개인 사이[간間]에서 작용하고 그 곳에 있게 된다. 이 "사이"가 바로 진정한 자기가 그 내부에서 활동할 곳이다. 달리 말하면, 절대무絶對無에 의해 드러난 진정한 자기가 이 "사이"라는 것으로 펼쳐진다.[64]

따라서 이 장면의 게송은 수행승을 위한 일반적인 게송과는 약간의 차이가 있다고 보인다. 이때의 시법이란 좀 더 포괄적인 측면이 강하다는 점이다. 물론 수행승을 위한 시법의 의미도 내포하고 있겠지만,

그것을 넘어 일반 대중들에게도 다가설 수 있는 혹은 다가서야 한다는 그런 의미 또한 함께 가지고 있다는 말이다. 결국 이 장면은 수행이 홀로 오도의 경지에 이르는 것에만 그쳐서는 안 되며, 그러한 경지를 다른 수행승들과 교감해야 한다는 것을 말해준다. 더불어 거기에만 그치지 않고 불법의 광포廣布를 위해 대중들을 만나 힘써야 한다는 의미도 함께 수용되어 있다고 보는 것이 정확할 것이다.

바위 틈 꺾일 듯 쇠잔한 계수나무
그 빛남이야 모란꽃과 같으랴
지금의 속세야 그 빛남만 좋다지만
빛남만 본다면 향기는 그 누가 맡으랴[65]

위는 중관中觀 해안海眼[66]이 지은 〈느낌이 있어〉라는 작품이다. 중국 송나라 시대 주돈이가 지은 〈애련설〉에는 '당나라 이래로 사람들이 모란을 매우 사랑했다'는 구절이 있다. 그 화려한 자태에 매료된 까닭일 것이다. 그래서 그 꽃을 두고 '부귀화富貴花'라고까지 표현했던 것이다. 그런데 모란꽃에는 향기가 없다. 그러나 계수나무는 다르다. 계수나무는 모양도 좋지만, 향기도 좋다. 지금은 비록 제 계절이 아닌 탓에 가지만 앙상하여 볼품없지만, 본래는 향기까지 갖춘 나무다. 그러니 겉모습만으로는 본질을 알 수 없는 것이다. 화려함만 좇는 세태를 나무라면서 이제는 본원, 즉 근원까지 생각할 줄 알아야 한다는 경계가 드러난 작품이라고 하겠다.

지금까지 순천 송광사 승보전 벽화인 〈목우도〉를 통해 감성의 배제와 베풂이 일어나는 과정을 감상하였다. 요컨대 그림과 게송으로 표현된 이 열 단계의 그림은 다시 크게 네 부분으로 나뉠 수 있는데, '인지'–'수행'–'오도'–'시법'이 바로 그것이다. 인지과정에는 심우尋牛와 견적見跡, 수행과정에는 견우見牛와 득우得牛, 목우牧牛, 그리고 오도과정에는 기우귀가騎牛歸家, 망우존인忘牛存人, 인우구망人牛俱忘, 반본환원返本還源, 마지막으로 시법과정에는 입전수수入廛垂手가 해당된다고 하겠다. 더불어 감성의 배제는 인지와 수행의 과정에서 주로 일어나며, 감성의 베풂은 오도와 시법의 과정에서 주로 일어난다는 사실 또한 감상할 수 있었을 것이다.

제2절

태고총림 선암사와 침굉의 불교가사

1. 선계의 바윗길에서 침굉을 부르다

순천 조계산에는 송광사 외에 유서 깊은 절집이 또 하나 있는데, 바로 태고총림 선암사仙巖寺이다. 대각국사 의천이 교종의 입장에서 선·교 양종의 회통을 시도하고자 했던 천태종의 중심 도량이기도 하다. 인근의 송광사와 더불어 조계산의 이 두 절집은 고려시대는 물론 억불숭유정책을 폈던 조선시대에도 수많은 고승을 배출하여 선·교 양종의 대도량으로 자리 잡은 곳들이다.

송광사가 보조국사 지눌에 의해 한국 선종의 요람으로 자리 잡았다면, 선암사는 대각국사 의천에 의해 우리나라 천태종의 요람으로 자리 잡았다고 할 수 있다. 의천이 남방 중심 도량으로 삼고 수행하던 곳이 바로 선암사이며, 그가 수행 정진하면서 제자들에게 천태종을 설법하던 곳도 선암사 대각암大覺庵인 까닭이다. 또한 이 암자 뒤에는 의천의 부도가 있으며, 그의 진영 또한 이곳 선암사 진영당眞影堂에 모셔져 있다.

선암사는 신라 말 도선국사가 창건했다는 설과 삼국시대 아도화상이 창건했다는 설이 있어, 그 창건에 대한 의견이 분분하다. 그러나 최근에는 대웅전 앞마당에 신라 하대에 조성된 석탑 등의 유물이 남아 있어, 이로 볼 때 도선국사에 의해 창건되었다는 설이 훨씬 더 설득력을 얻고 있는 편이다.

조계산의 동쪽 초입에 이르러 선암사까지 오르는 길은 '선암仙巖'이라는 이름 그대로 '선계의 바윗길'이라 칭할 만하다. 속계에서 벗어나 마치 신선이 되어 선계에 오르는 듯한 느낌으로 우리에게 초자연의 아름다움을 선사해주기 때문이다. 그 아름다움에 한창 도취되어 있을 무렵 눈앞에 펼쳐지는 광경은 승선교昇仙橋, 돌로 만든 반원형의 무지개다리로 신선이 되어 오르는 곳이라는 뜻의 돌다리이다. 이 돌다리 안쪽으로 멀리 보이는 건물이 강선루降仙樓이며, 역시 신선이 내려와 노니는 곳이라는 의미를 가진 2층의 누각건물이다.

강선루를 지나 오른편의 삼인당三印塘이라는 연못을 끼고 돌면 일주문에 이른다. 이곳 일주문에 들어서면서부터는 다른 곳으로 눈 돌릴 여지가 없다. 속계인 듯 선계인 듯 구별이 없던 절집 입구까지의 길과는 달리 이곳에서부터는 오로지 짧은 직선의 길만을 허용하기 때문이다. 다른 잡생각이 끼어들 여지도 없이 저도 모르게 일심一心으로 선암사를 대하게 하는 것이다.

이런 마음으로 처음 마주하는 건물은 2층으로 된 종각 건물인 범종루梵鐘樓이다. 선암사의 범종루에는 다른 절집에서 찾아볼 수 없는 특이한 점이 있다. 대개 절집에서는 일주문과 종루 사이에 천왕문이나 금강문, 인왕문 등을 배치하게 마련인데, 선암사 '육조고사六祖古

寺'라는 현판이 걸려있는 이 건물에는 이것들이 없다는 점이다. 그러나 이들이 없다는 점도 채 인식하지 못할 만큼 짧은 거리에, 이름 있는 서원의 공부방 같은 정면 5칸짜리 목조건물이 당당하게 서 있다. 물이 바로 선암사의 강당 역할을 했던 만세루이다. 처음 선암사를 대하는 사람이면 대개 이 건물 앞에서 당혹스러워 하는 모습을 보인다. 이는 만세루가 가지는 위용이나 위상 때문이 아니라 종루를 지나면 마땅히 펼쳐져야 할 절집의 안마당과 대웅전이 보이지 않기 때문이다. 어떤 이는 이런 당혹함을 일러 '단절과 절망'이라고 표현하기도 하였다.

이런 당혹함을 피하기라도 하듯 서둘러 양쪽 모퉁이로 에둘러 가면 그제야 확 트인 안마당과 대웅전을 마주 대하게 되는데, 이때 슬며시 짓게 되는 미소는 그야말로 부처의 '염화미소拈華微笑'에 다름 아닐 것이다. 대웅전大雄殿은 그 앞에 두 개의 3층 석탑을 두고, 마당의 좌우로 설선당說禪堂과 심검당尋劍堂을 거느린 형상이다. 그리 크지 않은 공간에 아기자기하게 배치된 절집의 모양이 만세루 앞에서 느꼈던 당혹감과는 전혀 다른, 오히려 포근한 느낌으로 다가온다. 비로소 선암사에 안겼다는 안도감이리라.

선암사에는 이외에도 명부의 십대왕이 모셔져 있는 지장전地藏殿, 선암사의 중요한 유구들을 보관하고 있는 응향각凝香閣, 석가모니의 전생에서부터 열반에 이르기까지의 일대기를 압축하여 여덟 장면의 그림으로 표현한 〈팔상도〉가 모셔져 있는 팔상전捌相殿 등의 주요 건물이 있다. 또한 보물로 지정된 대각국사 진영은 역대 조사들의 영정과 함께 진영당眞影堂에 모셔져 있으며, 역시 보물로 지정된 대각국사 부도는 선암사 중심부에서 왼쪽 산길로 조금 오르다 보면 이르게 되는 대각암의 뒤뜰에 모셔져 있다.

바로 이 절집의 비로암에서 오도悟道의 경지에 올랐던 침굉枕肱 현변懸辯(1616～1684)은 조선 중기의 승려로, 본관은 나주, 자는 이눌而訥, 속성은 윤씨다. 9세에 천봉산 처우화상에게 출가하여 승려가 되었고, 13세 때에는 지리산으로 소요 태능선사를 찾아가 그의 법을 계승하고 오도悟道의 선승이라는 말을 들었다고 한다. 19세에는 고산 윤선도가 양자로 삼아 환속시키려 하였으나 울면서 끝까지 응하지 않았다. 그 뒤 윤선도가 을사사화로 광양에 유배되었을 때 그를 찾아가 〈창랑가滄浪歌〉를 지어 부르면서 위로하였다는 일화도 있다. 이런 까닭에 침굉의 가사는 윤선도의 영향을 받았다고 평가된다.

침굉은 선교禪教에 밝았을 뿐 아니라 유교와 도교에도 조예가 깊었고, 서예와 문학에도 능통하였다. 그리고 말년에는 염불이야말로 성불의 직절문直截門이라는 서산대사의 정신을 이어받아 염불에서 안심처를 구하고자 하였다. 69세 되던 해 전라남도 금화사에서 가부좌를 한 채 마치 잠을 자듯 입적하였다고 알려져 있다. 이때 자신의 유체遺體를 냇가나 숲속에 두어 까마귀나 솔개에게 공양하도록 유언하였으므로, 제자들이 시신을 금화산 봉우리 바위틈에 넣었으나 새들도 그의 시신을 범하지 않고 안색도 변하지 않았다는 이야기도 전한다.[67] 저서로 『침굉집』 2권이 있다.

2. 침굉가사, 태평은 어디 두고 그저 돌아가려하는가

‖ 불교가사의 계보, 나옹에서 학명까지

불교가사란 불교의 포교나 신앙심을 고취하는 내용 등을 담은 노래를 말한다. 고려 말 나옹화상 혜근의 〈서왕가西往歌〉를 시작으로 이후 현재까지 약 70여 편이 현전한다. 불교가사는 대개 승려들이 염불포교를 보다 쉽게 하기 위해서 향찰식 또는 구비 방언의 쉬운 형식으로 노래를 지으면서 만들어졌다. 전체적인 내용에 따라 포교가사, 신앙심 고취가사, 찬불가사로 나눌 수 있다. 이런 작품들은 절에서 새긴 목판본과 민간에 전해지는 필사본과 포교용 책자에 실려 있는 것들이 대부분이다.

특히 불교가사로서 뿐만 아니라 우리나라 가사문학의 효시라고 하는 〈서왕가〉는 지금까지 모두 여섯 가지 종류가 전해지고 있다. 그 내용은 모두 대동소이한데 대개 96구에서 147구로 되어 있다. 전체적인 내용은 염불의 공을 내세우고 극락왕생을 위해서는 염불의 덕을 쌓아야 한다는 것이다. 〈서왕가〉는 크게 6부분의 문단으로 구성되었는데, 첫째 문단은 인생의 무상함을 한탄하는 서사序詞이고, 둘째 문단은 입산수도의 큰 뜻을 세우는 내용이다. 셋째 문단에서는 오욕칠정과 애욕탐물愛慾貪耽物의 부질없음을 밝히고, 넷째 문단에서는 염불공덕의 큰길을 드러낸다. 다섯째로는 장엄한 극락세계의 즐거움을 노래하고, 마지막 여섯째 문단은 염불을 적극적으로 권하는 결사結詞 부분으로 구성되어 있다. 이 작품은 우리나라 문학사에서 중요한 부분을 차지하는 가사문학이 불교에서 비롯되었음을 드러내고 있는 중요한 작품이다.[68]

이상보[69]는 한국 불교가사의 사적 전개에 대하여 '발생기-계승기-전성기-원숙기-개화기'의 과정을 거친다고 보았다. 그리하여 고려시대 나옹화상(1320~1376)의 〈서왕가西往歌〉를 한국 가사 작품의 효시로 보아 이 시기를 가사의 발생기라 규정하였다. 나옹화상의 〈낙도가樂道歌〉, 〈승원가僧元歌〉 역시 이 시기의 작품군에 포함된다.

이후 약 200여 년이 훨씬 지난 16세기 후반이 되어서야 다시 불교가사가 나타나는데, 서산대사(1520~1604)의 〈회심곡回心曲〉이 그것이다. 바로 이 시기를 이상보는 '계승기'라 하였다. 여기에서 우리는 발생기에서 계승기까지, 즉 나옹의 작품에서 서산의 작품이 제작되기까지 약 200여 년의 공백기가 있었음을 알 수 있을 것이다. 반면 이 기간 동안 유가에서는 본격적인 가사 문학의 중흥기를 맞이하고 있었다. 이 기간은 정극인(1401~1481)의 〈상춘곡賞春曲〉으로부터 비롯하므로, 유가, 다시 말해 사대부 가사 역시 약 100여 년 간의 공백 기간이 생기는 것도 사실이다. 그러나 나머지 100여 년의 공백 동안 유가에서는 면앙정 송순을 비롯하여 정철, 이서 등으로 이어지는 일련의 문인들이 등장함으로써 사대부 가사는 바야흐로 중흥기를 맞았다고 해도 과언이 아닐 것이다.

그렇다면 유·불가를 막론하고 이러한 공백기가 생겼던 까닭은 무엇이었을까? 이는 가사와 동시대 인접 장르와의 상관관계, 그리고 당대의 시대적 상황과 밀접한 연관을 가질 수밖에 없었다는 점으로 설명할 수 있다. 먼저 가사의 발생기 이후 이와 가장 인접한 장르는 고려말 선초의 문학 장르를 대표하는 경기체가라고 할 수 있을 것이다. 가사와 경기체가는 둘 다 교술시 갈래에 속하는 장르임은 이제 정설이라고 보아도 좋을 것이다. 또한 같은 갈래에 속하는 장르끼리는 공존할 수 없다는 점도 주지의 사실이다.[70] 물론 그 향유 계층이 다를 경우에는 공존할 수 있었겠지만, 경기체가와 가사는 둘 다 양반 사대부 계층의 향유물이었던 까닭에 공존이 불가능했던 것이다.

이는 두 장르 사이에서 선의의 경쟁이 촉발되었을 것이며, 이러한 경쟁 과정에서 선초의 상황, 다시 말해 관인적 이상향 내지 그 지배 이데올로기를 가장 핍진하게 드러낼 수 있었던 장르가 경기체가였다는 점은 상기할 만하다. 즉, 조선초의 특별한 상황을 담을 수 없었던 가사는 경기체가와의 경쟁에서 밀려 자연스럽게 일시적 쇠퇴를 맞게 되었고, 성종대 정극인의 〈상춘곡〉에 이르기까지 이러한 현상은 지속되었던 것이다. 불교가사 역시 이러한 상황에서 예외일 수 없었으며, 더불어 선초의 건국이념인 억불숭유의 정책에 직면해서는 그 어떠한 문학적 활동도 자유스럽지 못했을 것이라는 추측은 상당 부분 설득력이 있다고 여겨진다. 임진왜란이라는 전환기적 사건이 일어나기 전까지 산중에서 그 명맥을 유지하기에도 벅찬 현실이었던 것이다. 이런 까닭에 발생기에서 계승기에 이르는 동안 불교가사의 공백이 일어났던 것이며, 이 시기의 말미에 이르러서야 비로소 서산대사에 의해 〈회심곡〉이 제작되면서 그 명맥을 계승하게 되었던 것이다.

다음은 '전성기'라고 일컬어지는 시기이다. 이 시기는 임진왜란이 종식되면서 조선 사회가 일대 변혁에 가까운 변화를 보이기 시작하였던 시기와 그 궤를 같이 한다. 불교의 경우도 마찬가지였다. 임진왜란 당시 승병들의 활약으로 그동안 억눌려 왔던 정책적 탄압에서 조금이나마 자유로울 수 있게 되었다. 또한 서산에 의해 선·교 양종이 조계종으로 일원화되었으며, 선과 염불을 동일시함으로써 불교가 서민대중에게 보다 친근하게 다가설 수 있는 계기도 마련되었다.

이러한 가운데 침굉 현변은 보다 두드러진 문학 활동을 펼치게 되었다. 그는 선학에 있어서 뿐만 아니라 유교와 도교에도 일가견이 있었으며, 이러한 학식으로 유가와의 교류 또한 마다하지 않았다고 한다. 그런 까닭에 그의 문학은 "그의 스승과 제자는 물론, 당시 최고의 문사인 고산 윤선도 등에 의해서도 높이 평가되고 있"[71]는 것이다. 이 시기 침굉은 〈귀산곡歸山曲〉, 〈태평곡太平曲〉, 〈청학동가青鶴洞歌〉 등 3편의 가사 작품을 남겼다. 인혜신사 지형(생몰 미상) 또한 이 시기에 4편의 불교가사를 남겼다. 〈전설인과곡奠說因果曲〉, 〈수선곡修善曲〉, 〈권선곡勸禪曲〉, 〈참선곡參禪曲〉 등이 그것이다. 이 중 〈전설인과곡〉과 〈수선곡〉에는 이 시기 불교가사 및 불교계에 대한 몇 가지 중요한 현상을 담고 있어 주목되는 작품이기도 하다.

물론 불교가사의 제작 동기가 일면 불교의 포교에도 있는 만큼 이러한 의견이 틀린 바는 아니다. 그러나 이전 시기까지의 불교가사의 향유 대상이 일반 신도가 아닌 수행자 중심이었다는 사실을 상기하면, 불교가사의 청중이 주로 여신도였다는 단순한 사실에서 나아가,

불교가 산중에서 속세로 내려왔음에 주목해야 할 것이다. 이러한 사실은 불교가사의 내용에 지대한 영향을 끼칠 수밖에 없는 주요한 요인이 되기 때문이다.

이 외에 김기종은 이 작품에 대해 "불교가사에서 서방정토인 극락세계가 아닌 부동국에 태어나기를 권하는 노래는 이 작품이 유일한 예에 속한다."[72]고 하여 그 의의를 논한 바 있다. 이러한 의의를 다른 면에서 본다면 당시 지형의 작시 경향을 미루어 짐작할 수 있게 해주는 근거가 될 수 있을 것으로도 여겨진다. 불교에서는 일반적으로 '서방정토'를 표현할 때 '극락국極樂國'이라 하며, '동방정토'를 표현할 때는 '부동국不動國'이라고 한다. 이 두 곳의 정토를 한 가지로 일러 '극락세계'라고 하는 것이다. 그런데 지형은 이러한 극락세계의 모양을 보다 엄밀히 구분해서 작품에 사용하였다. 이는 지형이 대중들의 행위에 따라 펼쳐질 여러 극락의 모양을 좀 더 구체적으로 보여주기 위한 하나의 방식이었던 것이다.

다음은 '원숙기'라 일컫는 시기이다. 이 시기는 주로 19세기의 경우를 말하는데, 사회적으로는 '사상의 혼돈기'라 이를 만한 시기이기도 하다. 17세기 초반에 들어왔던 서학西學이 이 시기에는 정약전, 정약용 등에 의해 종교로 받아들여지기 시작하였고, 최재우(1824～1864)에 의해 천도교, 즉 동학東學이 창궐한 시기이기도 하기 때문이다. 특히 동학은 최제우에 의해 창도된 직후, 포교의 목적에 의해 〈용담가龍潭歌〉, 〈교훈가敎訓歌〉, 〈도덕가道德歌〉 등의 가사를 제작하기도 하였다. 그러나 불교가사의 경우, 이 시기에는 동화화상의 〈권왕가勸

往歌〉만이 보일 뿐이다. 불교가사의 원숙기라 칭하는 시기임에도 불구하고 그 양에 있어서는 원숙기다운 모습을 보이지 않고 있는 것이다. 단지 〈권왕가〉가 이전의 불교가사에서는 볼 수 없었던, 1,200구에 이르는 장편 가사인 점에 주목한 명칭이라고 할 수 있을 것이다.

마지막으로 '개화기'라 일컫는 시기이다. 이 시기는 불교가사의 소장消長 여부와는 상관없이 당시의 시대적 상황만을 반영한 명칭일 뿐이다. 이 시기엔 사대부 가사 등이 쇠퇴하면서 창가화되고, 종교 가사 등의 개화기 가사만이 왕성하게 제작되고 향유되던 때이기도 하다. 그리하여 천주교계에서는 〈십계명가十戒銘歌〉, 〈천주공경가天主恭敬歌〉 등을 제작하여 향유하였고, 동학계에서는 약 60여 편에 이르는 가사들을 제작하여 포교 활동에 적극 활용하였다. 불교계 역시 이 시기 이후 수많은 작품들이 제작되었다. 경허 성우(1849～1912)의 〈참선곡參禪曲〉, 〈가가가음可歌可吟〉, 〈법문고法門曲〉 등을 필두로, 학명(1867～1929)의 〈참선곡參禪曲〉, 〈왕생가往生歌〉 등 6편을 거쳐 권상로의 〈열반가涅槃歌〉 등으로 이어지는 일련의 작품들이 그것이다.

이렇듯 불교가사는 고려 말 나옹화상으로부터 시작하여 개화기에 이르기까지 그 흥망과 성쇠를 다하여 왔다. 각 시기 별로 부딪치는 시대적 상황과 사회적 조건에 따라 그 내용과 양에 있어 차이가 있음은 익히 짐작할 수 있을 것이다. 특히, '전성기-원숙기'라 칭하는 시기는 사회적으로나 사상적으로 고이를 만한 시기였다. 이러한 시대적 상황은 불교가사에도 하나의 전환점을 맞이하게 하여 그 제재와 표현에 있어 중대한 변화를 가져오게 되었던 점을 주목하지 않을 수 없는 것이다. 그런 까닭에 다음 항에서는 불교가사의 이러한 면모에 중점을 두고 침굉의 가사를 읽어보기로 한다.[73]

‖ 역동하는 감성, 치열한 현실 인식

역동하는 감성이란 침굉이 지은 세 편의 불교가사에 보이는 각각의 감성적 특성을 총괄하는 용어이다. 때로는 소통을 지향하며, 때로는 단절과 배제를 지향하는 모습에서 우리는 감성의 베풂과 배제의 모습을 함께 볼 수 있다는 것이다. 이런 역동하는 감성이 당대의 시대상과 밀접한 연관을 맺고 있음은 분명하다. 따라서 침굉에게서 보이는 이런 역동하는 감성은 침굉이 가진 현실 인식이라고도 말할 수 있겠다.

> 침굉의 가사는 17세기 가사로서 그 의미를 지닌다. 17세기 가사 41편에는 이전 시기의 가사와 달리 현실의 모순을 재현하는 여러 목소리들 - 은일지향적 경향, 구체적인 현실의 반영, 그리고 사실적인 묘사 등 -을 확인할 수 있다. 침굉의 가사 역시 구체적이고 일상적인 화법을 구현하고 있다는 점에서, 당대의 문학사적 흐름 속에 존재한다고 볼 수 있다.[74]

침굉은 〈귀산곡〉, 〈태평곡〉, 〈청학동가〉 등 3편의 가사 작품을 남겼다. 이 중 〈귀산곡〉과 〈청학동가〉가 자연 속에서의 어떤 관계들을 노래했다면, 〈태평곡〉은 종교적인 신념에 보다 더 충실한 노래라고 할 수 있다. 먼저 〈귀산곡〉과 〈청학동가〉를 보자. 이 두 작품은 자연을 매개로 하여 일어나는 감성의 배제를 노래한다. "구도자로서 속세와 절연絶緣된 공간을 작품세계 안에서 끊임없이 욕망慾望"[75]하는 모습을 그리고 있는 것이다. 그런 모습은 간화선[76]의 수행 과정과 다름 아니라고도 할 수 있다.

전재강은 침굉의 가사에 나타난 선의 성격에 대해, 특히 〈귀산곡〉과 관련하여 간화선과 연결하여 "〈귀산곡〉에는 실제 간화선을 수행하는 단계, 깨달음을 성취하는 단계, 깨닫고 나서 자유자재하는 단계 등을 차례로 보여 주고 있다"[77]고 설명한 바 있다. 물론 침굉가사 전체가 선을 표현한다는 주지主旨를 벗어날 수는 없을 것이나, 〈귀산곡〉만큼은 특히 선의 수행 과정에 집중하는 내용을 보여주고 있다는 것이다. 이런 측면에서 본다면 〈귀산곡〉은 앞 절에서 설명한 바 있는 〈목우도〉의 십게송과 닮아 있다고 할 수 있겠다. 〈귀산곡〉 역시 〈목우도〉의 수행 과정에 해당하는 노래들처럼 감성의 배제 차원에서 해석될 여지가 있다는 의미이다.

귀산곡, 그저 담담히 산으로 돌아가려는가

〈귀산곡〉은 44행 총 88구로 된 단편 가사이다. 제1~2구는 서사, 그리고 제3~30구까지는 인생의 허무함, 수행을 하였더라도 죽으면 그 뜻 펼칠 데가 없기에 비롯하는 허무함을 노래한 본사 1에 해당한다고 할 수 있다. 그리고 본사 2는 제31~61구까지이며, 참선 수행의 과정과 그 내용을 노래하며, 본사 3에 해당하는 제61~86구에는 수행

이후 깨달음을 통해 보이는 사물의 진경을 노래한다. 그리고 결사는 제87～88구에 해당한다. 이 작품에 대해 "세간명화世間名華가 모두 허사이니, 일납단표一衲單瓢로 한림정곡閑林靜穀에 임의로 다니면서 청빈을 낙으로 삼고 지내겠다는 물외한승物外閑僧의 초탈한 산중 생활을 펴낸 것"[78]이라는 이상보의 해석도 있지만, 그보다는 수행 과정에 주목하여 본 전재강의 해석이 보다 정밀한 것으로 생각된다.

다음은 이 노래의 전편 중 특히 감성적인 것들의 배제에 해당한다고 보는 본사 2의 부분이다.

일납단표一衲單瓢 둘러메고 청산리 한간변의
넌즛넌즛 혼자 들어
석창石窓 나황蘿恍의 고락苦樂을 수연隨緣하여
두어 줄기 명향名香을 옥로에 꽂아 두고
한 소리 맑은 경쇠 월하에 울리며
조주상검趙州霜劍 빗겨 안고 한가히 누운 듯
월명창해月明滄海 바닥의 사가라沙伽羅 대룡大龍이
여의주를 빗겨 문 듯
무상無常을 자로 깨쳐 착의공부着意工夫 하는 짓은
춘풍 광야 밖에 일기馹騏 천리 마편영馬鞭影을 돌아본 듯
이따금 아득하여 수마장睡魔障에 이르거든
만세호손萬歲猢猻 둘러 짚고 한림 정곡에
임의로 노닐다가 심신이 피곤커든
석각을 높이 베고 세초細草에 누웠어라

경하輕霞는 맑게 끼고 세우細雨조차 너스리며
청풍이 취동하매 석로 암반의
흔들러니 향화로다

(〈귀산곡〉 第31~61구)

위는 세상의 부귀영화가 모두 허사라며 산으로 돌아온 후 수행에 임하는 과정을 보여주는 부분이다. 본문에 보이는 '조주상검'은 화두타파를 위한 참선 수행을 상징하며, '무상을 자로 깨쳐'나 '착의공부' 등의 시어로 수행의 과정과 내용을 보여주고자 하였다. 특히 '무상을 자로 깨쳐 → 착의공부 하는 짓은'으로 나아가는 과정은 완전한 깨우침을 설명하는 것이 아니라, 깨우침을 위한 어떤 계기를 '인지'하는 것이라고 볼 수 있다. 그러한 인지를 통해 본격적인 수행의 과정으로 들어갈 수 있음은 이미 앞 절에서 〈목우도〉의 경우를 들어 설명한 바 있다.

또한 위의 '이따금 아득하여 ~ 흔들러니 향화로다'에 이르는 부분을 두고서 깨달음 이후의 유유자적한 생활을 노래한다고 해석될 여지도 있다. 참선 수행의 혹독함 혹은 치열함과는 맞지 않는다고 여겨지는 표현들이 보이기 때문이다. '잠이 온다'거나 '눕는다'거나 '향기로운 꽃'이라고 하는 등의 표현이 그것이다. 그러나 이는 간화선의 수행 과정을 참조한다면 마땅히 수행의 한 과정과 방식으로 받아들여질 수 있다. 다음은 이 부분에 대한 전재강의 해석이다. 위의 앞부분이 공부가 잘 되는 경우를 말했다면, 뒷부분은 공부가 잘 안 되는 경우를 말했다며 다음과 같이 해석한다.

시적 화자는 이따금 화두를 공부하는 중에 정신이 아득하여 졸음, 즉 수마장睡魔障이 덮쳐 오면 '한림정곡閑林靜谷에 임의任意히 논이'기도 하고 그러다가 심신이 피곤하면 돌을 베고 풀밭에 눕기도 하며 수행을 한다고 하였다. 이것은 좌선坐禪을 하다가 졸음이 오거나 정신이 흐려지면 걸어 다니며 수행하는 오늘날 선 수행의 방식과 다르지 않다.[79]

이로 보면 결국 위의 본사 2에 해당하는 부분은 화자 자신이 '인지-수행'에 임하는 상황을 보여준 내용이라고 할 수 있겠다. 오도를 위해 철저한 수행에 임하여야 하기에, 수행의 과정과 방식이 매우 치열할 것으로 예상할 수도 있다. 하지만 오히려 이 부분의 내용은 그런 모습이 보이지 않기에 더 가치가 있는 내용이라고도 할 수 있다. 화자 자신의 수행을 진솔하게 드러내면서도 그 어떤 강요도 보이지 않으며, 수행승이라면 누구나 헤쳐 가야 할 과정을 담담히 보여주기에 오히려 더욱 설득력이 있다는 의미이다. 그리고 그 '담담함'은 수행 이외의 것에는 도무지 관심을 두지 않는 철저한 '배제'의 산물이라고도 볼 수 있는 것이다.

태평곡, 오히려 타파되어야 할 '태평'인 것을

침굉의 다른 작품 중 하나인 〈태평곡〉은 감성의 '베풂' 차원에서 그 해석이 가능하다. 〈태평곡〉은 내용상 크게 두 부분으로 나누어 볼 수 있다. 사이비 승려 등에 대한 질타와 불교계의 현실에 대한 한탄, 그리고 중생 제도의 염원 등이 그것이다. 그 중 먼저 사이비 승려에 대한 질타와 불교 현실에 대한 한탄은 당대의 시대・사회적 배경과도 무관하지 않다는 점에 주목해야 한다. 이 시기 조선의 억불정책이 강화된 것도 하나의 이유가 되기는 하였겠으나, 그보다는 오히려 종교 외적인 목적, 즉 부역과 사회적 제도를 피해 승려가 되려는 자가 많아 불교계 스스로 자정의 계기를 놓쳐버렸기 때문이다. 그런 가운데 자신이 이런 부조리하고 비합리적인 것들을 모두 타파하고, 대중을 제도하여 이르게 되는 태평한 세상을 노래하겠다는 다짐이 바로 〈태평곡〉인 것이다.

불가에서의 감성의 베풂은 대개 두 가지 방향으로 나타난다. 함께 수행에 임하는 도반道伴들을 위한 수행의 방편 일러주기와 중생을 위한 포교 행위가 그것이다. 〈태평곡〉에는 이 두 가지 모습이 모두 보인다. 우선 전자의 경우 올바른 수행을 위해 일러주는 방편 중에는 불교계의 현실을 비판하고 정화하려는 노력이 포함될 수 있다. 그리고 그런 현실을 야기한 갖가지 불합리한 모습을 타파하려는 노력도 포함될 수 있다. 이런 것들은 모두 올바른 수행 정진을 방해하는 요소가 되기 때문이다. 그리고 후자에는 그야말로 중생을 제도하기 위한 불법의 전파, 계도, 권염불, 권왕생 등이 포함될 수 있다. 다음은 전자에 해당하는 〈태평곡〉의 일부이다.

> 피후위승避後爲僧 조서승아 오착가사誤着袈裟 전傳해 마라
>
> (〈태평곡〉 제1~2구)

위는 〈태평곡〉의 서사 격인데, 사이비 승에 대한 질타를 거침없이 펼치겠노라는 선언에 가깝다. 피후위승이란 난리를 피해 승려가 된 사람이라는 의미이다. 따라서 본 뜻 없이 승려가 되었으니 그가 입은 가사조차도 잘못 되었다는 것이리라. 이는 불법佛法의 와전訛傳을 경계하라는 의미로 읽힌다. 게다가 그들의 행태는 계속해서 다음과 같이 이어진다.

> 도반선붕道伴禪朋 아니 붙고 할안종사割眼宗師 참례參禮하여
> 법어육단法語六段 바이 몰라 일개무자一介無字 둘러대네
> 용심用心할 줄 가르쳐도 일절 아니 곧이 듣고
> 흑산하黑山下에 졸다가 귀굴리鬼窟里에 침 흘려
> 옷깃 썩힐 뿐이로다
> 이윽고 깨어나면 마음이 유탕流蕩하여
> 산란散亂에 붙들려 기허飢虛를 못 이기고
> 도리 고깔 집어 얹고 깃 없는 누리 입고
> 조랑망태 둘러메고 괴톱낫 곁에 박아
> 조막 도끼 부릅 쥐고 배 따자 밤 줍자
> 석이石茸 따자 송이松茸 따자 그러한 머루 다래
> 다 훑어 묻어두고 죽반粥飯 도울 뿐이로다
>
> (〈태평곡〉 제3~25구)

이 부분에서는 사이비 승들의 행태가 적나라하게 묘사된다. 이들은 자신들과 같이 수행 정진하는 도반승들에게는 전혀 관심이 없다. 오

로지 큰 스님으로 이름난 분들의 예불에만 참석하려 한다. 스스로 공부하려 하지 않고 이름만 좇는 행태를 비판하고 있는 것이다. 그래서 그들은 설법의 단계를 몰라도 괘의치 않으며, 정진하는 방법을 가르쳐줘도 따르려 하지 않는다. 그런 상황이니 수행인들 참될 턱이 없다. 수행의 과정에서라면 배고픔쯤이야 언제든 참고 참아내는 일종의 과정으로 여겨야 할 터인데, 이들에게는 그런 모습도 보이지 않는다. 침굉에게는 이런 상황 자체가 타파해야 할 현실이었다. 그래서 그는 이런 노래를 통해서나마 불교계를 올곧게 다잡고 싶었을 것이다.

더불어 침굉은 이 노래를 통하여 이상적인 승려상을 제시함으로써 참선 수행의 정당성을 설파하기도 하였다. 다음은 이와 관련된 부분이다.

선문禪門이 요동하매 법동法棟이 기우노매
염불참선念佛參禪 새로이 시비是非나 말려야지
어와 잊었단다 나 역시 잊었단다
출가出家한 본지本志야 이렇고자 할까마는
불습해태不習懈怠 학습하여 선요禪要 서장書壯 도서절요都序節要
능엄반야 원각법화 화엄기신 제자백가
다 주어 둘러보고 정신을 두수抖擻하여
백수자栢樹子를 꺾어 쥐고 석우철마石牛鐵馬 둘러 타매

(중략)

이쪽으로 솟아 올라 벽공碧空 밖에 떠서 앉아
무저선無底船에 넌짓 올라 지혜월智慧月을 좇아 싣고

대비망大悲網 빗겨 펴고 욕해어欲海魚를 건져 내어
열반안涅槃岸에 올려 두고 라라라 리라라
태평곡을 불리라

(〈태평곡〉 제119~155구)

침굉은 먼저 지금은 선문이 요동치고 절집도 기울어가니 이를 타개하는 방책은 염불참선을 새롭게 하여 시비조차 없애는 일이라고 설파한다. 그것이 곧 참된 승려상을 정립하는 시작이다. 알게 모르게 잊혀왔던 초심, 즉 출가할 때의 마음을 다시 깊이 되새기고 불학과 참선에 용맹정진하자는 것이다. 이후로는 어떻게 공부해야 하는 지 그 방편을 알려준다. 참선, 운수행각 등의 과정이 그것이다.

그는 무엇보다도 불학에 대한 기본 학습에 매진할 것을 권한다. 고봉대사의 『선요』, 대혜대사의 『서장』, 규봉대사의 『도서절요』, 그밖에 『능엄경』, 『반야경』 등을 공부하는데 있어서 한시도 게을리 하지 말라고 당부한다. 그리고는 다시 정신을 챙겨 운수행각에 나설 것을 말한다. 동백나무 꺾어 쥐고 이 산 저 산의 자연을 만나게 되면 절로 어떤 경지에 이르게 될 것이니, 의심 말고 찾아가라 권하는 것이다. 이 모든 과정이 바로 공부인 것이다. 이렇게 완성된 공부를 통하여 드디어 열반의 경지를 깨닫게 되며, 그때가 되면 다 함께 태평곡을 부를 수 있게 된다. 이때의 태평곡은 물론 불가의 태평이요, 불법이 광포된 그런 세계의 경지를 말함이다. 결국 태평곡은 태평을 깨트릴 때에 비로소 부를 수 있는 노래가 되는 것이다.

베푸는 것이 곧 중생 제도인 것을

이제 감성의 베풂과 관련한 두 번째의 경우, 즉 중생제도와 관련한 측면을 살펴본다. 이 부분 역시 〈태평곡〉에 비교적 상세하게 설파되어 있다. 중생의 제도는 불법의 포교와도 밀접한 연관을 갖는 부분이다.

> 어와 어르신네 이 내 말씀 들어보소
> 인수정명人壽定命 팔십 세에 수단壽短이 없을런가
> 천량재보千兩財寶 전지 우양 어디 쓸까 구득求得하여
> 이 몸이 죽을 때도 천량재보 가져갈까
> 공연한 천지간의 비러나 자시과자
> 백운 낀 녹계변의 절로 돋은 취나물과
> 청산리 깊은 고래 파란 송엽 어디 두고
> 일신고명一身孤命 사노라고 그토록 곤고할샤
> 슬프고 설운지라 불법佛法이 하下 쇠오매
> 사마외도邪魔外道 치성하니 정지정견正知正見 펼 데 적다
>
> (〈태평곡〉 제73~92구)

이 부분에서 침굉은 직접적으로 불법을 설명하지는 않는다. 그러나 '어르신네'로 대표되는 중생들에게 삶의 목적이 무엇인지 생각해 볼 것을 권한다. 아무리 정해진 수명이 팔십이라고 한들 그보다 더 빨리 죽을 수도 있는 것이며, 그렇게 되면 그간 모은 온갖 재산도 다 쓸모없게 된다는 이야기를 펼친다. 중요한 것은 그런 재물을 위

해 고단한 삶을 살기보다는 마음 편히 자연과 더불어 사는 것이 제일이라는 것이다. 그런 삶을 위해서라면 부처님의 법이 최고일 텐데, 지금은 그 불법마저 쇠약해져 마땅히 뜻을 펴지 못함을 한탄하기도 한다.

이는 역으로 보자면, 선문을 바로 세우고, 불법의 기강을 잡으면 마땅히 중생들을 위한 제도가 가능함을 의미한다고도 할 수 있다. 즉, '베풂'에 대한 의지는 확고하지만, 아직은 여의치 못한 상황에 처한 현실을 개탄하고 있는 것이다. 이는 중생에 대한 자비심의 한 발로라고도 볼 수 있으며, 이를 필자는 감성의 베풂 차원으로 볼 수 있다는 것이다.

이 부분이 아니라도 전재강은 앞의 제150~155구인 '무저선無底船에 넌짓 올라 지혜월智慧月을 좇아 싣고 / 대비망大悲網 빗겨 펴고 욕해어欲海魚를 건져 내어 / 열반안涅槃岸에 올려 두고 라라라 리라라' 라는 구절을 두고 중생 교화의 측면에서 해석한 바 있다. 즉, "밑바닥 없는 배를 타고 지혜의 달을 실었다는 말은 깨달은 상태를 말하고 대비망을 편다는 것은 중생을 건지기 위하여 큰 자비를 베푼다는 말이다. 욕해어를 건져 내어 열반안에 올려둔다는 말은 중생을 건진다는 말이다."[80]는 설명이 그것이다. 어느 구절이 되었든 간에 〈태평곡〉에는 두 가지 방식의 '베풂'이 모두 포함되어 있다는 점만은 분명하다.

결국 침굉의 가사는 모두 역동하는 감성의 소산물이라고 할 수 있다. 그렇다고 특정 작품에 특정의 감성 작용만이 나타나는 것은 아니다. 때로는 〈귀산곡〉을 두고서 자연 그리고 사람과의 소통과 단절을 이야기하며, 〈태평곡〉을 두고서 종교적 가치로서의 자연을 말하는 경우[81]도 있다. 그리고 간화선과 염불선의 관점에서 〈귀산곡〉과 〈태평곡〉을 이야기하는 경우[82]도 있다. 물론 이러한 관점들은 모두 각각의 의의와 가치를 획득하고는 있지만, 중요한 점은 이들 작품 모두에서 보이는 공통적인 현상이 감성의 역동과 관련되어 있다는 사실이다. 필요에 따라 배제할 줄 알고 나아가 배제를 가르치며, 또한 필요에 따라 베풂을 역설하면서 베풀지 못한 것들에 대한 자탄을 보인다는 점을 간과하지 말아야 한다. 감성 혹은 감성적인 것들은 끊임없는 관계 맺음과 관계 풀기의 작용이기 때문이다.

■ 주석

1 懷州牛喫草 益州馬腹脹 天下覓醫人 灸猪左膊上.

2 조태성, 「선시, 감성의 배제 혹은 베풂」, 『배달말』 44집, 배달말학회, 2009, 194쪽.

3 조태성, 위의 글, 184쪽.

4 張淳容, 『禪이란 무엇인가 - 十牛圖의 사상』, 도서출판 세계사, 1991, 115쪽.

5 조태성, 「한국 선시에 나타난 소의 상징성」, 『배달말』 40집, 배달말학회, 2007.

6 四牛圖, 牧牛圖, 牧牛圖, 十牛圖, 白牛圖, 白牛十頌, 牧牛圖, 六牛圖, 新刻禪宗十牛圖, 五牛圖.

7 一指, 「선종십우도」, 法興 엮음, 『禪의 世界』, 도서출판 호영, 1992, 52쪽.

8 보명선사의 〈십우도송〉에서 보명은 같은 소를 두고서 '아직 기르지 못함[未牧]'에서 '기르는[馴伏]' 데로 나아가지만, 곽암은 '소를 찾아 나섬[尋牛]'에서 '소를 얻는[得牛]' 데로 나아가고 있다. 이는 소를 어떠한 관점으로 보느냐, 즉 이들 그림의 대상이자 주체인 소는 그들에게 궁극에 있어 어떠한 존재이냐의 차이라고 볼 수 있다.(조태성, 「〈목우도〉의 십게송과 선시」, 『고시가연구』 제7집, 한국고시가문학회, 2000, 295쪽.)

9 張淳容, 앞의 책, 196쪽.

10 김덕근, 「십우도의 선적표현과 그 의미 연구」, 『인문과학논총』 25, 청주대학교 인문과학연구소, 2002, 6쪽.

11 조태성, 「선시, 감성의 배제 혹은 베풂」, 앞의 책, 187~188쪽.

12 茫茫撥草去追尋 水闊山遙路更深 力盡神疲無處覓 但聞楓樹晩蟬吟, 〈尋牛〉. (法興 엮음, 앞의 책. 앞으로 인용하는 〈목우도〉 관련 게송의 원문과 그림은 이 책에서 인용함을 밝힌다.)

13 논지 전개의 필요상 앞으로 각 그림의 제목에 頌을 덧붙여 이름 삼기로 한다.

14 李鍾燦, 『韓國의 禪詩 〈高麗篇〉』, 二友出版社, 1985, 87쪽.

15 조태성, 「목우도의 십게송과 선시」, 앞의 책, 296～297쪽.

16 1178～1234. 고려 중기의 고승. 자호는 무의자(無衣子), 성은 최씨로 나주 화순현 출신이다. 1201년 사마시에 합격하여 태학에 들어갔으나, 어머니의 병으로 고향으로 돌아왔다. 이듬해 어머니가 돌아가시자 조계산의 지눌(知訥)에게 나아가 곧 제자가 되었다. 나이 56세, 법랍 32세로 입적하였다. 그는 지눌의 충실한 조술자(祖述者)였으며, 한 걸음 더 나아가 고려 선가의 위치를 철저히 굳힌 인물이다. 『선문염송집』 30권을 비롯한 수많은 저술을 남겼다.(한국정신문화연구원, 『한국인물대사전』, 중앙일보/중앙M&B, 1999. 앞으로 이 장에서 인용하게 될 인물 소개는 특별한 언급이 없는 한 이 책에 의한다.)

17 空花畢竟本無生　夢蝶何曾實有情　若了個中無一事　不勞辛苦問前程.(慧諶, 〈小參二則中一〉, 『眞覺國師語錄』. 동국대학교출판부편, 『韓國佛敎全書』 第六册, 東國大學校韓國佛敎全書編纂委員會, 1993, 20쪽). 이하 『韓佛全』이라 칭한다.

18 조태성, 『한국 불교시의 탐구』, 한국학술정보(주), 2007, 159쪽.

19 1320～1376. 고려 말기의 고승. 21세 때 친구의 죽음으로 인하여 무상을 느끼고, 공덕산 묘적암에 있는 요연선사(了然禪師)를 찾아가 출가하였다. 그 뒤 전국의 이름 있는 사찰을 편력하면서 정진하다가 1344년 양주 천보산 회암사에서 대오(大悟)하였다. 그는 전통적인 간화선의 입장을 취하였고 종래의 구산선문이나 조계종과는 다른 임제의 선풍을 도입하여 침체된 불교계에 새로운 바람을 불러 일으켰다. 나이 56세, 법랍 37세로 여주 신륵사에서 입적하였다. 『나옹화상어록』 1권과 『가송』 1권이 전한다.

20 學道參禪莫擬擬　牙關咬定拶將來　忽然拶得通身汗　石女明明眼豁開.(懶翁, 〈持禪者求偈〉, 『懶翁和尙歌頌』. 『韓佛全』 第六册, 741쪽.)

21 水邊林下跡偏多　芳草離披見也麽　縱是深山更深處　遼天鼻孔怎藏他, 〈見跡〉.

22 野牛天性本難馴　草細平田自在身　何意鼻端終有索　牽來牽去摠由人.(冲止, 〈作野牛頌示同人〉, 『圓鑑國師歌頌』. 『韓佛全』 第六册, 385쪽.)

23 1226～1292. 조선 후기의 선승. 수선사(修禪社)의 6世 국사로, 법명은 충지. 성은 위씨로 전라도 장흥 출신이다. 젊은 시절 경서(經書)와 자사(子史)에

뛰어 났으며, 일본에 사신으로 가서 뛰어난 시재와 문장으로 이름을 떨치기도 하였다. 그러다가 29세에 선원사의 원오국사(圓悟國師) 문하에 들어 승려가 되었다. 1292년 법랍 39세로 입적하였다. 그의 문장과 시는 당대의 유림에서도 추앙을 받을 정도였다고 한다. 그의 선풍은 무념무사(無念無事)를 으뜸으로 삼았고, 지관(止觀)의 수행문 중 '止'를 중시하였으며, 선교일치를 주장하여 지눌의 종풍을 계승하였다. 『원감국사집』 1권이 전한다.

24 조태성, 위의 책, 160～161쪽.

25 송준영, 『禪, 언어로 읽다』, 소명출판, 2010, 205～206쪽.

26 出家須自在 幾個透重關 獨步遊方外 高懷傲世間 片雲身快活 霽月性淸閑 一飯一殘衲 鳥飛千萬山.(慧諶, 〈出家境界吟〉)

27 조태성, 「순천 송광사의 선시 전통」, 『배달말』 제37호, 배달말학회, 2005, 57쪽.

28 參禪須要信爲先 快做工夫更着鞭 不覺疑團成粉碎 泥牛耕破劫初田.(懶翁, 〈玄禪者求偈〉, 『懶翁和尙歌頌』. 『韓佛全』 第六册, 739쪽.)

29 黃鶯枝上一聲聲 日暖風和岸柳靑 只此更無回避處 森森頭角畵難成.(〈見牛〉)

30 從聲得入 見處逢源 六根門著著無差 動用中頭頭顯露 水中塩味色裏膠靑 眈上眉毛非是他物.(법홍 엮음, 앞의 책, 54쪽.)

31 月嵒山前後 風淸海外中 問誰眞面目 更有點天鴻.(이종찬, 『한국불가시문학사론』, 불광출판부, 1993, 264쪽. 재인용.)

32 이종찬, 같은 곳.

33 的的無疑親踏着 六空孤月再分明 從玆不妄東西走 小屋終年徹底淸.(懶翁, 〈信庵〉, 『懶翁和尙歌頌』, 『韓佛全』 第六册, 734쪽.)

34 조태성, 앞의 책, 162쪽.

35 竭盡精神獲得渠 心强力壯卒難除 有時纔到高原上 又入煙雲深處居.(<得牛>)

36 1562～1649. 조선 중기의 고승. 13세에 백양산에 놀러갔다가 뛰어난 경치를 보고 곧 세속을 떠나기로 결심하여 진대사(眞大師)로부터 계를 받았다. 그때 부휴대사가 속리산과 해인사로 다니면서 교화를 했는데, 그 밑에서 경율(經律) 깊은 뜻을 알았다. 부휴의 문하에 수백의 제자들이 있었으나, 오직

태능과 충휘, 응상만이 법문(法門)의 삼걸(三傑)이라 불렸다. 나이 87세, 법랍 75세로 입적하였다. 침굉 현변이 그의 제자 중 한 사람이다. 저서로는 『소요당집』이 있다.

37 大地山河是我家　更於何處覓鄕家　見山忘道狂迷客　終日行行不到家.(逍遙, 〈無題 5〉, 『逍遙堂集』. 『韓佛全』 第八册, 197쪽.)

38 1301～1382. 고려 말의 고승. 호는 태고(太古), 속성은 홍씨이며, 홍주 출신이다. 13세에 출가하여 회암사 광지(廣智)의 제자가 되었고, 얼마 뒤 가지산으로 가서 수행하였다. 19세부터 '만법귀일(萬法歸一)'의 화두를 혼자서 참구하였다. 그 뒤 불경을 열람하면서 깊이 연구하였으나, 불경의 연구가 수단일 뿐, 진정한 수행이 되지 못한다는 것을 깨닫고 선 수행에 몰두하였다. 나이 85세, 법랍 69세로 입적하였다. 그가 남긴 저서인 『태고집』에는 그의 사상과 경지를 알게 하는 법어와 시 등이 수록되어 있어 그의 불교에 대한 깊이와 경지를 뚜렷하게 알 수 있다. 그는 일찍이 왕도의 누적된 폐단, 정치의 부패, 불교계의 타락 등에 대하여 개혁의 필요성을 절감하고 있었던 까닭에, 공민왕에게 서울을 한양으로 옮겨 인심을 일변하고 정교(政教)의 혁신을 도모하기를 주장하였으나 끝내 받아들여지지 않았다고도 한다.

39 靜也千般現 動也一物無 無無是什麼 霜後菊花稠. (普愚, 〈無題〉. 김달진 편역, 『韓國禪詩』, 열화당, 1994, 150쪽. 재인용.)

40 조태성, 같은 책, 163쪽.

41 鞭索時時不離身 恐伊縱步入埃塵 相將牧得純和也 羈鎖無拘自遂人.(〈牧牛〉)

42 조태성, 같은 책, 164쪽.

43 송준영, 앞의 책, 208쪽.

44 1581～1644. 조선 중기의 고승. 성은 장씨이며, 편양(鞭羊)은 법호이다. 11세에 출가하여 휴정의 제자인 현빈(玄賓)에게서 계를 받았다. 그 뒤 금강산에 머물면서 교학을 익히는 한편, 참선 수행에 정진하였다. 임진왜란이 끝날 무렵, 묘향산 서산대사의 밑에서 선을 닦았고, 이후 서산대사의 법을 받은 적사(嫡嗣)가 되었다. 양을 기른다는 뜻을 지닌 그의 법호가 가리키듯이, 주생을 교화하되 양을 기르듯이 하였다. 그리고 심산협곡에만 머

무르지 않고 중생을 교화하기 위해 자주 시정에 나왔다. 그의 시문이나 선교에 대한 법문은 매우 간결하고 쉬운 것이 특징이다. 저서로 『편양당집』 2권을 남겼다.

45 追風忌鞭影 誰是眞龍骨 手把碧玉槌 打破精靈窟 錦鱗須透網 丹鳳鐵鎖裂 深深海底行 高高峰頂立 風前嘯兩嘯 天外喝一喝 烏石領頭雲 望洲亭前月 朝歸白鷺洲 暮宿黃牛峽 己靈猶不重 佛祖是何物 暮天雲未合 遠山無限碧 疎雨過前山 野塘秋水綠 劒樹喝使摧 鑊湯吹教滅 火宅淸涼雨 昏衢光明燭 爲報淸禪人 還知此消息 仲春風色寒 尙對千岩雪.(鞭羊, 〈衲僧活計示說淸〉, 이종찬, 앞의 책, 357~358쪽. 재인용.)

46 溪澗東西放牧牛 萋萋芳草水悠悠 騰騰不犯他家苗 何必繩頭緊把留.(逍遙, 〈牧牛行〉, 『逍遙堂集』, 『韓佛全』 第八册, 193쪽.)

47 조태성, 「선시, 감성의 배제 혹은 베풂」, 앞의 책, 187~188쪽.

48 騎牛迤邐欲還家 羌笛聲聲送晩霞 一拍一歌無限意 知音何必鼓唇牙.(〈騎牛歸家〉)

49 송준영, 같은 책, 208~209쪽.

50 1543~1615. 조선 중기의 고승. 성은 김씨, 호는 부휴이다. 20세에 부모의 허락을 얻어 지리산으로 들어가서 신명(信明)의 제자가 되었고, 그 뒤 부용(芙蓉)의 밑에서 수도하여 심요(心要)를 얻었다. 1615년 나이 72세, 법랍 57세로 입적하였다. 그는 조선시대 최고의 고승인 서산대사의 사제로 전통적인 격외선을 계승하였고, 일념회귀(一念回機)·일념회광(一念回光)·회광반조(回光返照)를 강조하여 임진왜란 이후의 불교계를 정비하였다. 저서로는 『부휴당대사집』이 있다.

51 尋師學道別無他 只在騎牛自到家 百尺竿頭能濶步 恒沙諸佛眼前花.(浮休, 〈曾某禪子〉, 『浮休堂大師集』. 『韓佛全』 第八册, 10쪽.)

52 騎牛已得到家山 牛也空兮人也閑 紅日三竿猶作夢 鞭繩空頓草堂間.(〈到家忘牛〉)

53 南北東西虛豁豁 諸般所作摠皆空 泯然蕩盡誰能測 兀兀騰騰現古風.(懶翁, 〈無爲〉, 『懶翁和尙歌頌』. 『韓佛全』 第六册, 734쪽.)

54 鞭索人牛盡屬空 碧天遼闊信難通 紅爐焰上爭容雪 到此方能合祖宗.(〈人牛俱忘〉)

55 변선환, 「십우도에 나타난 진정한 자기추구」, 『불교연구』 6, 7집, 한국불교연구원, 1990, 356쪽.

56 ……天是地地是天 山是水水是山 僧是俗俗是僧 旣會得者个 便會得山是山水是水 僧是僧俗是俗…….(慧諶, 〈示覺雲上人〉, 『眞覺國師語錄』. 『韓佛全』 第六册, 29쪽.)

57 조태성, 위의 글, 185～186쪽.

58 返本還源已費功 爭如直下若盲聾 庵中不見庵前物 水自茫茫花自紅.(〈返本還遠〉)

59 1509～1565. 조선 중기의 고승으로 호는 허응(虛應). 15세에 금강산 마하연암으로 출가하여 승려가 되었고, 그 뒤 금강산 일대의 장안사, 표훈사 등지에서 수련을 쌓고 학문을 닦았다. 6년 동안의 정진 끝에 마음을 자유롭게 할 수 있는 법력(法力)을 얻었고, 대장경을 모두 섭렵하는 한편 『주역』도 공부하였다. 탁월한 수양력과 불교·유교에 관한 뛰어난 지식을 바탕으로 유명한 유학자들과도 깊이 사귀었다. 1565년 제주도로 유배되었고, 제주목사 변협에 의해 죽음을 당하였다. 보우는 억불정책 속에서 불교를 중흥시킨 순교승으로 평가받고 있다. 또한 그는 선교일체론을 주창하여 선과 교를 다른 것으로 보고 있던 당시의 불교관을 바로 잡았고, 일정설(一正說)을 정리하여 불교와 유교의 융합을 강조하였다. 저서로는 『허응당집』 3권 등이 있다.

60 以道名山意欲看 杖藜終日苦躋攀 行行忽見山眞面 雲自高飛水自湲.(普雨, 〈登吾道山〉, 『虛應堂集』. 『韓佛全』 第七册, 541쪽.)

61 조태성, 「목우도의 십게송과 선시」, 앞의 책, 305～306쪽.

62 露胸跣足入鄽來 抹土塗灰笑滿顋 不用神仙眞秘訣 直敎枯木放花開.(〈入廛垂手〉)

63 조태성, 위의 글, 306쪽.

64 변선환, 위의 글, 363쪽.

65 摧殘寒桂倚岩間　文彩難同午牧丹　塵世只今皆好色　看來誰有嗅香看.(海眼, 〈有感〉, 『中觀大師遺稿』. 『韓佛全』 第八册, 210쪽.)

66 1567~?. 조선 중기의 고승으로 호는 중관(中觀), 성은 오씨, 무안 사람이다. 처음에 처영(處英)을 은사로 하여 득도하였으나 뒤에 휴정(休靜)의 문하에서 참학하여 심인(心印)을 받았다. 임진왜란이 일어나자 영남지방에서 승병을 일으켰다. 전란 후 지리산 화엄사에 있으면서 대화엄종주로서 법화(法化)를 지켰다. 자세한 행장은 전하여지지 않으나 70세 이후에 지리산에서 입적한 것으로 추정된다. 저서로 『중관대사유고』 등이 전한다.

67 한국정신문화연구원, 앞의 책, 2,430쪽 참조할 것.

68 홍사성 주편, 『불교상식백과』 上, 불교시대사, 1993, 416~417쪽.

69 이상보, 『한국불교가사전집』, 민속원, 1996, 17~39쪽.

70 조동일, 『한국문학통사』 2, 지식산업사, 1996, 187~193쪽의 논의를 참조할 것.

71 鄭惠蘭, 「枕肱의 漢詩 硏究」, 전남대학교 박사학위논문, 2006, 4쪽.

72 김기종, 「지형의 불교가사 연구」, 『한국문학연구』 24, 동국대 한국문학연구소, 2001, 290쪽.

73 이 항의 내용 중 불교가사의 사적 전개에 관한 자세한 내용은 졸고인 「18~9세기 불교가사에 나타난 현실인식」, 『고시가연구』 20집, 한국고시가문학회, 2007, 391~396쪽을 참조할 것.

74 김종진, 『불교가사의 계보학, 그 문화사적 탐색』, 소명출판, 2009, 49~50쪽.

75 서철원, 「침굉 가사의 종교적 자연관」, 『비평문학』 35집, 한국비평문학회, 2010, 193쪽.

76 불교에서는 깨달음을 얻기 위해 참선을 행할 때 그 마음가짐에 여러 가지 방법이 있을 수 있다고 하였다. 간화선이란 그러한 여러 가지 방법 중에서 말하자면 우주 인생의 근원을 철저히 규명해 나가는 데 있어서 화두(話頭)라는 문제의식을 가지고 공부해 나가는 참선법이다. 다시 말하면 화두라고 하는 정형화되어 있는 어떤 사항을 참구하면서 수행함으로써 평등일여(平

等一如)한 경지에 도달할 수 있다는 것이다. 또한 이것을 글자대로 해석하면 간(看)은 본다는 것이고, 화(話)는 공안(公案)이라는 것으로서, 즉 공안을 보고 그것을 참구하여 마침내 크게 그리고 철저하게 깨닫는다는 선(禪)이다.(홍사성 주편, 앞의 책 下, 695~696쪽.)

77 전재강, 「침굉 가사에 나타난 선의 성격과 진술 방식」, 『우리말글』 37집, 우리말글학회, 2006, 281쪽.

78 이상보, 앞의 책, 28쪽.

79 전재강, 위의 글, 283쪽.

80 전재강, 같은 글, 289쪽.

81 서철원, 「침굉 가사의 종교적 자연관」, 『비평문학』 35집, 한국비평문학회, 2010을 참조할 것.

82 전재강, 같은 글을 참조할 것.

제2장

감성의 발현

감성 발현 과정에서의 키워드는 감발感發이다. 먼저 느끼고, 그 느낀 것을 표현한 다음, 그것을 통해 또 다른 느낌을 생산하는 것이 감발이요, 감성 발현의 주요 과정이라고 할 수 있다. 이런 경우의 발현은 대개 어떤 특정한 목적보다는 느낌 그 자체에 주안점이 있는 까닭에 각종의 예술 행위가 이에 해당한다고 볼 수 있다. 이 글에서라면 적어도 그것들은 시이자 노래들이다. 그리고 그런 노래들은 의도적이든 그렇지 않든 간에 모종의 치유 효과를 온축하고 있다. 그런 까닭에 감발은 감성치유의 주요 기제가 될 수 있다. 또한 그러한 치유는 감성 혹은 감성적인 것들의 적극적인 발현과 향유에 의해 이루어진다.

제1절

시조와 감성의 발현

1. 구조에서 감성 찾기

시조의 형식에 함의된 감성 구조는 '감感 · 발發 · 흥興'[1]이라는 개념을 도입함으로써 설명될 수 있다고 본다. 여기에서 말하는 '감 · 발 · 흥'의 개념 중 먼저 '감感'은 대상과 관련한 어떤 것을 의미한다. 대상으로 인하여 주체의 의식적, 심미적 행위가 비로소 가능해질 것이라는 의미이다. 따라서 대상을 보고, 탐지하며, 느끼고, 감응하고, 생각하고, 깨닫는 등의 일련의 과정, 즉 '발發'이라는 본격적 인식을 위한 초기작용 과정이라고 설정한 것이다. 그런 까닭에 대개 이 부분은 김대행[2]의 말과 같이 시조의 병렬적 구성의 첫 축[초장]이 되는 경향이 많음을 볼 수 있다.

'발發'은 작가의 감정, 감수성, 이성 등의 작용을 통해 대상을 자아화하거나 체화하는 구체적 과정이라고 할 수 있다. 주체의 감정이 본격적으로 일어나거나 혹은 감정을 이입하고, 그것들끼리 소통하고 합일화 시키는 등 주체의 적극적인 인식 행위와 그 표현을 위한 예비적 작용이 일어나는 과정인 것이다. 쉽게 말하자면 '느끼고, 생각하는' 등의 과정이라고 할 수 있다. 이때 이러한 작용은 시조가 가진 병렬적 구성의 마지막 축[중장]으로 구성되는 경우가 많다. 이러한 감과 발의 과정을 작품 내에서 명확하게 구분한다는 것이 쉬운 일은 아니다. 그러나 시조의 의미 구조화를 설명하기 위한 한 가지 방식으로 이를 내세울 수도 있다고 여긴다. 즉, 어느 축의 진폭이 더 크냐에 따라 추상적으로나마 이러한 구조화 과정을 상정할 수도 있다는 것이다.

마지막으로 '흥興'은 감・발의 구조적 관계 측면에서 하나의 매개가 될 수도 있고, 작품의 마지막 완성 경지를 말할 수도 있는 중의적 개념이다. 시조의 미학을 이야기할 때 흥은 대개 정서의 완성적 측면, 즉 흥취興趣와 연관되어 말해지는 경향이 많다. 그러나 그것만으로는 시조의 구조적 미학까지 모두 말할 수는 없다. 감과 발을 상호 소통시키고 융화시켜 다음 단계로 갈 수 있게 하는 매개로서의 흥, 더불어 감성적 기제 그 자체로서의 흥을 이야기할 때 비로소 시조의 온전한 미학을 이야기할 수 있을 것이라고 생각한다.

결론적으로 감・발의 단계에서 흥은 상호 매개의 역할을 수행할 수도 있다. 그것이 또한 감성 작용의 일면이기도 하다. 이런 과정을 거쳐 흥은 시적 정서 구축의 완성된 경지 그 자체가 되기도 한다. 물론 시조의 이러한 3장 구성과 '감・발・흥'의 개념이 각기 정확하게 대입되는 것은 아니다. 하지만 적어도 이들이 상호 간에 소통 여지를 남겨두면서 교감을 만들어간다는 사실은 확실하다고 여겨진다. 이에 관해서는 다음 [그림 1]을 통하여 그 관계망을 설정할 수 있다.

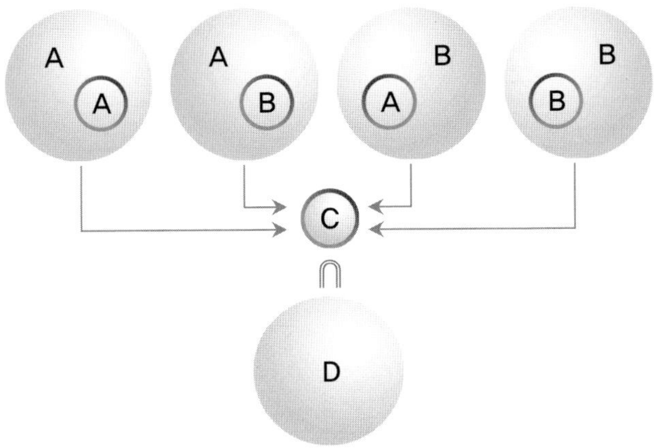

보기: A = 대상 / B = 인식 / C = 정서 / D = 감성 혹은 감성적인 것들

[그림 1] 시조의 의미화 구조 관계

감발흥의 조화, 시조의 완성

우선 위의 [그림 1]에서 보듯이 A[감] · B[발]의 과정이 서로 분리되지 않고 포함되어 있는 것은 이들의 상호 작용이 결코 단독적이지 않다는 사실을 말해준다. 그리고 A와 B의 관계는 어떤 식으로든 서로 관련을 맺고 있어 상호 병렬적 구성임은 확실하다고 볼 수 있다. 또한 이러한 구조에서는 대상과 인식 사이에서 보다 더 큰 축이 시조 전체의 의미를 함의할 수 있고, 이것이 작품의 성격을 가늠하는 주요한 근거가 될 수도 있다.

여기에서 우리는 '(A=대상 : 감)+(B=인식 : 발)=(C=정서 : 흥) ≦ (D=감성 혹은 감성적인 것들 : 흥)'이라는 기본적인 구조를 읽을 수 있을 것이다. 이러한 구조는 다시 4개의 구조로 분화될 수 있다. 먼저

'A+A+C'의 의미 구조는 대상과 대상의 나열 관계로 볼 수 있다. 나열된 각자의 대상물이 서로 소통하면서 하나의 정서, 즉 홍[C]을 완성해가는 구조인 것이다. 다음으로 'A+B+C'라는 의미 구조는 대상과 그에 대한 인식의 관계망을 통해 완성에 이르는 관계로 볼 수 있다. 이 구조에서는 대상이 인식보다 우세하게 나타나는데, 이는 대상에 대한 인식의 전개보다는 대상의 설명에 더 치우치면서 홍을 이끌어내는 구조이기 때문이다. 이 구조는 'B+A+C'의 의미 구조와 더불어 시조의 구조적 특성을 살필 때 가장 일반화된 관계라고 볼 수 있다.

'B+A+C'의 형식은 앞의 'A+B+C'라는 의미 구조와 유사하다. 단지 대상과 인식의 관계에서 대상보다는 인식의 측면을 더욱 강조하면서 홍을 이끌어낸다는 차이가 있을 뿐이다. 마지막으로 'B+B+C'의 의미 구조는 인식과 인식의 나열 관계 혹은 인식의 심화 관계라고 할 수 있다. 이런 경우 대상보다는 작가의 사색, 또는 이성적 사고가 강하게 드러나는 경우가 많다. 따라서 '홍'의 단계에 이르면 대개 당위성이 강한 정서를 내포하게 되며, 교훈적 작품들이 주로 이에 해당한다고 볼 수 있다.

결국 이 네 개의 구조화 방식은 모두 C[정서 : 홍]로 귀결되는 의미 구조의 전형적 틀이라고 할 수 있다. 또한 C로 표현되는 시조의 종장은, 그러므로 작품의 핵심적 구실을 한다고 할 수 있다. 첫 음보를 이용한 의미 혹은 어조의 변화이라든지, 마지막 음보를 생략한다든지 -시조창의 경우- 등의 기법이 곧 그 장이 어떤 특별한 의미를 도출할 수 있게 하는 일종의 장치 구실을 하였음을 알 수 있는 것이다. 그런 까닭에 보통 시조의 종장은 소통 혹은 갈등의 해소[3]를 지향하거나 균형을 추구함으로써 '흥'의 경지에 몰입할 수 있게 하는 것이다. 이는 우리가 시조의 종장을 통하여 삶에 대한 인식 혹은 정서 등을 찾아내어 이를 체득하게 하는 동기를 마련해 주기도 한다는 점에서 더욱 큰 의미를 갖게 되는 것이다.

2. 네 가지 방식으로 시조를 말하다

‖ 사물과 사물의 맞섬

이 구조는 대상과 대상이 언급되면서, 즉 사물과 사물이 맞서게 함으로써 정서를 이끌어 흥을 완성하게 하는 '대상+대상'의 구조이다. 작품의 초장과 중장에서 대상을 직접적으로 언급하면서 시적 화자의 흥을 이끄는 구조인 것이다. 다음 안민영安玟英(생몰년 미상)의 〈매화사팔절梅花詞八絶〉 중 6번째 작품이 이를 잘 보여준다.

① ᄇᆞ람이 눈을 모라 산창山窓에 부딋치니
찬 기운氣運 ᄉᆡ여 드러 ᄌᆞᆷ 든 매화梅花를 침노侵擄ᄒᆞ다
아무리 얼우려 ᄒᆞ인들 봄 ᄯᅳᆺ이야 아슬소냐 (1610)[4]

A: 대상 ⇒ 바람이 **눈**을 몰아 산창에 부딪히니
A: 대상 ⇒ 찬 기운 새어 들어 잠 든 **매화** 침노한다

C: 정서 ⇒ 아무리 얼게 하려 한들 **봄뜻**이야 앗을소냐

바람이 몰아온 대상인 눈[A:감]은 매화꽃[A:감]과 별개의 대상이 될 수 없다. 차가운 바람을 이겨낸 매화만이 '봄뜻'을 말할 수 있기 때문이다. 그래서 'A+A'는 각각의 대상이 아니라 연결된 대상이 될 수밖에 없다. 이 시에서 대상은 모두 현상 혹은 현상적 사실이거나 사물이며, 초장과 중장에서 함께 다루고 있다. 또한 종장의 내용까지 살펴보아도 이 작품에서 어떤 인식을 찾아보기는 힘들다. 김대행은 이 작품에 대해 "이미 매화라는 단어 속에 개념화된 의미로서의 기개와 지조가 상징되어 있을 뿐 나의 인식이 이 안에는 없는 것"[5]이라고 말한 바 있다. 다시 말해 작품에서 현상적 대상을 설정함으로써 인식의 투영 없이도 말하고자 하는 흥을 절로 이끌어내는 구조화 방식을 사용한 것이다. 이러한 흥이 '매화 = 절개, 지조'라는 일반적 정서를 밑받침하고 있음은 두말 할 나위없는 사실[6]이리라.

② 낙화落花ᄂᆞᆫ ᄯᅳᆺ이 이셔 유수流水를 ᄯᆞ루거늘
무정無情ᄒᆞᆫ 뎌 유수流水는 낙화落花를 보ᄂᆡ거다
낙화落花야 ᄂᆡ 언제 너 홀로 보ᄂᆡ더냐 나도 함씌 흐르노라 (675)

A: 대상 ⇒ **낙화**는 뜻이 있어 **유수**를 따르거늘
A: 대상 ⇒ 무정한 저 **유수**는 **낙화**를 보내도다
C: 정서 ⇒ 낙화야 내 언제 너 홀로 보내더냐 나도 **함께** 흐르노라

김학연金學淵(생몰년 미상)의 시조인 위의 작품에서 우선 '흘러가는 물[유수流水]'에 주목해보자. 마냥 흘러가는 물은 그저 무심해 보일 뿐이다. 보는 이에 따라서는 무심한 정도를 넘어 모든 것을 휩쓸어 가는 물결이 무정해 보이기까지 한다. 작품에서 그 물결은 낙화로 표현된 나의 마음마저 휩쓸고 가는 듯도 하다. 그러나 님[유수流水]은 곧바로 다시금 사랑을 확인해 주는 모습을 보여준다. 휩쓸고 가는 것이 아닌 함께 흘러가고 있음을, 그리고 언제나 함께 하고 있었음을 상기시켜 주고 있는 것이다. '쓷이 이셔', 다시 말해 사랑의 마음이 있어 님을 따르고자 '나[화花]는 님[유수流水]에게로 가서[낙落] 낙화落花'가 되었고, 그 님은 언제나 불변하는 마음으로 '부단不斷'히 나와 함께 하고 있었음을 확인한 것이다.[7] 따라서 낙화[A:대상]는 곧 유수[A:대상]이자, 유수는 곧 낙화가 된다. 대상과 대상과의 합일을 지향함으로써 영원한 사랑을 꿈꾸는 홍취[C:정서]에 도달하게 되는 것이다.

③ 울 밋혜 퓌여진 국화菊花 황금색黃金色을 펼치온 듯
산山 넘어 돗는 달은 시홍時興을 모라 도다 온다
아희兒禧야 잔盞 가득 부어라 취醉코 놀녀 ᄒᆞ노라 (3117)

A: 대상 ⇒ 울 밑에 핀 **국화** 황금색을 펼쳐 놓은 듯
A: 대상 ⇒ 산 넘어 돋는 **달**은 시흥을 몰아 돋아 온다
C: 정서 ⇒ 아희야 잔 가득 부어라 **취코 놀려 하노라**

위의 작품에서 언급되는 사물은 바로 계절의 상징으로서의 '국화[A:

대상]'와 홍취의 매개로서의 '달[A:대상]'이다. 그리고 직접적으로 표현되지는 않았지만, 숨겨진 사물로서 '술[A:대상]'을 상정해 볼 수도 있다. 그런 까닭에 "계절이 주제인지 국화나 술이 주제인지 혼란을 일으킬 수밖에 없다."[8]고 해석한 최강현의 해석도 충분히 이해된다. 그러나 이 작품들의 주제를 단지 국화나 술로 보아야만 하는 것은 지은이의 작시 의도와는 어긋남이 있다고 보인다. 왜냐하면 '국화'나 '술'은 주제가 아니라 계절적 홍취를 표현하기 위한 주된 소재, 즉 제재로 보아야 하기 때문이다. 대상과 대상이라는 관계망 속에서 제재들의 성격을 살핌으로서 계절의 홍취[C:정서]가 온전하게 표현될 수 있다는 의미이다. 결국 이들 작품에서 말하고자 하는 바는 지은이 자신의 계절적 감홍과 개인적 취락의 표현이었다고 볼 수 있겠다.

④ 겨울날 다스흔 볏츨 님 계신듸 비최고쟈
봄 미나리 술진 마슬 님의게 드리고쟈
님이야 무어시 업스리마는 내 못 니저 흐노라 (219)

A: 대상 ⇒ 겨울날 따스한 **볕**을 님 계신 데 비추고자
A: 대상 ⇒ **봄 미나리** 살진 맛을 님에게 드리고자
C: 정서 ⇒ 님이야 무엇이 없으랴만 **내 못 잊어 하노라**

위는 간절하게 님을 그리워하는 정을 노래한 작품이라고 할 수 있다. 어느 겨울날 갑작스레 비추는 따스한 '볕[A:대상]'과 살찐 '봄 미나리[A:대상]'는 님에게 보내는 화자의 정표이리라. 물론 님께서도 충분

히 그런 것들을 누릴 수야 있겠지만, 그 님만 바라보는 화자의 마음은 전혀 괘념치 않는다. 보이는 모든 것, 먹는 모든 것, 느끼는 모든 것들에 님이 투영되고 있음이다. 그러니 단 한시라도 님을 잊을 수 없는 안타까운 '그리움[C:정서]'의 노래가 되는 것이다.

⑤ 구즌 비 개단 말가 흐리던 구룸 걷단 말가
압 내희 기픈 소히 다 ᄆᆞᆰ앗다 ᄒᆞᄂᆞᆫ다
진실眞實로 ᄆᆞᆰ디옷 ᄆᆞᆰ아시면 갇긴 시서 오리라 (436)

A: 대상 ⇒ **궂은 비** 개었단 말인가 **흐린 구름** 걷혔단 말인가
A: 대상 ⇒ 압 내의 **기픈 소**는 다 맑았다고 하는 것인가
C: 정서 ⇒ 진실로 맑디맑아졌다면 **갓끈 씻어 오리라**

작품 ⑤는 고산孤山 윤선도尹善道(1587～1671)의 작품인 〈우후요雨後謠〉이다. 이 작품은 고산이 함경도 경원으로 처음 유배를 갔을 때 지은 것으로 알려져 있다. 그런 까닭에 필자는 "이 시기에 지어진 〈우후요〉에는 정치적 요소가 드러나기도 한다. 그러나 이는 작품에 병기된 작시 동기[9]만을 해석의 관점으로 삼은 영향이 더 크다고 할 수 있다. 만약 이러한 작시 동기가 직접적으로 밝혀지지 않았다면, 이 작품은 학문에 전념하는 사대부의 전형적인 수신가로 보아도 무방할 것이다. 더불어 자연과 감응하여 절로 발현되는 작자의 감성을 어렵지 않게 엿볼 수 있는 강호가도의 노래로 보아도 전혀 손색이 없는 것이다. 실제로 이 시조의 초・중장은 〈어부사시사漁父四時詞〉 하夏 1의 초장

에도 거듭 나타나 있다."[10]고 말한 바 있다.

'궂은 비'와 '흐린 구름'은 초장에 나타난 대상[A]이다. 그리고 앞 내의 '깊은 연못'은 중장에 나타난 대상[A]이라고 할 수 있다. 고산은 이 노래에서 궂음이나 흐림으로 대변되는 어질 지 못한 것들에 대해, 깊은 연못의 맑은 물로 대변되는 어진 것들 사이의 관계를 설정한다. 그리고 이 궂은 것이 개고, 흐린 것이 걷힘으로써 중장의 맑은 물과 다시 상보적 관계를 형성하게 한다. 대상과 대상 사이의 관계를 상보적으로 설정함으로써 다시 어진 것으로 돌아갈 수 있다는 이야기를 '갓끈 씻기'라는 행위를 통해 보여주고자 했던 것이다.

‖ 사물로써 역동하는 느낌

이 구조는 일단 '대상+인식'의 관계로 설정된다. 따라서 대상[A:감] 속에 인식[B:발]이 포함된 것처럼 읽힐 수도 있다. 그러나 일방적인 포함 관계라고는 할 수 없다. 대상을 설정하고자 하는 의도는 그것을 통해 말하고자 하는 무엇인가의 존재를 인정하기 때문이다. 그리고 그러한 존재는 대상으로부터 비롯할 수밖에 없다. 대상과 유리된 인식이 있을 수 없다는 의미이다. 그런 까닭에 '대상+인식'이라는 이러한 구조는 그 노래를 지어 부르고자 하는 목적이 아주 뚜렷한 경우에 자주 볼 수 있게 된다. 사물을 통해 노래하고자 했던 마음에 역동성을 부여하는 구조라고도 하겠다.

① 눈마자 휘어진 대를 뉘라셔 굽다 턴고
구불 절節이면 눈 속에 프를소냐
아마도 세한歲寒 고절孤節은 너 쑨인가 ᄒᆞ노라 (946)

A: 대상 ⇒ 눈 맞아 휘어진 **대**를 뉘라서 굽다턴고.
B: 인식 ⇒ 굽을 **절개**라면 눈 속에 푸를쏘냐.
C: 정서 ⇒ 아마도 **세한고절**은 너뿐인가 하노라.

위는 원천석元天錫(1330~?)의 작품으로 사물을 통해 어떤 느낌을 이끌어내는 의미 구조를 보여주고 있다. 전체적으로 대상을 통해 인식을 드러내는 그런 과정이라고 하겠다. 특히, 대상에 속하는 A, 즉 초장에는 사물 그 자체뿐만 아니라 그 사물을 이루게 하는 환경적 요인까지 두루 포괄된다. 예를 들어 '눈 맞아 휘어진 대를'이라는 초장의 내구에서 '눈'은 '강요'를 의미하는 여말선초의 시대적 환경과 그 주체들, 그리고 '휘어진'은 '강요의 견딤'을 의미하는 화자의 고충을 함의하고 있는 것이다. 결국 이 작품은 언제나 곧고 푸른 '대'를 통해 어떠한 억압에도 굴하지 않는 화자의 '절개'를 드러내고자 한 작품이다. 그런 까닭에 초장[대]과 중장[절개]의 의미 관계 속에서 '세한고절'은 오늘날 우리에게 은둔하면서도 절개를 지키려는 우국충절을 상징하는 상징어가 되는 것이다.

② 녈 구름이 심히 구저 볽근 달을 가리오니
밤ᄯᅳᆼ의 혼자 안자 ᄋᆡ들오미 그지업다

ᄇᆞ름이 이 ᄠᅳ들 아라 비를 모라 오도다 (873)

A: 대상 ⇒ 열 **구름** 심히 궂어 밝은 **달**을 가리오니

B: 인식 ⇒ 밤중에 홀로 앉아 **애달픔**이 그지없다

C: 정서 ⇒ 바람이 이 뜻을 알아 비를 몰아오도다

서하당棲霞堂 김성원金成遠(1525~1597)의 〈헌작북당시월미명우역작작가獻酌北堂時月微明雨亦作作歌〉라는 이 작품 또한 사물을 통해 인식을 투영하려는 의미 구조로 분석될 수 있다. 초장에는 '구름'과 '달'이라는 구체적인 대상[A:감]이 언급되어 있다. 이들 대상은 작가의 마음[B:발]을 일으키는 매개체로서, 그들 간의 관계 속에서 작가는 중장에서 보이는 바와 같은 '애달픈' 심사를 가져오게 하는 역할을 부여한다. 그러나 우리는 구름과 달로 표상되는 사물[A:감]과 그로부터 일어나는 애달픔의 느낌[B:발] 사이에 이미 그것들로부터 벗어나고자 하는 작가의 의도가 담겨 있음을 간파해야 한다. 그 의도를 짐작하게 하는 것이 바로 감성의 매개체로 작용하는 '홍'일 것이며, 종장에서의 '바람'이 바로 그 역할을 담당하고 있음이다. 따라서 종장에서는 매개적 감성 기제로서의 '홍'을 넘어, 부정적 인식이 해소된 정서로서의 '홍'이 성립할 수 있게 되는 것[11]이다.

③ 간 밤에 우던 여흘 슬피 우러 지내여라
이제야 ᄉᆡᆼ각ᄒᆞ니 님이 우러 보내도다
져 물이 거스리 흐르고져 나도 우러 녜리라 (97)

A: 대상 ⇒ 간밤에 울던 **여울** 슬피 울어 지내누나

B: 인식 ⇒ 이제야 생각하니 **님이 울어 보내도다**

C: 정서 ⇒ 저 물이 거슬러 흐르고저 **나도 울어예리라**

위는 원관란元觀瀾의 작품이다. 이 시조에서 '여흘[A:감]' 곧 냇물은 떠나 있는 님과 남아 있는 나 사이의 경계점이다. 이 경계는 님과 나 사이의 사랑이 마주치는 곳으로 표현된다. 지난 밤 그렇게 울어대던 냇물 소리는 곧 님께서 그렇게 우는 소리로 들려질 수밖에 없는 나의 환청이다. 그 환청이 이제는 님에게도 들렸으면 하는 바람[B:발]이 보인다. 내게 울음소리를 전하던 물이 도리어 이제 님께서 계시는 곳으로 거슬러 올라가 나도 울고 있음을 전해주었으면 하는 것이다. 서로 떨어져 있어 더욱 사무치는 그리움은 물을 통해 이제 간절한 사랑의 갈구[C:홍興][12]가 된다.

④ 반중盤中 조홍早紅 감이 고와도 보이ᄂᆞ다
유자柚子 아니라도 품엄 즉 ᄒᆞ다마는
품어가 반기 리 업슬ᄉᆡ 글로 셜워 ᄒᆞᄂᆞ이다 (1637)

A: 대상 ⇒ 반중 **조홍감**이 곱게도 보이나니

B: 인식 ⇒ 유자가 아니라도 **품을 만도 하다마는**

C: 정서 ⇒ 품어 가 반길 이 없으니 글로 **슬퍼하노라**

이 시조는 노계蘆溪 박인로朴仁老(1561～1642)가 41세 되던 해 지은

〈조홍시가早紅柹歌〉 4편 중 하나이다. 당시 도체찰사로 영천에 머물던 한음漢陰 이덕형李德馨과는 깊은 교분을 나누고 지내는 사이였다고 한다. 어느 날 노계가 한음을 찾아갔을 때 한음이 조홍시를 내놓은 적이 있었다. 효자였던 노계는 이때 돌아가진 어버이를 생각하면서 회귤懷橘의 고사를 떠올리고 읊은 작품이 바로 <조홍시가>였던 것이다. 회귤의 고사란 중국의 육적이라는 사람이 6살 무렵 원술을 만나는 자리에서 그가 귤을 먹으라고 주었더니, 먹지 않고 가슴 속에 품었다고 한다. 그래서 원술이 그 연유를 묻자 어머니께 가져다 드릴 생각이라고 대답했더니 매우 기특하게 여겼다는 이야기를 말한다.

이 작품의 초장에는 대상이라고 할 수 있는, 즉 어떤 인식을 불러일으키는 사물로서 '조홍감[A:감]'이 등장한다. 그리고 그 조홍감은 화자로 하여금 자신도 모르게 집으로 가져가고 싶다는 마음을 일으킨다. '품을 만도 하다[B:발]'는 마음이 그것이다. 화자는 회귤의 고사를 함께 떠올리면서 절로 솟구치는 효심을 제어할 수 없게 되었으리라. 그러나 그것을 가져갈 수는 없다. 가져가더라도 그 감을 맛있게 드셔줄 수 있는 어버이는 이미 계시지 않기 때문이다. 그래서 화자의 인식은 '품었다'라는 행위의 완결이 아니라, '품은 즉도' 즉 품을 수도 있었다는 미완결의 행위가 된다. 완결되지 못한 것은 곧 다하지 못한 효에 대한 미련이요, 따라서 이러한 미련이 곧바로 돌아가신 부모님을 생각하며 슬퍼하는 애잔함으로 드러날 수 있기 때문이다.

⑤ 백발白髮아 너ᄂᆞᆫ 어이 무단無端이 졀노 오니

뉘라셔 보내던냐 내 언제 부ᄅᆞ든냐
아마도 너 오ᄂᆞᆫ 시절時節은 다 늙근가 ᄒᆞ노라 (1698)

A: 대상 ⇒ **백발**아 너는 어이 까닭 없이 절로 오니
B: 인식 ⇒ 뉘라서 **보내더냐** 내 언제 부르더냐
C: 정서 ⇒ 아마도 너 오는 시절은 **다 늙었는가 하노라**

⑤는 조선 순조대 백경현白景炫(생몰년 미상)의 〈노老〉라는 작품이다. 대개의 탄로가가 그렇듯 이 작품도 역시 '백발[A:감]'이라는 사물을 호명하는 것으로 시작한다. 백발은 이미 늙음의 대명사가 되어 있기에, 늙음을 노래하는 과정에서 백발은 배제할 수 없는 대상이 되었던 것이다. 그런 백발을 두고서 화자는 '보내더냐[B:발]', '부르더냐[B:발]'라는 자탄 섞인 물음을 던진다. 그러나 그 물음에는 이미 체념이 깔려 있다. '다 늙었는가 하노라[C:홍]'라는 구절을 통해 이런 심적 상황을 어렵지 않게 포착할 수 있을 것이다.

‖ 느낌으로 호명되는 사물

이 구조는 바로 앞에서 말한 '대상+인식'의 구조와 상반된 '인식+대상'의 형식을 갖추고 있다. 어떤 상황에 대한 인식이 먼저이고, 이러한 인식을 투영시킨 대상이 그 뒤를 잇는 경우라고 할 수 있다. 이런 경우 대개 중장에서 호명된 사물과 연결하여 종장의 홍취를 이끌어 내는 작품들이 많다.

다음 작품은 이런 과정을 직접적으로 보여주는 사례이다.

① 천만리千萬里 머나 먼 길에 고은 님 여희옵고
내 ᄆᆞ음 둘 ᄃᆡ 업서 냇ᄀᆞ에 안자시니
져 물도 ᄂᆡ 안 ᄀᆞᆺᄒᆞ여 우러 밤길 녜놋다 (3897)

B: 인식 ⇒ 천만리 머나먼 길에 고운 님 **여의옵고**
A: 대상 ⇒ 내 마음 둘 데 없어 **냇가**에 앉았더니
C: 정서 ⇒ 저 물도 내 안 같아서 **울어 밤길 예놋다**

이 작품은 왕방연王邦衍(생몰년 미상)이 단종을 영월의 유배지에 호송하러 갔다가 돌아오는 길에 읊은 것이다. 세조의 신임을 받던 왕방연이기는 하지만 단종의 비참함에 함께 슬픔을 느끼며 어느 냇가에 앉아 읊은 것으로 알려져 있다. 여기에서 '냇ᄀᆞ'는 이제 '고은 님'을 다시 볼 수 없게 하는 영원한 이별의 경계로 설정되어 있다. 헤어짐을 마주하였기에, 들리는 물소리 역시 울음소리와 다를 바 없다.[13]

차마 보내지 못할 님을 어쩔 수 없이 '여읜 상황[B:발]'에서 마주하게 된 '냇가[A:감]'는 일단 표면적인 대상, 즉 사물이다. 오히려 종장에 드러난 물이 이 노래의 실제 대상이라고도 할 수 있겠으나, 그 물 또한 냇가에서 보는 대상일 수밖에 없다. 님을 보내고 주체할 수 없는 슬픔을 잠시 가누기 위해 찾은 대상이 바로 냇가인 것이다. 그 냇가에서 내 마음을 함께 어루만질 2차적인 대상으로서 물이 설정된 것으로 보아야 한다. 즉 여기에서 물은 내 마음과 이미 동일시 된 정서적 사

물로 치환되어, 이제 우리에게 '함께 울고 갈 수 있는[C:흥]' 사물로 다가서게 되는 것이다.

② 청계상淸溪上 초당草堂 외外에 봄은 어이 늣졋느니
이화梨花 백설향白雪香에 유색柳色 황금눈黃金嫩이로다
만학운萬壑雲 촉백성중蜀魄聲中에 춘사春思 망연茫然ᄒᆞ여라 (3990)

B: 인식 ⇒ 청계 위 초당 밖에 봄은 **어이 늦었나니**
A: 대상 ⇒ **배꽃** 흰 눈 향에 버들색 황금눈이어라
C: 정서 ⇒ 만학운 두견 소리에 **봄 생각** 아득하여라

이 작품은 이후백李後白(1520~1578)이 지은 것으로, 앞의 작품과 마찬가지로 중장에서 사물[A:감]을 중장에서 진술하고 있다. 느끼는 마음[B:발]이 먼저이면서 후에 그에 따른 대상을 모색하여 진술하는 방식인 것이다. 초장에는 봄을 애타게 기다리는 작가의 마음이 들어 있다. 종장에 보이는 봄소식을 기다리는 애타는 심사가 이를 일러준다. 그러한 애타는 마음[B:발]은 중장에서 배꽃의 향기와 황금빛 버드나무[A:감]에 투영되어 더욱 증폭되고 있음이다. 이런 과정을 거쳐 봄을 기다리는 작가의 심사는 더욱 깊은 기다림의 정서[C:흥]로 구조화되는 것이다. 이런 경우 대상은 인식의 깊이를 더하는 기제가 될 수도 있다.[14] 사물을 불러옴으로써 느낌의 역동성이 더욱 확보될 수 있다는 의미이다.

③ 이런들 엇더ᄒᆞ며 저런들 엇더ᄒᆞ리
만수산萬壽山 드렁칙이 얼거진들 긔 엇더ᄒᆞ리
우리도 이 ᄀᆞᆺ치 얼거져 백년百年ᄭᆞ지 누리리라 (3236)

B: 인식 ⇒ 이런들 **어떠하며** 저런들 **어떠하리**
A: 대상 ⇒ 만수산 **드렁칡이** 얽혀진들 어떠하리
C: 정서 ⇒ 우리도 이 같이 **얽혀져** 백 년까지 누리리라

이 작품은 조선의 태종 임금이었던 이방원李芳遠(1367~1422)이 역성혁명을 일으켜 가는 과정에서 고려의 충신이었던 포은圃隱 정몽주鄭夢周(1337~1392)와 주고받았다고 전해지는 작품으로, 일명 〈하여가何如歌〉로 불린다. 우선 이방원은 초장에서 상대방의 의중을 떠보기 위해 '어떠하리[B:발]'라는 자신의 생각을 반복하여 던진다. 그리고는 '만수산 드렁칡[A:감]'을 호명하는 것으로 상대방의 동의를 구한다. 그 동의에 대한 긍정은 곧 만수산 드렁칡 마냥 얽히고설킨 두 사람의 미래로 치환[C:흥]될 수 있는 것이다. 만수산은 실제로 당시 개성 서문 밖에 있던 산이다. 그곳의 드렁칡이 얽힌다고 함은 개성, 즉 고려를 섬겼던 정치인들의 화합을 의미한다고도 볼 수 있겠다. 그런 까닭에 자신들도 함께 얽히지 못할 이유가 없다는 것이 이방원의 생각이었으리라.

④ 북천北天이 ᄆᆞᆰ다커늘 우장雨裝 업시 길을 나니
산山에는 눈이 오고 들에는 ᄎᆞᆫ 비로다

오늘은 춘 비 마자시니 얼어 잘식 ᄒᆞ노라 (1890)

B: 인식 ⇒ 북천이 **맑다 해서** 우장 **없이 길을 나니**

A: 대상 ⇒ 산에는 눈이 오고 들에는 **찬비**로다

C: 정서 ⇒ 오늘은 찬비 맞았으니 **얼어 잘까 하노라**

위의 작품 ④는 조선의 호방남아였던 백호白虎 임제林悌(1549~1587)가 평양의 기녀였던 한우寒雨에게 준 일명 〈한우가寒雨歌〉이다. 북쪽의 날씨가 맑다고 해서 아무런 준비 없이 길을 나섰는데, 갑자기 산에는 눈이 내리고 들에는 찬비가 들이친다. 그 찬비를 모두 맞았는데, 그래서 하는 수 없이 춥게 잘 수밖에 없지 않겠느냐는 내용이다. 물론 표면적으로 보이는 내용이 그렇다는 말이다. 이 노래에 대한 한우의 답가[15] 역시 비슷한 방식과 내용으로 구성되어 있다.

그러나 이 작품은 실은 '찬비'로 은유된 '한우寒雨'와의 만남을 노래하고 있다. 따라서 종장에 보이는 '찬비 맞았으니'는 곧 '한우를 만났으니'가 된다. 그리고 '얼어 잘까 하노라'는 '함께 어울려 밤을 보내자'는 역설이 된다. 그런 까닭에 초장에서 나타내고자 한 것은 '북천'이나 '우장' 등의 사물이 아닌, '맑다 해서'와 '~없이 길을 나니'가 된다. 즉, 이미 한우와의 만남을 전제한 이후[B:발]에 이루어지는 상황 설정인 것이다. 그리고 중장에 나타난 '눈'과 '찬비', 그 중에 '찬비'는 이 노래의 직접적인 대상, 즉 사물[A:감]이 된다. '~없이 길을 나서[B:발]' 곧 '찬비 맞았으니[A:감]', '얼어 잘까 하노라'로 역설된 '함께 밤을 보내자[C:흥]'라는 내용으로 귀결되는 것이다.

⑤ 봄이 가려 ᄒᆞ니 내 혼자 말닐소냐
못 다 핀 도리화桃李花를 어이 ᄒᆞ고 가려난다
아희야 괸 술 걸너라 가ᄂᆞᆫ 봄을 전송餞送 ᄒᆞ쟈 (1815)

B: 인식 ⇒ 봄이 가려 하니 나 혼자 **말리겠느냐**
A: 대상 ⇒ **못다 핀 도리화**를 어이하고 가려는지
C: 정서 ⇒ 아희야 괸 술 걸러라 가는 봄을 **전송하자**

작품 ⑤는 지나가는 봄을 아쉬워하는 심사를 토로한다. 화자는 이미 봄이 저물어 가고 있음을 인지하고 있다. 계절의 오고감은 자연이 만드는 섭리인지라 혼자서 말릴 도리도 없다. 그런 심사를 초장의 '말리겠느냐[B:발]'라는 체념구로 표현한다. 그리고 그런 체념은 중장에 표현된 '못다 핀 도리화[A:감]'라는 사물을 통해 더욱 공고해진다. 그렇다고 그 체념의 공고화가 정서의 부정을 이끌어내지는 않는다. 이 노래를 지어 부른 화자의 의도는 '지나간 봄'에 있는 것이 아니라 '봄의 지나감'을 즐기는 것에 있다고 보기 때문이다. 그래서 화자는 술을 걸러 가는 봄을 즐겁게 전송하게 되는 것[C:흥]이다.

‖ 느낌과 느낌의 중첩

이 구조는 '인식+인식', 즉 느낌과 느낌으로 연결되는 과정을 거치게 된다. 이런 구조를 가진 시조 작품에서는 대상의 파악이 쉽지 않다. 또한 어떤 대상을 특정하여 일부러 노래하려고도 하지 않는다. 이

런 경우의 노래들은 대개 지나온 세월이나 마음가짐 혹은 어떤 대상에 대한 화자의 생각이나 느낌에 집중된 경우가 많다. 그래서 느낌이 느낌을 불러 어떤 정서를 이끌게 되는 구조를 갖추게 되는 것이다.

① 어져 내 일이야 그릴 줄을 모로던가
이시라 ᄒᆞ더면 가랴마ᄂᆞᆫ 제 구ᄐᆡ야
보내고 그리ᄂᆞᆫ 정情은 나도 몰라 ᄒᆞ노라 (2792)

B: 인식 ⇒ 어저 내 일이야 **그릴 줄**을 몰랐던가
B: 인식 ⇒ 있으라 **하더면** 가랴마는 제 구태여
C: 정서 ⇒ **보내고 그리는 정**은 나도 몰라 하노라

위의 ①은 황진이의 작품으로, 전체적으로 느낌과 느낌, 즉 인식과 인식의 구체화 과정을 통해 어떤 정서에 이르게 되는 과정을 보여준다고 하겠다. 먼저 초장에는 '그릴 줄'이라는 어구를 통해 '그리움[B:발]'이라는 구체적 느낌을 드러낸다. 그리고 그 느낌의 원인인 '내 일'에 대해 언급한다. 이후 느낌의 구체화 과정이라고 할 수 있는 중장에서는 '내 일'에 대한 구체적 행위를 언급한다. '~ 하더면 ~ [B:발]'을 통해 느낌의 전후 혹은 인과 관계를 설명하는 것이다. 그렇게 함으로써 종장에서는 자신도 이제는 어찌할 수 없는 그리운 정을 절로 토로하게 된다. 그리고 '이제는 어찌할 수 없는 그 그리운 정[C:흥]'은 비로소 '회한'의 정서로 분출될 수 있게 되는 것이다.

② 반半나마 늘거시니 다시 졈든 못ᄒᆞ여도
이 후後나 늙지 말고 ᄆᆡ양 이만 ᄒᆞ엿고져
백발白髮아 네나 짐작ᄒᆞ여 드듸 늙게 ᄒᆞ여라 (1632)

B: 인식 ⇒ 반나마 늙었으니 다시 젊든 **못하여도**
B: 인식 ⇒ 이 후나 늙지 말고 **매양 이만 하자꾸나**
C: 정서 ⇒ 백발아 너나 짐작하여 **더디** 늙게 하여라

이 작품은 이명한李明漢(1595~1645)이 지은 탄로의 노래이다. 늙어감에 대한 현실 인식과 늙더라도 조금은 더디게 그리하고 싶다는 간절한 소망을 담고 있는 노래라고 할 수 있다. 다시 말해, 초장과 중장에서 우리는 '늙어가는 현실'에 대한 인정[B:발]과 그것에 대한 부질없는 희망[B:발]을 읽을 수 있다. 나아가 늙음의 상징인 백발을 매개로 하여, 허망하지만 인정할 수밖에 없는 간절한 속내[C:흥]가 여과 없이 드러내 있음 또한 어렵지 않게 간파할 수 있다. 물론 '인정'과 '소망' 혹은 '희망'은 시조 작품에서 작가들이 현실을 인식하기 위한 방편으로 삼고자 자주 사용하는 감성적 기제들이기도 하다. 어떤 이는 이 작품에서 '백발白髮'이 대상이 될 수도 있지 않겠느냐고 말할 수도 있지만, 여기에서 백발은 대상이라기보다는 작가가 의도했던 흥을 완결시키기 위한 매개체라고 보는 것이 더 타당할 것이다. 즉, 백발은 시적 대상이라기보다는 감성 발현의 매개체, 혹은 감성의 투영체라고 보는 것이 더 바람직할 수 있다는 의미[16]이다.

③ 강산江山이 됴타 흔들 내 분分으로 누얻느냐
님군 은혜恩惠를 이제 더옥 아노이다
아므리 갑고쟈 흐야도 히올 일이 업세라 (143)

B: 인식 ⇒ 강산이 좋다 한들 내 분으로 **누웠겠느냐**
B: 인식 ⇒ 임금 은혜를 이제 **더욱 알겠노라**
C: 정서 ⇒ 아무리 갚고자 해도 **해올 일이 없구나**

이 작품은 윤선도尹善道가 제작한 〈만흥漫興〉이라는 시조의 여섯 번째 수이다. 〈만흥〉은 윤선도가 경상도 영덕에서의 유배를 끝내고 해남 금쇄동에서 지낼 때 지은 총 6수로 된 연시조이다. 첫째 수에서 다섯째 수까지는 각각 '분수에 맞는 생활', '안빈낙도', '임천한흥' 등의 내용을 읊고 있다. 그리고 위의 여섯 째 수가 등장하는데, 이 노래에서는 자신이 누리는 모든 생활이 임금의 은혜로부터 비롯된 것임을 말하고 있다.

그래서 초장에서는 '누웠겠느냐[B:발]'라는 어구를 통해 이 좋은 것들이 내 분이 아님을 인식하는 것이며, 그런 인식의 결과로 이제 임금의 은혜를 더욱 알겠노라[B:발]는 새로운 인식을 펼친다. 그리고 그 새로운 인식이란 결국 임금에 대한 은혜 갚음에 다름없을 것이나, 그것을 위해 할 수 있는 일이 아무 것도 없음을 아쉬워하는 안타까운 정서[C:홍]로 나아가게 되는 것이다.

④ 북풍北風의 이운 남기 츤 비 맛다 새 닙 나며

상사相思로 드른 병이 약藥을 먹다 됴흘소냐
뎌 님아 널노 든 병이니 네 고칠가 ᄒᆞ노라 (1891)

B: 인식 ⇒ 북풍에 이운 나무 찬 비 맞아 새 잎 **나랴**
B: 인식 ⇒ 상사로 든 병이 약 먹는다 **좋아지랴**
C: 정서 ⇒ 저 님아 너로 든 병이니 **네가 고칠까** 하노라

이 작품에서 '나무'나 '병' 등으로 표현된 사물은 인식을 드러내기 위한 비유로서의 기능만 수행한다고 보인다. 즉, 사물 그 자체를 노래하고자 하는 의도가 아니라는 의미이다. 어떤 현상에 대한 상식적인 결과를 보여줌으로써 상대의 이해를 구하는 표현 방식이라고 보는 것이 더욱 알맞을 것이다. 결국 이 작품은 비유적 상황을 통해 발현하는 인식과 인식을 연결함으로써 공감의 감성을 이끌어내는 구조를 가지고 있다고 보아야 한다.

이미 죽어가는 나무가 비를 맞았다고 해서 다시 살아나 새잎이 돋지는 않는다는 것이 우리가 주지하는 상식이다. 또한 상사병은 약으로는 고쳐질 수 없다고 여기는 것도 마찬가지이다. 이러한 상식들은 초장의 '나랴[B:발]'와 중장의 '좋아지랴[B:발]'라는 반어법을 통해 절대 그렇게 될 수 없음을 역설한다. 그래서 마지막 종장에서는 '나도 너로 인해 든 병이니만큼 너 아니면 고칠 수가 없다[C:흥]'고 사랑의 심사를 토로하게 되는 것이며, 이러한 토로가 자연스럽게 공감을 얻게 되는 것이리라.

⑤ 게만 그리울가 나도 더욱 그리옵닉
닉 그리는 심회을 게셔 어이 아느실고
언저긔 춘일春日이연난커든 일호주一壺酒 가지고 그리는 정한情恨늘
세세상서細細詳書호리이다 (217)

B: 인식 ⇒ 당신만 그리울까 나도 **더욱** 그립다네

B: 인식 ⇒ 내 그리는 심회를 당신께서 **어이** 아실런고

C: 정서 ⇒ 어느 때 봄날이 이어지거든 일호주 가지고 그리운 정한을 **세세상서하리다**

위 ⑤는 김계金啓(1575~1657)의 작품이다. 서로 그리워할 것이라는 믿음을 가지고 있지만, 그보다는 화자가 훨씬 더 그리워한다는 내용이 초장을 구성한다. 그런데 당신은 나의 이 그리워하는 마음을 알고나 있을는지 조금은 불안하다. 혹은 몰라줄까 두렵기조차 하다. 그래서 어느 날 따스한 봄날이 오면 한 병 술에 마음을 달래면서 이 그리운 심정을 자세히 적어 보내겠노라는 내용으로 종장을 구성한다.

초장에서 화자는 당신'만' 그리워하는 것이 아니라 나도 당신을 그리워하는데, 그런 그리워하는 마음은 '더욱[B:발]'이라는 단어를 통하여 상대보다 더한 자신의 심사를 표출한다. 그런데 그런 화자의 심사를 당신이 알아줄 수 있을지는 의문이다. 중장에 표현된 '어이[B:발]'는 그런 불안함 혹은 두려움의 느낌을 우리에게 인식시켜주는 키워드가 된다. 그리고 이런 불안함 혹은 두려움을 씻고, 자신의 그리운 마음을 온전히 보여줄 수 있는 방식인 '세세상서細細上書'를 선택함으로써 자

신의 마음을 위안[C:홍]하는 것이다.

3. 고산 〈오우가〉를 다시 읽다

고산孤山 윤선도尹善道[17]문학이라고 하면 으레 「산중신곡山中新曲」을 으뜸으로 지목해 왔는데, 그 중에서도 〈오우가五友歌〉는 그 대표작으로 절찬되었던 작품이다. 이 〈오우가〉는 서수序首를 시작으로, 이어 수水・석石・송松・죽竹・월月을 다섯 벗으로 삼아 각각 그 자연물들의 특질을 들어 자연애自然愛를 들어낸 영물시詠物詩라고 할 수 있다. 특히 이 작품은 기존의 '~우가友歌' 류 작품들과는 달리 새로운 참신성을 느끼게 하는 뛰어난 명작이라는 평가를 받는다. 소재에 대한 작시의 묘사가 순차적 질서를 보이면서도 단순성을 탈피하고 있으며, 이에 대한 작품의 구도가 치밀하여 매우 뛰어난 문학성을 확보하고 있기 때문이다. 여기에서는 〈오우가〉를 구성하는 여섯 수의 작품에 나타난 구조의 감성적 의미를 파악해본다. 먼저 〈서수〉이다.

① 내 버디 몃치나 ᄒᆞ니 슈셕水石과 숑듁松竹이라
동산東山의 ᄃᆞᆯ 오르니 긔 더옥 반갑고야
두어라 이 다ᄉᆞᆺ 밧긔 또 더ᄒᆞ야 머엇ᄒᆞ리[18] 〈序首〉

B: 인식 ⇒ 내 벗이 몇이냐 하니 **수석**과 **송죽**이라
B: 인식 ⇒ 동산의 **달** 오르니 그 더욱 반갑구나

C: 정서 ⇒ 두어라 이 다섯 밖에 **또 더하여 무엇하리**

언뜻 보면 이 작품은 '수석송죽월水石松竹月'이라는 구체적 대상의 나열인 것처럼 보이나, 실은 이 작품이 서수인 까닭에 전체 작품의 의미 구조적 측면에서 이들 사물을 '인식'으로 보아야 한다. 사물을 통해 다음에 이어질 작품들에서 자신의 어떤 생각을 펼쳐내겠다는 기술이기 때문이다. 물론 이러한 인식은 크게 초장은 능동적, 중장은 피동적 인식으로 구분할 수도 있다. '오르는' 것은 자신의 의지가 아니기 때문이다. 그럼에도 불구하고 이들 인식들이 보다 중요한 까닭은 그것들의 주재主宰를 통해 미의 완성을 이끌려는 작가의 의지가 보이기 때문이다.

〈오우가〉 중 '물'과 '바위'를 소재로 한 작품들은 느낌의 중첩을 통해 어떤 정서를 이끌어 내는 구조를 가진다.

② 구룸빗치 조타ᄒᆞ나 검기를 ᄌᆞ로ᄒᆞᆫ다
ᄇᆞ람소ᄅᆡ ᄆᆞᆰ다ᄒᆞ나 그칠 적이 하노매라
조코도 그츨 뉘 업기ᄂᆞᆫ 믈 뿐인가 ᄒᆞ노라 〈水〉

B: 인식 ⇒ 구름 빛이 좋다하나 **검기를 자주 한다**
B: 인식 ⇒ 바람소리 맑다하나 **그칠 적이 많고 많다**
C: 정서 ⇒ **좋고도 그칠 리 없기**는 물뿐인가 하노라

③ 고즌 므스 일로 퓌며셔 쉬이 디고

플은 어이ᄒᆞ야 프르ᄂᆞᆫ둣 누르ᄂᆞ니
아마도 변티 아닐손 바회 뿐인가 ᄒᆞ노라 〈石〉

B: 인식 ⇒ 꽃은 무슨 일로 **피면서 쉬이 지고**

B: 인식 ⇒ 풀은 어이하여 **푸른 듯 누르나니**

C: 정서 ⇒ 아마도 **변치 않는 것**은 바위뿐인가 하노라

작자는 물을 노래한 작품 ②에서 구름과 바람이라는 각각의 사물을 비유적으로 사용하여 자신의 느낌을 드러낸다. 그리하여 종장에서는 그러한 느낌들의 통합적 인식으로서 '물'이 아닌 '좋고도 그칠 리 없기'라는 '물의 항상성恒常性'을 노래한다. 여기에서 항상성은 군자가 지향해야 할 하나의 품성으로, 자신의 지향과도 맞닿아 있는 지점이라고 할 수 있다. 바위를 노래한 ③의 작품 역시 꽃과 풀이라는 사물의 비유적 사용을 통하여 인식으로 전환하는 과정을 보여준다. 그리하여 결국 절대 대상인 바위를 노래하는 것처럼 보이나, 실은 바위 자체가 아닌 '바위의 불변함'을 노래하고 있는 것이다.

다음 작품들은 인식과 대상을 통해 정서로 이르게 되는 과정을 보여준다. 느낌을 통해 사물을 호명하고, 그럼으로써 어떤 정서에 다다르게 되는 구조를 취하고 있다.

④ 더우면 곳 퓌고 치우면 닙디거ᄂᆞᆯ
솔아 너ᄂᆞᆫ 엇디 눈서리ᄅᆞᆯ 모ᄅᆞᄂᆞᆫ다
구천九泉의 블희 고ᄃᆞᆫ 줄을 글로ᄒᆞ야 아노라 〈松〉

B: 인식 ⇒ 더우면 **꽃 피고** 추우면 **잎 지거늘**

A: 대상 ⇒ **솔**아 너는 어찌 눈서리를 모르느냐

C: 정서 ⇒ 구천의 **뿌리 곧은 줄**을 그로 하여 아노라

⑤ 나모도 아닌 거시 플도 아닌 거시
곳기ᄂᆞᆫ 뉘 시기며 속은 어이 뷔연ᄂᆞᆫ다
뎌러코 ᄉᆞ시四時예 프르니 그를 됴하 ᄒᆞ노라 〈竹〉

B: 인식 ⇒ 나무도 **아닌** 것이 풀도 **아닌** 것이

A: 대상 ⇒ **곧기**는 뉘 시기며 속은 어이 **비였느냐**

C: 정서 ⇒ 저렇게 사시에 **푸르니** 그를 좋아 하노라

소나무를 읊고 있는 작품 ④에서 초장의 느낌[B:인식]은 사물에 대한 일반적 현상을 인식하는 과정이다. 물론 이러한 인식은 종장에서 이루어질 정서에 대한 일종의 포석이라고 할 수 있다. 그리고 중장의 사물[A:대상]을 암시하는 역할을 수행한다. 그런 과정을 거쳐 꽃 피고 잎 지는 일반적인 나무와는 달리 눈서리를 모르는 소나무의 '뿌리 깊음'을 칭송하고자 하는 것이다. 소나무가 홀로 푸른 절개의 상징으로 인식되어온 사실 또한 이러한 구조의 의미화 과정에서도 목격할 수 있을 것이다.

그리고 대나무를 읊고 있는 작품 ⑤에서 초장의 느낌[B:인식]은 이미 사물에 대한 일차적인 인식이 끝난 이후에 이루어진 고차원적 인식이라고 할 수 있다. 중장의 사물[A:대상]을 좀 더 깊게 느껴 어떤 정

서로 이르게 하기 위한 관찰의 역할인 담당하고 있다고 보기 때문이다. 즉, 중장은 단순히 사물 그 자체만을 말하는 것뿐만 아니라 사물이 가진 어떤 인식을 함의함으로써 종장의 흥취를 더욱 완벽하게 이끌어갈 수 있게 되는 것이다. 따라서 이 작품은 단순히 대나무의 푸름만을 노래하는 것이 아니라, 이전 단계에서 설명했던 곧음과 비어있음 모두를 함께 노래하는 구조를 갖출 수 있게 된다.

마지막 작품인 〈월月〉은 느낌과 느낌의 중첩을 통해 정서를 이끌어내는 과정을 보여준다.

⑥ 쟈근 거시 노픠 떠셔 만믈萬物을 다 비취니
밤듕의 광명光明이 너만ᄒᆞ니 또 잇ᄂᆞ냐
보고도 말 아니ᄒᆞ니 내 벋인가 ᄒᆞ노라 〈月〉

B: 인식 ⇒ 작은 것이 높이 떠서 만물을 다 **비추니**
B: 인식 ⇒ 밤중의 광명이 너만 한 이 또 **있느냐**
C: 정서 ⇒ 보고도 **말 아니하니** 내 벗인가 하노라

초장의 느낌[B:인식]에서 중요한 행간의 의미는 '작다, 높다'가 아닌 '다 비춘다'이다. 그래서 중장의 느낌[B:인식]을 드러내기 위해 사용한 시어가 바로 '광명'이다. 그러면서도 종장에서 한 마디 말 없음을 이야기하는 것은, 작자의 내면에 숨겨진 고결함으로 읽을 수 있다. 이런 고결함은 물론 앞서 작품들에서 말한 '수서송주'으로도 충분히 말할 수 있었겠지만, 굳이 달을 통해 말하고자 한 까닭은 그것이 천상의

구조물이기 때문이다. 작자의 시선과 마음 행위를 천상에까지 확대함으로써 그 고결함 또한 한층 가치 있게 구성될 수 있기 때문이다. 결국 이 작품에서 노래한 '달의 말없음'은 단순한 고요함이 아닌, 관조의 시선이 함께 머무는 고결함으로 귀결된다고 하겠다.

〈오우가〉는 인간의 보편적 덕목보다는 특별히 신하로서의 도리, 즉 충忠의 개념을 우선시한다. 충의 지속성·불변성·강인성·절조성·불언성不言性을 자연물에 대입하여 윤선도의 충에 대한 의지와 정신을 대변했다고 보는 것이 학계의 일반적인 평이다. 물론 이런 평을 전적으로 무시하지는 않는다. 그러나 간과해서는 안 되는 부분이 바로 작품의 심미성, 즉 강호가도江湖歌道의 문제라고 볼 수 있다. 우리가 강호가도를 언급하면서 왜, 무엇이, 어떤 점에서 강호가도가 되는가를 설명하지 못하는 그런 문제인 것이다.

작품에 나타난 5개의 대상 즉 사물들은 크게 세 개의 공간을 가진다. 이는 "두 개의 경험 공간과 하나의 미경험 공간, 다시 말해 구체적 공간과 추상적 공간으로 구분될 수 있다. 두 개의 경험 공간(천석泉石과 식물植物)에서 인식된 4개의 사물은 결국 미경험 공간(달/하늘)에서 인식되는 하나의 사물에 귀결된다. 그것은 곧 '천하지달도天下之達道'의 과정이다."[19] 왜냐하면 하늘과 땅 가운데 서서 그 대상을 인식하는 행위 자체가 바로 '사람人'을 함의하는 것이요, 그 '인'에 의해 작품에 내재된 공간은 비로소 구조화될 수 있기 때문이다.

현대에는 작품의 심미성을 판단할 때 '미美' 그 자체만을 기준으로 삼는 경향이 다분하다. 그러나 동양에서는, 그리고 고전에서는 예로부터 심미성을 이야기할 때, 미美는 그저 어떤 경지에 이르기 위한 수단의 역할을 수행하는 것으로 만족하였다. 완결된 심미성은 그 미美를 통하여 '도덕적 가치'를 획득할 때 비로소 의미를 갖는 것이었다. 그리고 그렇게 완성된 작품만이 '강호가도江湖歌道' 즉 강호가의 도를 획득할 수 있었다.

〈오우가〉는 그런 점에서 강호가의 도를 확실하게 획득한 작품으로 보인다. 개별 대상을 노래한 작품 하나하나 뿐만 아니라 작품 전체를 유기적으로 구성하면서 개별적인 도덕적 가치를 획득해나가는 것, 그리고 그 전체를 아울러 하나의 도덕적 가치를 인식하게 해주는 것[20] 등이 바로 〈오우가〉를 고전시가의 백미로 평가하는 이유가 될 수 있을 것이다. 여섯 개의 작품이 큰 틀에서 순환적으로 '느낌의 중첩 ⇒ 느낌으로 사물을 호명하기 ⇒ 느낌의 중첩'의 구조화를 거치는 것도 이와 무관하지 않을 것이다.

제2절
사설시조와 날 것의 감성

이 절[21]에서 말하는 '날 것'이란 사설시조가 소재 혹은 제재로 삼고 있는 것들에 대한 총체적 특성이라고 말할 수 있다. "사설시조는 무엇보다도 당대의 세속적 생활공간에서 움직이는 인간 군상의 다채로운 표정과 몸짓을 포착하는 데 관심이 많다." 혹은 "사설시조에서 애욕과 성적 사건을 다룬 작품들의 주인공은 여성인 경우가 압도적으로 많다. 그 이유는 무엇보다 당대의 현실에서 찾아야 할 것이다. 전통사회의 체제와 생활양식 속에서 남성들은 신분과 재부財富에 따른 차이는 있더라도 성적 행동의 자유가 매우 컸고, 이를 위한 사회적 장치들이 다양하게 존재했다. 반면에 여성들은 극심한 성적 금제禁制 속에 있었고, 따라서 '억압 또는 훼손된 욕망'의 문제를 드러내기에 적합한 소재원素材源이 되었다."[22]는 김흥규의 말에 동의하기 때문이다.

사회적 억압과 신분의 차별 그리고 여성들에 대한 성적 금제는 그에 반발하는 다양한 노래와 그 발현에 충실할 수 있는 계기를 마련해 주었다고도 볼 수 있다. 사설시조는 그 중에도 최고의 노래 형식이었을 것이다. 이전까지 사대부들만의 전유물이었던 시조에 파격적인 율조를 도입함으로써 같은 형식의 노래를 향유하면서도 전혀 다른 내용의 노래를 만들어 부를 수 있는 용이함도 배태하고 있었기 때문이다. 그런 까닭에 일부 사대부들 또한 이런 노래에 동참하였음을 확인할 수도 있다.

그러나 사설시조는 특히 서민 대중들에게 집중된 까닭에 그 표현과 내용에 있어 이전 시대와는 다른 특별한 생생함이 부여된다. 표현과 내용에 대한 일종의 작가적 책임으로부터 자유로울 수 있었기 때문이다. 이런 자유로움 또한 '억압' 내지 '훼손된 욕망'이 날 것의 감성으로 발현될 수 있게 하는 하나의 매개체이었음을 부인할 수 없을 것이다. 이러한 날 것의 감성을 밝히기 위해 이 절에서는 '성욕 혹은 애욕', '불승에 대한 비하', '비판과 저항' 그리고 '갈등과 차별'이라는 키워드를 중심으로 해당 작품들을 해석해보도록 하겠다.

‖ 성욕 혹은 애욕

우리는 욕망의 차원에서 성욕이 식욕 및 수면욕과 더불어 인간의 3대 욕망 가운데 하나라고 말한다. 많은 종교에서는 부적절한 성욕을 죄나 번뇌로 인식하고 있다. 또 프로이드는 성욕을 인간 행동의 원초적인 동기로 파악하였으며, 성욕에 의한 에너지를 리비도(libido)라 명명하였다. 이것을 고의적으로 억제할 경우를 억압이라고 한다. 그래서 '억압 또는 훼손된 욕망'으로서의 성욕은 그 반발력의 폭이 훨씬 넓고 생생한 것이 되며, 날 것 그 자체가 되는 것이다. 이런 날 것의 감정들은 적어도 작품 내에서라면 매우 구체적으로 드러날 수밖에 없다. 다음 작품들이 바로 이러한 사례에 해당한다.

① 창窓 밧게 긔 뉘오신고 소승小僧이 올소이다
어제 저녁의 동냥動鈴ᄒᆞ랴 왓던 즁이 올너니 각씨閣氏님 자는 방房 족도리 버서 거는 말 겻ᄐᆡ 이 ᄂᆡ 쇼리 숑낙을 걸고 가자 왓소
져 즁아 걸기는 걸고 갈지라도 후後ㅅ말이나 업게 ᄒᆞ여라 (3833)

② 즁놈도 사ᄅᆞᆷ이 냥ᄒᆞ여 자고 가니 그립더고
즁의 송락松絡 나 볘옵고 내 족도리란 즁놈 볘고 즁놈의 장삼長衫은 나 덥습고 내 치마란 즁놈 덥고 자다가 ᄭᆡ야 보니 둘의 ᄉᆞ랑이 송낙으로 ᄒᆞ나 족도리로 ᄒᆞ나
이튼날 ᄒᆞ던 일 ᄉᆡᆼ각ᄒᆞ니 못 니즐가 ᄒᆞ노라 (3759)

③ 어와 게 뉘옵신고 거넌 불당佛堂 동녕승僧이 내올러니
홀 거사居士 혼ᄌᆞ 자시ᄂᆞᆫ 방 말독 겻희 내 숑낙 걸나 와숩더니
오나야 걸기ᄂᆞᆫ 거러라커니와ᄂᆞᆫ 훗말 업시 ᄒᆞ여라 (2740)

성욕의 충족 차원에서 ①과 ②의 작품에서 공통되는 '승려들의 밤 침탈'에 대해, 우리는 당대 여성들이 가진 관용적이면서도 보다 적극적인 모습을 읽을 수 있을 것이다. 사판승이 쓰고 온 송락松絡을 여성이 베고 자고, 여성의 족두리는 '중놈'이 베고 잔다. 장삼과 치마를 바꾸어 덮는다는 행위 또한 성교를 암시한다. 차이가 있다면 작품 ①이 본격적인 성욕의 충족을 노래했다기보다는 그 상황 바로 직전에

임하는 화자의 마음을 더 두드러지게 나타냈다는 점이고, 작품 ②는 성욕이 충족된 이후의 만족감을 더 두드러지게 나타냈다는 점이다.

특히 작품 ②를 두고서 김흥규는 "성애性愛에 굶주렸던 여인이 체험한 하룻밤의 정사와 그 충족감을 구체적이면서도 함축성이 풍부하게 그려낸 점에서 〈즁놈도 사ᄅᆞᆷ이 냥ᄒᆞ야〉는 우리 고전문학에서 유례를 찾기 어려울 만큼 뛰어나다. '송낙, 족도리, 장삼, 치마'가 엇바뀌고 마구잡이 내던져진 성행위의 현장과, 그 과정이 지나간 뒤에 느끼는 만족과 긍정의 충만함이 중장에 생생하다. 종장은 이 일들을 다음날 되새기는 여인의 표정과 육체적 감각까지 여실하게 재현했다."[23]고 극찬한 바도 있다. 그 생생함의 재현이 곧 날 것의 꾸밈없는 발현이라고 볼 수 있는 것이리라.

③의 작품은 ①의 작품과 비교하여 화자와 대상이 뒤바뀌었다. 남승이 여승으로 바뀌었고, 각시님이 거사님으로 바뀐 것이다. 전반적인 내용으로는 수행을 해야 하는 거사로서 뒤에 나올 말이 두렵다는 말이니, 앞의 ①과 내용상 별반 차이가 없다고 보인다.

다음은 이러한 성적 욕망의 표현이 좀 더 직접적이면서도 실질적인 행위와 연관되는 경우의 작품들이다.

④ 드립더 ᄇᆞ드득 안으니 셰 허리가 ᄌᆞ늑ᄌᆞ늑
홍상紅裳을 거두치니 설부지풍비雪膚之豊肥ᄒᆞ고 거각준좌擧脚蹲坐ᄒᆞ니
반개半開한 홍목단紅牧丹이 발욱어춘풍發郁於春風이로다
진진進進코 우又 퇴퇴退退ᄒᆞ니 무림산중茂林山中에 수용성水春聲인가

ᄒᆞ노라 (1345)

이 작품의 주인공은 남성 화자로 보인다. 여성 화자의 작품에서는 잘 보이지 않는 적극적인 행위에 대한 표현이 두드러지기 때문이다. 또한 이 작품에서는 화자든 시적 대상이든 그 마음이 철저하게 배제된다. 오로지 행위에만 집중할 뿐이다. 허리를 끌어안고, 붉은 치마를 들어 거두며, 발을 들어 앉혀 성교에만 집중하는, 그래서 단지 욕망의 분출과 그 쾌감만이 노래의 전면을 지배하고 있는 것이다. 종장은 이런 행위에 대한 묘사가 극에 달한다. 그러다보니 마음을 포장한다거나 욕정을 미화하는 등의 표현은 보이지 않는다. 오직 행위에 대한 사실적인 묘사만 두드러질 뿐이다. 그래서 날 것 그대로의 묘사라고 할 수 있는 것이다.

⑤ 반半여든에 첫 계집을 ᄒᆞ니 어릿두릿 우벅주벅 주글 번 살 번 ᄒᆞ다가
와당탕 드리 ᄃᆞ라 이리 져리ᄒᆞ니 노도령老都令의 ᄆᆞ음 흥글 항글
진실眞實로 이 자미滋味 아돗던들 길 적부터 ᄒᆞᆯ랏다 (1636)

나이 사십 세가 다 되도록 아직 혼인을 못했던 모양일까. 작품 ⑤에는 처음 맞이하는 잠자리에 대한 노도령老都令의 마음과 행위가 매우 흥미롭게 묘사되어 있다. 무엇을 어찌해야 할지 몰라 몹시 어리둥절하는 모양도 그렇고, 죽을 듯 살 듯 성급하게 달려드는 모양도 생생하다. 어쨌든 이리저리 정신없이 부딪히다 보니 목적은 달성한 듯하

다. 생전 처음 느껴보는 재미를 왜 이제껏 몰랐는지 후회하는 마음도 보여 그야말로 날 것이다.

이런 날 것의 감성은 노래에 사용된 의성어와 의태어 등에서 보다 직접적으로 찾아볼 수 있다. '어릿두릿'이란 몹시 어리둥절 하는 모양을 보여주는 단어이고, '우벅주벅' 또한 정신을 차리지 못하고 들떠 있는 모양을 보여주는 의태어이다. '와당탕'은 노도령의 심정을 대변하는 의성어라고 할 수 있으며, '홍글항글'은 정신을 차리지 못하고 들떠 있는 모양을 나타내는 의태어라고 할 수 있다. 이런 의성어와 의태어의 조합 또한 무질서하지 않다는 점이 이 노래의 매력이기도 하다. 노도령이 첫날밤을 맞이하는 마음과 행위가 순차적으로 배열되고 있다는 기호로 해석할 수도 있기 때문이다.

> ⑥ 간 밤의 자고 간 그 놈 아마도 못 이져라
>
> 와瓦얏놈의 아들인지 즌 흙에 쏨ᄂᆡ드시 사공沙工놈의 뎡녕인지 사어沙於ᄯᅥᆨ로 지르 드시 두더쥐 녕식인지 곳곳지 뒤지 드시 평생平生에 처음이오 흉증이도 야롯지라
>
> 전후前後에 나도 무던이 겨거시되 춤 맹서盟誓ᄒᆞ지 간 밤 그 놈은 춤아 못니저 ᄒᆞ노라 (106)

위 ⑥은 이정보李鼎輔(1693~1766)의 작품이다. 그가 양반이라고 해서 서민들이 지어 불렀던 앞서의 노래들과 특별히 구분되는 점은 별로 보이지 않는다. 이 노래의 핵심은 '간 밤 그 놈 차마 못 잊어'이다. 화자 스스로도 맹세하건대 자신도 많은 경험을 가지고 있지만, 도대

체 간 밤 자고 간 그 놈은 절대 잊을 수 없는 그런 '놈'인 것이다. 그런데 여기에서 '놈'은 '남자' 그 자체를 의미하기도 하지만, 좀 더 자세히 보면 '남자'가 아닌 그 남자의 '행위'임을 간파할 수 있다.

중장에서 설명해 놓은 이유들이 바로 그것이다. 여기에서 화자는 기와장이와 뱃사공, 그리고 두더지를 등장시켜 그 사람들과 짐승의 장점을 성교에 비유하여 열거해 놓았다. 마치 뛰어놀기라도 하듯 진흙을 이기는 기와장이의 행태, 삿대질에 관한 한 전문가라고 할 수 있는 뱃사공, 그리고 이곳저곳 가리지 않고 다니는 두더지의 습성들이 성적 행위와 묘하게 관련되어 있음을 알 수 있다. '뽐내듯이', '지르듯이', '뒤지듯이'라는 행위어가 이를 뒷받침한다. 그래서 화자 자신도 '흉증이도 야롯ᄌᆞ라'며 야릇한 자신의 마음을 표현해 놓은 것이다.

⑦ 석숭石崇의 누거만재累鉅萬財와 두목지杜牧之의 귤만차풍채橘滿車風采라도
밤 일을 ᄒᆞᆯ 저긔 제 연장 영성零星ᄒᆞ면 쉼자리만 자라리 긔 무어시 귀貴할소냐
빈한貧寒코 풍도風度ㅣ 매몰埋沒ᄒᆞᆯ지라도 졔 거시 무즑ᄒᆞ여 내 것과 여합부절如合符節곳ᄒᆞ면 긔 내님인가 ᄒᆞ노라 (2221)

위 ⑦의 노래에서 화자가 원하는 것은 단 하나다. 석숭의 어마어마한 재물도 필요 없고, 두목지의 풍채[24]도 필요 없다. 밤일을 할 적에 필요한 '연장'만이 내 님이 되는 유일한 조건이라고 말하고 있는 것이

다. 그 연장이 영성零星하면, 즉 보잘 것 없으면 꿈자리만 사납게 될 뿐이다. 비록 풍채가 떨어져 보잘 것 없더라도 연장만 묵직하여 자신과 여합부절如合符節, 서로 꼭 들어맞기만 한다면 그 사람이 곧 내 님이요, 내 원하는 조건이라는 것이다.

애욕, 차마 어쩌지 못하는

다음 작품들은 성욕보다는 애욕에 가깝다고 보이는 노래들이다. 성욕과 애욕이라는 두 개의 욕망을 구별하여 본다는 것이 때론 부질없는 일이기도 하겠다. 그렇지만, 여기에서는 성욕 혹은 성행위를 암시하는 등의 표현이 직접적으로 드러나지 않은 경우에 한해 애욕을 담은 노래라고 구분한다. 다음의 노래들은 이런 애욕의 마음을 각각 '위로', '원망', '달램'으로 나타낸 경우이다.

⑧ 어이려뇨 어이려뇨 싀어마님아 어이려뇨
쇼대 남진의 밥을 담다가 놋쥬걱 잘늘 부르쳐시니 이를 어이려뇨 싀어마님아
져 아기 하 걱정 마라스라 우리도 져머신 제 여러흘 부르쳐보왓닉 (2771)

⑨ 개를 여라믄이나 기르되 요 개 ᄀᆞᆺ치 얄믜오랴
뮈온 님 오며는 ᄭᅩ리를 홰홰 치며 치쒸락 나리쒸락 반겨서 내닷고 고온 님 오며는 뒷 발을 바동 바동 므르락 나오락 캉캉 즛는 요 도리 암ㅋ

쉰 밥이 그릇 그릇 날진들 너 머길 줄이 이시랴 (179)

⑩ ᄀᆡ야 검둥ᄀᆡ야 두 귀 축 쳐진 이 만ᄒᆞᆫ ᄀᆡ야
나 먹든 수ᄑᆞ머리를 ᄂᆡ 안이 먹고 너를 주니
밤중만 졍든 임 오시거든 보고 잠잠 (177)

먼저 작품 ⑧은 며느리가 '샛서방'의 밥을 담다 놋 주걱을 부러뜨렸고, 이를 걱정하는 차에 시어머니가 자신도 젊었을 때 그랬다면서 걱정하지 말라고 '위로'해주는 그야말로 '이상한' 상황이다. 잘 부러지지도 않는 놋 주걱이 부러질 정도면 얼마나 밥을 꾹꾹 눌러 담으려 했을 것인가. 그리고 얼마나 다급했으면 시어머니께 '이를 어찌 할까요' 물었을까. 이런 상황을 보면 부러진 놋 주걱에 대한 안타까움이 아니라 샛서방에게 차려줄 밥을 못 담는 데서 비롯한 며느리의 안타까움이 더 진하게 느껴진다. 본서방도 아닌 샛서방에 대한 며느리의 애욕이 전적으로 드러난 부분이라고 볼 수 있겠다.

작품 ⑨는 만남을 방해하는 것들에 대한 '원망' 혹은 '얄미움'을 담은 노래이다. 류연석은 이 작품에 대해 "기다리는 정서의 간절함이 지나쳐, 오지 않는 임에 대한 미움을 개에게 전가시키고 있다. 개 때문에 임이 못 올 리 없건마는 아무 것도 모르고 짖는 개를 원망하고 있는 것이다. 이런 착상을 통해 소박한 여심女心이 사실적이면서 익살스럽게 표현되었다. 또 임을 내쫓는 개의 동작을 묘사한 부분은 의성·의태어를 적절하게 써서 실감나게 표현함으로써 이 작품의 가치를 높

이고 있다.”[25]고 설명한 바 있다.

그런데 여기에서 이 미운 개는 묘하게도 ‘암컷’이다. 여성 화자의 입장에서 자신의 애욕을 방해하는 이들은 결국 같은 여성이라는 의미가 내포되었는지도 모를 일이다. 여남은 마리의 개들 중에서 유독 이 암컷만 그렇다는 상황 설정 자체가 이를 뒷받침한다. 어찌 보면 애욕을 둘러싼 자신과 주변인들과의 관계를 암시하는 노래가 될 수도 있다는 의미이다. 그래서 우리는 이 노래에서 단순히 개에 대한 원망만이 아닌 개로 비유되는 사람들에 대한 원망과 시샘, 나아가 질투까지 엿볼 수 있지 않을까 한다.

마지막으로 작품 ⑩은 앞서 개를 다루었던 작품 ⑨와는 시선이 조금 다르다고 할 수 있다. 노래에 등장하는 ‘두 귀 쳐진 망할 검둥개’는 일단 ‘달램’의 대상이라고 할 수 있다. 밤중에 오실 정든 님이 아무런 방해도 받지 않고 들어올 수 있도록 제발 잠잠히 있으라는 마음을 개에게 전달하고 있는 것이다. 물론 그에 따른 달램의 매개는 먹을거리이다. 나도 먹지 않고 너에게 주는 먹을거리이니 이 정도면 잠잠할 수 있지 않겠느냐, 나아가 잠잠해 달라는 일종의 소망일 수도 있다. 그런 까닭에 이 노래는 여인네의 안타까운 애욕이 ‘달램’이라는 행위를 통하여 보다 직접적으로 표현된 작품이라고 할 수 있겠다.

지금까지 살펴 본 ①~⑩의 작품은 모두 성욕 혹은 애욕과 관련된 노래들이었다. 이런 욕망은 인간이라면 누구나 느끼는 3대 욕망 중의 하나로, 그 질적 차이만 존재할 뿐, 표현하는 데 있어서만큼은 주저함이 전혀 없었다. 게다가 그 말하는 방식이 매우 직접적인 까닭에 자신들이 보이고자 했던 마음들은 여과 없이 그대로 표현된다. 이러한 생생한 표현이야말로 바로 날 것의 감성이라고 말할 수 있지 않을까.

‖ 불승에 대한 비하

다음은 불교 혹은 불승에 대한 비하卑下를 보여주는 작품들이다. 당대 불교에 대한 비하는 일종의 비판적 관점에서 파생되었다고 보인다. 사대부들에 의한 노골적인 비하와 비판, 그리고 일반 서민들 역시 자신들보다 신분적으로 못한 처지의 불승들을 비하함으로써 얻을 수 있었던 어떤 위안이 이러한 비하를 낳았을 것으로 추측된다. 다음은 사대부가 지은 불교 비하 작품이다.

① 경ᄀᆡ만 구경ᄒᆞ고 불샹은 혹지 마라
영험이 잇셔쓰면 쵸왕영이 쥭엇스랴
엇지타 셰상 ᄉᆞᄅᆞᆷ이 알고도 쇽아 (228)

이 작품은 이세보李世輔(1832~1895)가 지은 것이다. 그가 남긴 불교시조는 단일 작가로서는 가장 많다고 할 수 있다. 또한 그 내용이 대개 승경에 대한 감상을 담고 있지만, 이 작품만은 그 감상을 넘어 불교에 대한 비하심을 담고 있다. 여기에서 그는 절을 대하거든 오직 경치의 일부로만 생각하라고 했다. 당시 이러한 생각은 비단 이세보

자신에게만 국한되는 것이 아닌 유가의 선비들에게도 일상적인 것이었다. 또한 불상에 미혹되지도 말고 속지도 말라는 경계를 보여주는데, 이는 그가 가진 불교에 대한 인식의 일단을 극도로 표현한 것으로 볼 수 있다. 당대인들이 불교의 영험을 믿고 혹하는 세태에 대해 초왕楚王 영英[26]의 예를 들어 한탄하며 비판하는 내용으로도 이해할 수 있다.

못된 것의 표상, 희롱의 역설

② 즁놈은 승년의 머리털 손에 츤츤 휘감아 쥐고 승년은 즁놈의 상토를 풀쳐 잡고
두 ᄭᅳᆺ등이 마조 잡고 이 왼고 저 왼고 작작공이 첫는듸 뭇 소경놈이 굿 보ᄂᆞᆫ고나
어듸셔 귀 머근 벙어리ᄂᆞᆫ 외다 올타 ᄒᆞᄂᆞ니 (3760)

③ 신홍ᄉᆞ 즁놈이 암감골 승년에 머리ᄎᆡ 쥐고
암감골 승년니 신홍사 즁놈에 상투를 잡고 하나님 전에 등장 갈 제 죠막숀이 육갑 쉽고 쉽장이는 장쵸 맛고 안짐방니 탁견ᄒᆞ고 장안 판슈 좁상니 셰고 벙어리는 판결ᄉᆞ헌다
길 아ᄅᆡ 목 업는 돌부쳐는 앙천ᄃᆡ소 (2556)

위의 두 작품은 내용이 거의 같다고 할 수 있다. 앞의 작품 ②가 연행하는 과정에서 내용이 추가되어 뒤의 작품 ③의 〈시철가〉로 변모된 듯하다. 이 노래들의 특징은 일단 역설의 기법을 사용하여 대상을

희롱하고 있다는 점이다. 불승이라면 여자이건 남자이건 일단 머리카락이 없는 모습을 상상해 볼 수 있다. 그런데 '승년의 머리치'며 '중놈의 상투'는 무슨 말인가. 게다가 앞 못 보는 소경이 굿을 '본다'고 하고, 귀 먹은 벙어리가 옳다 그르다 '말하며', 목 없는 그래서 얼굴도 없을 돌부처가 하늘을 '올려다보며 웃는다'는 상황 설정이 모조리 역설이다. 내용과는 상관없이 그 작시 기법으로만 본다면 '선시禪詩'의 그것과 하등 다를 것이 없을 정도로 훌륭하다고도 할 수 있겠다.

그러나 이 노래들은 사실 '중'을 비하하는 내용이다. ②에서 남승과 여승이 서로 머리채를 마주 잡고 싸우는 모습도 가관일 터인데, 소경과 벙어리마저 이 싸움의 배경이 되고 있다. 남승과 여승을 소경 및 벙어리와 동일선상에 배치함으로써, 소경과 벙어리가 받았던 수모와 멸시 등과 같은 모멸감과 동일시하려는 의도라고 볼 수 있다. ③에서는 '하나님'이 등장한다. '중놈, 승년'의 싸움에서 부처님도 아니고 하필 하나님이다. 게다가 동일선상에 놓여 있는 모멸의 대상도 더욱 확대되었다. 이는 종교 세력의 확대와도 무관하지 않을 것이라는 판단이다. 즉, 기존의 불교에 이미 천주교나 동학까지 교세를 확장하면서 비롯된 여러 문제들을 우회적으로 표현하고자 하는 의도이지 않았을까 한다. 이러한 의도가 종교계에 관통하면서 종교계 스스로의 자정과 성찰을 이끌어내는 하나의 동인으로 작용했을 것으로 보인다.

강명혜 또한 저항정신과 관련하여 이들 작품을 해석한 바 있다. ②의 경우, "없는 머리털과 상투, 볼 수 없는 장님의 시선, 들을 수 없는 벙어리의 판단력 등이 모두 모순적인 상황을 제시하고 있다. 이러한 현상은 현실적 상황에서는 야기될 수 없는 일로서, 단지 그러한 모순적인 상황이 전개된 그 배경, 즉 텍스트의 이면적인 의미만이 핵심화된다고 할 수 있다. 따라서 초, 중 종장을 통해서 제시하고자 하는 시적 화자의 의도는, 당시 세태의 불합리성을 꼬집는 데에 있다. 즉 추상적인 작가의 정신이 구체적으로 표현되었을 때의 기본축은 바로 불합리성을 통한 사회와 상층에 대한 비판이 되는 것이다."[27]고 주장하였다.

④ 즁놈이 졈은 사당년을 어더 싀부모父母께 효도孝道를 긔 무어슬 ᄒᆞ야 갈고
송기松肌떡 갈송松편과 더덕 편포片脯 천초芊椒 좌반佐飯 뫼흐로 치다라 신감채辛甘菜라 삽쥬 고사리 글언 뫼ᄂᆞ믈과 들밧트로 ᄂᆞᆯ이ᄃᆞ아 곰ᄃᆞᆯ리라 물쑥 게우목 ᄉᆞᆺ싸지와 씀박위 쟌다귀라 고들ᄲᅢᆨ이 두로 ᄏᆡ야 바랑국게 너허 가지
무어슬 타고 갈ᄉᆡ 어화 잡雜말 ᄒᆞᆫ다 암쇼 등에 언치 노하 새 삿갓 모시 장삼長衫 곳갈에 염주念珠 밧쳐 어울타고 가리라 (3761)

위의 작품은 이정보李鼎輔가 지은 것으로, 불교에 대한 비하가 매우 노골적으로 드러난다. 출가인인 불승이 혼인할 리도 없고, 했던 혼인마저도 깨뜨려야 하는 것이 불가의 당연지사이다. 그런 상황에서 '중놈'이 '졂은 사당년(무당)'과 혼인하고, 게다가 절연해야 했던 부모에게 효도까지 한다고 하니, 그의 눈에 비친 이런 상황은 정상적일 리가 없다. 사판事判 행각으로 축적한 재산을 가지고 거들먹거리는 일부

'중'의 모습에 '분노'하는 그의 심사가 느껴진다.

시대 감성의 숨겨진 역동성

승려들에 대한 비판이 나타난 시조들 가운데는 이처럼 양반 사대부가 제작한 것도 있지만, 그보다는 일반 민중들에 의해 제작된 경우가 훨씬 많다. 사대부들은 이정보의 경우처럼 유교적 정도正道에서 벗어난 행각들에 대해 분노를 표출한 경우가 대부분이다. 이는 그들 사이의 계급의식에서 비롯되는 문제라고 할 수 있다. 풍속의 교화에 앞장서면서 탕평책을 실현하려는 사대부의 입장에서는 그것을 노골적으로 어기는 혹은 이용하는 '천한' 승려들의 행위를 감히 용납하지 못했을 것이다. 그런 까닭에 이러한 분노를 비하를 통해 작품으로 표출했던 것이다. 또한 당대의 국가 정책적인 이유로 다시 부흥하려는 불교에 대한 반발이었을 수도 있다. 그러나 일반 민중들의 비하는 이와는 조금 다른 이유에서 일어난다.

이정보가 살았던 조선 영조대는 숙종대와는 달리 유가 숭상을 위한 탕평책을 펼친 까닭에 불교가 훨씬 핍박받는 상황이었다. 이를 대하는 유학자들 역시 불가에 대한 태도가 무척 단호했을 시기였다. 그럼에도 불구하고 당시의 불가가 노래의 전면에 나설 수 있었던 이유를 다음 글을 통해 조금이나마 짐작해 볼 수 있다.

> 영조가 즉위한 뒤로 신료들은 승니의 도성출입 금지와 니사尼舍의 훼철 문제를 제기하였다. 홍현보洪鉉輔가 '근래 이단에 혹신惑信하는 사람

들이 많다'면서 척불할 것을 제기하자 승지 이정주李挺周도 도성 근처에 중들이 불사佛舍를 많이 지어 놓아 여염의 양녀良女들이 요설에 미혹되어 삭발하고 승니僧尼가 되는 폐단이 많다고 지적하고 승니의 도성출입을 엄금할 것을 청하였다. 그러나 이에 대해 영조는 "유도儒道가 크게 행해지고 있으니 비록 이단이 있을지라도 어찌 감히 유도를 해칠 수가 있겠는가?"라고 하며 여승들의 도성왕래만 금지하도록 하였다. 승려와 사원에 대해 직접적으로 탄압하지 않아도 유도가 융성해지면 이단은 자연히 쇠퇴할 것이라는 논리는, 불교의 교리는 부인하여 유교국가로서의 위상은 지키면서 한편으로는 영조 자신이 가난한 백성들의 생계를 책임질 수 없는 한 승려가 되는 것을 막을 수 없었던 것이다. 즉 민생을 돌보는 차원에서 승려를 포용한 것이다. 또한 승니의 도성출입은 궁중이나 양반가 부녀자들의 불교신봉에 기인한 것이며, 그러한 유습은 이미 조선 초부터 내려온 것이기 때문에 완전히 근절되기가 곤란했던 탓도 있었다.[28]

이 글로 보면 억불숭유의 정책이 극에 달한 시기였음에도 불구하고 불교가 줄기차게 논쟁의 대상이 된 까닭은 일단 민생 안정의 차원에 있었음을 알 수 있다. 왕이 백성을 다스리는 하나의 도구로써 내적으로나마 불교를 포용하려 한 까닭에 승려의 수가 증가할 수밖에 없었다는 것이다. 또한 왕실이나 양반가의 부녀자들로부터 뿌리 깊게 지지를 받아온 불교의 종교적 위상도 하나의 이유가 될 수 있다. 이런 사회적 이유들로 인해 일부 승려들의 생활이 방탕하였을 것이며, 이를 단순히 불교의 문제가 아닌 사회의 문제라고 인식하게 된 일부 지식인들의 비판과 민심의 발흥이 이러한 노래를 통해 표현되었던 것이다. 즉, 이때의 종교적 문제는 종교 내부 혹은 사상의 문제라기보다는 그를 빌려 표출하고 싶었던 사회적 문제라는 점에서 감성과 맞닿아 있다고 할 수 있는 것이다. 그것이 불교라는 특정 종교와 맞물려 있기에 종교적 감성의 한 양상으로 해석할 수도 있는 것이다.

이로 보아 결국 '중'은 이 시기 대중들이 가진 겉과 속이 다른 욕구를 표현하기 위한 일종의 도구로 전락했음을 간파할 수 있다. 또한 그런 표현을 하지 않을 수 없는 시대상을 감안할 때, 당대인들의 감성 발현의 한 매개체였음도 분명하다. 더불어 종교적 상황을 감안하지 않을 수 없었을 것이니, 그도 또한 종교적 감성의 한 양상으로 보아도 무방하지 않을까 한다. 이는 타자에 의한 종교적 감성이 대개 부정적일 수밖에 없었음을 시사하기도 한다. 이런 의미에서 "당시 불교계의 타락 현상을 이러한 노래로 부르게 한 것이 아닌가 생각되며, 다른 면으로는 불교의 세력이 약한데도 관계가 있으리라 생각된다. 곧 왕성한 유교 세력 아래 사대부들의 타락 현상을 고발하기 어려워 힘없는 승려를 원용하여 그들까지 함께 비판한 것이 아닌가 한다."[29]는 정재호의 지적도 흥미롭다.

좀 더 시선을 확대한다면, "당시의 문화권과 생활권에서의 승려층은, 신분의 몰락과 소외에도 불구하고 상층과의 밀접한 관계를 유지하던 계층으로서 이들에 대한 비난이나 비판, 풍자는 결국 당대의 상층에 대한 그것으로 환치된다. 이런 점에서 간접적인 저항적 세계관과 연계된다."[30]는 강명혜의 해석도 주목할 만하다.

‖ 비판과 저항

비판과 저항을 드러내는 수법으로 풍자諷刺는 어떠한가. 풍자는 건전한 사회 비판의 유용한 한 방식이라고 할 수 있다. 대중적 감성을 발현해야 하는 당위에 가장 적합한 기제 중의 하나로도 볼 수 있는 것이다. 이를 예술의 한 형식으로 본다면, 주로 문학이나 연극, 무용, 미술 등의 장르에서 사회를 비웃거나 조롱하면서 그 문제를 드러내보이고자 하는 데 사용된다. 다음 작품도 그와 관련한 한 사례가 될 수 있다.

① 일신一身이 사자 ᄒᆞ니 물것 계워 못 살니로다
피겨 ᄀᆞᆺ튼 가랑니 보리알 ᄀᆞᆺ튼 슈통니 줄인 니 갓ᄭᅵᆫ 니 잔 벼록 굴근 벼록 강벼록 왜倭벼록 긔는 놈 ᄯᅱ는 놈에 비파琵琶 ᄀᆞᆺ튼 빈ᄃᆡ 삿기 사명使命 ᄀᆞᆺ튼 등에어이 갈ᄯᅡ귀 ᄉᆞ무아기 셴 박휘 누른 박휘 바금이 거저리부리 ᄲᅧ족ᄒᆞᆫ 모긔 다리 긔다ᄒᆞᆫ 모긔 살진 모긔 야윈 모긔 그리마 ᄲᅧ록이 주야晝夜로 뷘 틈 업시 물거니 쏘거니 ᄲᆞᆯ거니 ᄠᅳᆺ거니 심甚ᄒᆞᆫ 당唐비루 예셔 어려왜라
그 듕에 ᄎᆞᆷ아 못 견될 ᄉᆞᆫ 오뉴월五六月 복伏더위에 쉬ᄑᆞ린가 ᄒᆞ노라
(3437)

위는 사람을 괴롭히는 '물 것'이 많아서 살기 어려움을 호소하고 있는 노래이다. 그런데 여기에서 '물 것'은 단순히 '사람이나 동물의 살을 물어 피를 빨아먹는 벌레의 총칭'이라는 사전적 의미보다는 백성

을 착취하는 온갖 부류들을 상징하는 것으로 보아야 한다. 즉 이 노래는 백성들을 착취하는 무리들이 너무 많아서 고통을 견딜 수 없는 현실을 풍자[31]하고 있는 것이다.

그러나 이 작품에 대한 이정옥의 해석은 조금 다르다. "이 시조에 언급된 온갖 종류의 물것들은 모두 내 일신을 괴롭히는 '물쩟'이기도 하겠으나 그 중에도 잘 먹고 못 먹는 놈 있고, 힘 있고 힘 없는 놈 있으니 어쩌면 그들의 세계가 우리 인간사 고달픔과도 다르지 않다는 시선이 있다. 그러므로 그들로 인해 몸은 한없이 고달프고 고통스럽기도 하지만 다만 견디기 힘듦을 하소연할 따름이지 차마 죽이지는 않는 동변상련의 태도를 보인다."[32]고 말한다.

그러나 이러한 시각은 단지 '산 것'이라는 소재적 측면의 분석에만 집중한 까닭에 이 노래가 가지고 있는 사회비판적 효용성을 방기하는 결과를 낳는다. 종장에서 차마 못 견디는 것이 쉬파리라고 한 까닭은 노래 전반에 깔려 있는 괴롭히는 것들 중의 가장 최고의 '산 것'이라는 의미로 볼 수 있다. 설마 죽일 수야 없겠지만, 내가 살 수 없을 정도로 괴로우니 죽이고 싶은 마음이 드는 것이 인지상정일 터이다. 그런 대상에게서 동병상련을 느낄 수야 없는 노릇 아닌가. 따라서 이 노래는 그런 '산 것'들을 통해 괴롭힘을 당하는 시적 화자의 심정을 비유적으로 묘사한 일종의 비판적 노래요, 풍자의 노래라고 말할 수 있는 것이다.

●● 슬픈 자화상에 대한 독백

> ② 두터비 ᄑᆞ리를 물고 두험 우희 치ᄃᆞ라 안자
> 것넌 산山 ᄇᆞ라보니 백송골白松骨이 ᄯᅥ 잇거ᄂᆞᆯ 가슴이 금즉ᄒᆞ여 풀덕 ᄠᅱ여 내ᄃᆞᆺ다가 두험 아래 쟛바지거고
> 모쳐라 ᄂᆞᆯ낸 낼싀만정 에헐질 번 ᄒᆞ괘라 (1329)

이 작품에 등장하는 파리는 힘없는 선비나 백성을 비유한다. 그리고 두꺼비는 그런 약자들에게는 강하고 강자들에게는 약한 아전이나 지방 관리 같은 부패한 중간 계층을 비유한다는 것이 일반적인 해석이다. 또한 송골매는 그 두꺼비보다 높은 상층부의 중앙 권력자를 뜻하며, 두엄은 그들이 쌓아올린 부정 축재의 상징으로 해석된다.

기껏 파리 한 마리 물고 마치 세상을 다 얻은 양 두엄 위에 올라앉은 두꺼비의 태도도 우습다. 그러다가 자신을 낚아챌 듯 떠 있는 송골매를 보고서는 거의 무의식적으로 몸을 피해 살아남은 것을 또한 자랑하는 듯한 모습에서는 차라리 연민이 느껴진다. 이런 상황, 즉 파리 위에 두꺼비, 그리고 그 위에 송골매가 그려지는 상황은 어찌 보면 인간과 사회의 자화상이다. 비굴함, 자기 합리화, 양반들의 허세 등을 모두 엿볼 수 있는 노래라고 할 수 있다. 결국 이 작품은 당대 사회의 권력 구조와 그 비리를 우회적으로 보여주고 있으며, 그런 과정에서 빈번했던 탐관오리들의 부패상을 꼬집어 비판하는 내용이라고 할 수 있겠다.

③ 도련님 날 보시려ᄒᆞᆯ 제 피나모 굽격지에 잣징 박아 주마터니
도련님 날 보신 후後ᄂᆞᆫ 굽격지는 ᄏᆞ니와 헌 신짝 ᄒᆞ나토 나 몰ᄂᆡ라
이 후後란 도련님 날 보고 눈금적ᄒᆞᆯ 제 나ᄂᆞᆫ 입을 빗쥭ᄒᆞ리라
(1217)

굽격지는 굽이 달린 나막신을 말한다. 피나무로 만든 그 나막신에 잔 징을 박아 선물한다면서 만나자고 했던 사람은 '도련님'이다. 그런데 막상 그 약조를 믿고 만났던 도련님이 이제는 자신을 모른 체한다. 소기의 목적을 달성하였으니 이제는 다시 만나지 않아도 상관없다는 의미이리라. 이 과정에서 만남의 매개가 등장한다. '피나무 나막신'이 그것이다. '도련님'은 일종의 재물을 매개로 한 만남을 제안하였고, 여인 역시 이 제안을 받아들인다. 그러나 그 제안은 만남이 이루어진 직후 없던 일이 되어 버렸다. 도련님이 약속을 지키지 않은 까닭에 이제는 그 도련님이 다시 보자고 하여도 보지 않을 것이며, 오히려 화를 내겠다는 다짐도 보인다. 재물을 두고 보여준 '도련님'의 위선적 행태에 대한 비판이라고도 할 수 있겠다.

‖ 갈등과 차별

사설시조에 이르면 조선 전기 평시조에서 누누이 강조되어 온 충이나 효라든가 절의와 같은 기존의 윤리 의식 대신 처첩간의 갈등이나 고부간의 문제 또는 부녀자들의 부정과 관련된 내용이 자주 등장한다. 이는 전통적 도덕률에 대한 도전 내지 반발로 파악할 수 있다. 성리

학적 가치관에 묶여 숨겨져 있던 갈등과 차별적 요소들이 사설시조라는 파격적 노래의 유행과 더불어 남김없이 드러난다는 것이다. 이런 류의 노래는 대부분 가족관계 내부에서의 모순과 갈등, 차별 등을 노래한다.

●● '며느리'라는 이름으로

> ① 싀어마님 며ᄂᆞ라기 낫바 벽 바닥을 구르지 마오
> 빗에 바든 며ᄂᆞ린가 갑세 쳐온 며ᄂᆞ린가 밤나모 셕은 등걸에 휘초리 나니 ᄀᆞᆺ치 앙살 신 싀아바님 볏 뵌 쇠ᄯᅩᆼ ᄀᆞᆺ치 되죵고신 싀어마님 삼년三年 겨론 망태에 새 송곳부리 ᄀᆞᆺ치 샢족ᄒᆞ신 싀누의님 당唐피 가론 밧ᄐᆡ돌피 나니 ᄀᆞᆺ치 ᄉᆡ노란 욋곳 ᄀᆞᆺ튼 피ᄯᅩᆼ 누ᄂᆞᆫ 아들 ᄒᆞ나 두고
> 건 밧ᄐᆡ 메곳 ᄀᆞᆺ튼 며ᄂᆞ리를 어듸를 낫바 ᄒᆞ시ᄂᆞᆫ고 (2509)

위의 작품 ①은 빚 대신에 시집 온 며느리도 아니고, 돈 주고 사온 며느리도 아닌데 시댁 식구들은 왜 나를 나쁘다고 구박하는지 모르겠다는 며느리의 하소연이다. 그러면서 며느리는 시댁 식구들을 비하하기 시작한다. 시아버지에 대해서는 밤나무 썩은 등걸에 가느다랗게 가지가 난 것처럼 매섭다고 하고, 시어머니에 대해서는 햇볕을 쬔 소똥처럼 말라붙었다고 말한다. 그리고 시누이에 대해서는 새로 만든 망태의 끄트머리처럼 송곳 같이 뾰족한 성격이라며 비하한다. 변변찮은 자식이긴 하나 아들 하나를 두고 있는 그래서 기름진 밭에 메꽃

같이 어여쁜 자신이 어디가 나쁘냐며 항변하는 작품인 것이다.

이 작품에 대해 류연석은 "전 근대적 가정생활의 질곡 속에서 어렵게 시집살이하는 며느리의 원정怨情을 진솔하게 대변하고 있는 작품이다. 시어머니, 시아버지, 시누이, 어리고 못난 신랑 등 시집 식구들의 부정적 모습들을 며느리의 관점에서 비유적으로 그려내고 있다. 이것은 이유 없이 며느리를 학대하는 봉건적 대가족 사회의 악습에 대한 비판의식의 표출이다. 그러나 이 비판의식은 투쟁지향이 아니고 해학을 동반한 풍자라는 점에 특징이 있다."[33]고 말한 바 있다.

② 새악시 싀집 간 날 밤에 질방그리 ᄃᆡ엿슬 ᄯᆞ려 ᄇᆞ리오니
싀어미 이르기를 물나 달나 ᄒᆞᄂᆞᆫ괴야 새악시 대답對答ᄒᆞ되 싀어미
아ᄃᆞᆯ놈이 우리집 전라도全羅道 경상도慶尙道로서 회령會寧 종성鍾城
다히를 못 쓰게 ᄯᅮ러 어긔로쳐시니
글노 비겨 보아도 양호兩呼 장將ᄒᆞᆯ가 ᄒᆞ노라 (2165)

작품 ②를 보면, 그간 암묵적으로 은폐되어 왔던 고부간의 갈등은 이 노래에서 철저히 무너져 내린다. 시어머니와 며느리 사이의 설전舌戰을 통하여 고부간의 갈등으로 대변되는 가족 내 신분 차별의 모순이 며느리에 의해 붕괴되어 가는 세태를 엿볼 수도 있는 것이다. 여기에서 우리는 전례 없이 높아진 며느리의 목소리를 목격한다. 그리고 그 목소리는 시어머니의 권위를 여지없이 희화화시켜 오히려 웃음을 자아내게 함으로써 카타르시스를 경험하게 하는 것이다.

사건의 발단은 초장에 보인다. 시집 온 그날 저녁 며느리가 실수로 질 그릇 대여섯 개를 깨뜨리는 상황이 벌어졌다. 그러자 중장에서 시어머니는 깨뜨린 질 그릇 값을 물어달라고 요구한다. 깨뜨린 며느리의 실수는 논외로 한다 해도 그것을 보고 보상을 운운하는 시어머니의 태도 또한 어처구니없다. 준엄하게 꾸짖는다든가 살림다루는 법을 가르친다든가 하는 것이 막 시집 온 새댁과 시어머니의 정상적인 관계일 것이다. 적어도 유교적 가치관이 지배하는 사회에서라면 더욱 그러할 것이다. 그래서 희화화의 시작인 것이다.

이에 대한 며느리의 대꾸는 상상을 초월한다. 자신의 남편을 두고 '싀어미 아ᄃᆞᆯ놈'이라고 지칭한다. 게다가 그 남편이 자신의 몸 여기저기를 뚫어놓아 못쓰게 된 것도 질 그릇이 못 쓰게 된 것과 마찬가지라고 말한다. 작품에서 말하는 전라도와 경상도는 자신의 상체를 은유한 것이요, 회령과 종성은 자신의 음부를 은유한 것이라고 할 수 있다. 그렇게 자신의 몸을 망쳐 놓았으니 깨뜨린 질그릇과 피장파장의 상황이라고 천연덕스럽게 대꾸하고 있는 것이다.

늙은 처와 젊은 첩의 대화

다음 노래는 처첩간의 갈등이 표면화된 경우를 보여준다.

③ 져 건너 월앙바회 우희 밤듕마치 부헝이 울면
녯 ᄉᆞᄅᆞᆷ 니ᄅᆞᆫ 말이 ᄂᆞᆷ의 싀앗 되어 요괴妖怪롭고 시기邪奇롭고 백반교사百般巧邪ᄒᆞᄂᆞᆫ 져믄 쳡妾년이 급살急殺 마자 죽는다 하데

첩妾이 대답對答ᄒᆞ되 안해님 ᄒᆞ신 말솜이 아마도 망년저의 나ᄂᆞᆫ 일즉 듯ᄌᆞ오니 가옹家翁을 박대薄待ᄒᆞ고 첩妾 새옴 심甚히 ᄒᆞᄂᆞᆫ 늘근 안ᄒᆡ님이 몬져 죽는다 ᄒᆞ데 (3645)

이 노래가 주는 의미는 정실과 첩실이 대화하는 방식을 통해 이루어진다. 먼저 정실부인이 옛사람의 말을 빌려 첩을 훈계한다. 월앙 바위 위에 부엉이가 밤마다 울면 남의 첩이 되어 요괴롭고 사악한 짓을 하는 젊은 첩들은 급살 맞아 죽는다는 것이다. 그러자 첩은 그 말 자체가 망령스럽다면서, 오히려 정실부인이 남편을 박대하고 첩을 시샘하기에 늙은 부인이 먼저 죽는다고 응수한다. 처첩간의 갈등이 노골적으로 드러나고 있음을 볼 수 있다.

류해춘[34]은 이 작품을 두고 "축첩제하의 가족갈등을 문제 삼고 있으며 처와 첩이 서로 '저 건너 월앙 바위 위에서 부엉이가 울면 사람이 죽는다.'는 속언俗言을 인용하여 자신에게 유리하도록 해석하여 그 갈등을 예각화시키고 있다."고 해석하였다. 그리하여 "대체로 늙은 처와 젊은 첩의 갈등은 수평적 관계에서는 애정다툼이 일어나고, 수직적 관계에서는 가정 내에서의 위상을 둘러싼 신분다툼이 빚어지게 됨으로써 복합적인 성격을 지니고 있다. 한 남자와 다수의 부인이 결합하는 축첩제는 본질적으로 불합리를 근원으로 하고 있다. 이러한 모순을 잘 드러내고 있는 이 작품에서는 처와 첩 사이의 갈등이 아주 심각하고 목숨을 건 투쟁에 빠져 있음을 알 수 있다."고 말한다.

사설시조에서 다루고 있는 소재나 제재는 일일이 분류해볼 수 없을 정도로 광범위하다. 그럼에도 불구하고 우리가 사설시조의 미학을 말하는 까닭은 그 안에 담긴 '날 것의 감성' 때문일 것이다. 기존 사대부 시조에서는 잘 볼 수 없었던 생생함을 낱낱이 목격함으로써 정제된 카타르시스마저도 날 것으로 만들어버리는 힘을 우리는 사설시조를 통해 체험하게 된다는 것이다.

사설시조는 삶의 미학이다. 그리고 서민의 미학이다. 서민의 미학이기에 무조건 날 것의 미학이라고 할 수는 없겠지만, 적어도 그것을 통해 통쾌하게 웃거나 혹은 익살을 목도한다는 독자의 감성 행위 자체는 정제될 수 없다. 사설시조는 "인생의 모순과 세상의 비속함을 폭로하고 조롱하기도 하지만, 그것을 부정적으로 다루거나 비판하지는 않는다. 그저 부조화와 비속함을 너그럽게 수용하고 긍정하면서 익살스럽게 웃어넘기는 여유"[35]를 가진다. 그래서 날 것의 감성 미학이라고 말하는 것이다.

■ 주석

1 필자는 시조 작품을 통해 자신의 내밀한 심사(그것이 도덕적인 것이든 그렇지 않은 것이든 간에)를 드러내는 과정이 그 형식에 담겨져 있음을 이미 살펴본 바 있다. 작품의 해석으로 드러난 제재나 주제는 각 장 속에 담겨진 작자들의 마음 행위가 서로 관련되어 생성되었으며, 이러한 관련성이 마치 감정다발들의 형성 과정과도 닮아 있음을 확인한 바 있다. 이에 대해서는 조태성, 「시조의 감성 구조 - 감・발・홍의 개념 도입을 중심으로」, 『시조학논총』 제32집, 한국시조학회, 2010을 참조할 것.

2 김대행, 「시조형식의 의미」, 『시조학논총』 제11집, 한국시조학회, 1995를 참조할 것.

3 그 대상이 자아이건 타자이건 구분하지 않는다.

4 본고에서 인용하는 시조 작품은 특별한 언급이 없는 경우 朴乙洙 編著, 『韓國時調大事典』, 亞細亞文化社, 1991에서 발췌함을 미리 밝히며, 작품 말미의 번호는 이 책에 실린 가번을 의미한다.

5 金大幸, 「時調의 構造的 特性」, 『先淸語文』 제7집, 서울대학교 국어교육과, 1976, 99쪽.

6 조태성, 앞의 글, 300쪽.

7 조태성, 「고시조에 구현된 물[水]의 심상」, 『시조학논총』 제29집, 한국시조학회, 2008, 114쪽.

8 최강현, 「뭇 꽃들 지고 마지막 피우는 꽃」, 이어령 책임편찬, 『국화』, 도서출판 종이나라, 2006, 69쪽.

9 당시의 재상이 이 때 잘못을 뉘우쳤다고 전하는 이가 있었다. 밤새 내리던 비도 때마침 개었다. 나는 "그 사람의 뉘우침이 진실로 이 비가 갠 것과 같고, 이 구름이 걷히는 것과 같으며, 이 앞의 냇물이 다시 맑아진 것과 같아질 수 있다면 우리들이 감히 어진 사람으로 돌아가지 못하겠는가?"라고 말하고는, 이어 우리말로 그에 대한 노래를 지었다(有人傳道時宰改過于斯時也宿雨適霽余曰彼之改過也苟能如斯雨之晴如斯雲之捲如斯前川之還淸則吾儕敢不歸仁乎遂作俚語永言之, 『孤山遺稿』).

10 조태성, 「'산-바다'의 공간 기호와 욕망의 진퇴 – 고산 시조의 감성적 독해」, 『국어국문학』 156집, 국어국문학회, 2010, 155쪽.

11 조태성, 「시조의 감성구조 – 감·발·흥의 개념도입을 중심으로」, 앞의 책, 296~297쪽.

12 조태성, 「고시조에 구현된 물[水]의 심상」, 앞의 책, 113쪽.

13 조태성, 위의 글, 114~115쪽.

14 조태성, 「시조의 감성구조 – 감·발·흥의 개념도입을 중심으로」, 앞의 책, 298~299쪽.

15 어이 얼어 자리 무슨 일 얼어 자리 / 원앙침 비취금을 어디 두고 얼어 자리 / 오늘은 찬비 맞았으니 녹아 잘까 하노라.

16 조태성, 위의 글, 300~301쪽.

17 1587~1671. 조선 중기의 문신. 윤선도(尹善道)의 본관은 해남이고, 자는 약이(約而), 호는 고산(孤山) 또는 해옹(海翁)이라 하기도 한다. 1612년에 진사가 되고, 1616년 성균관 유생으로 있을 때 이이첨 등의 횡포를 상소했다가 함경도 경원 등지에 유배되기도 하였다. 1623년 인조반정(仁祖反正)으로 풀려나 의금부도사 되었으나 곧 사직하고 낙향하였다. 1628년 별시문과 초시(初試)에 장원하여, 왕자사부(王子師傅)가 되면서 봉림대군(훗날 효종)과 인연을 맺었다. 1636년 병자호란 때 왕을 호종하지 않았다고 하여 영덕에 유배되었다가 풀려나 이후 은거하였다. 1658년 동부승지로 재직할 때 정개청의 서원 철폐를 놓고 송시열 등과 논쟁을 벌이다 탄핵 받고 관직을 박탈당하였다. 1659년에는 남인의 거두로서 효종의 장지문제와 자의대비의 복상문제(服喪問題)를 가지고 서인의 세력을 꺾으려다가 실패, 삼수에 유배당하기도 하였다. 윤선도는 치열한 당쟁으로 일생을 거의 벽지의 유배지에서 보냈으나 경사(經史)에 해박하고 의약·복서·음양·지리에도 통하였으며, 특히 시조에 더욱 뛰어났다. 그의 작품은 한국어에 새로운 뜻을 창조하였으며, 시조는 정철의 가사(歌辭)와 더불어 조선시가에서 쌍벽을 이루고 있다. 사후인 1675년 남인의 집권으로 신원(伸寃)되어 이조판서가 추증되었다.

18 이 절에서 사용한 〈오우가〉의 원문은 김신중 외, 『호남의 시조문학』(도서

출판 심미안, 2006)에서 인용함.

19 조태성, 「'산-바다'의 공간기호와 욕망의 진퇴 - 고산시조의 감성적 독해」, 앞의 책, 159쪽.

20 이 부분이 바로 〈서수〉의 역할이며, 그런 까닭에 〈서수〉에 대한 보다 정밀한 해석이 필요하다.

21 이 절의 내용은 졸고인 「위안과 포용 - 인문치료를 위한 시조 읽기」(2011)라는 논문을 토대로 구성되었음을 밝힌다.

22 김홍규, 「사설시조의 愛慾과 性的 모티브에 대한 재조명」, 『한국시가연구』 13집, 한국시가학회, 2003, 190쪽.

23 김홍규, 위의 글, 196쪽.

24 귤만차풍채(橘滿車風采)는 두목지가 술에 취해 양주를 지나가니, 기생들이 그 풍채에 혹하여 귤을 던져 수레에 가득해졌다는 고사를 말한다.

25 류연석, 『시조와 가사의 해석』, 역락, 2003, 169쪽.

26 초왕 영은 중국에 불교가 전해진 직후인 서기 65년경에 이미 황로(黃老)와 함께 불교를 믿었다고 한다. 후에 실각하여 강남으로 좌천되었지만, 오히려 이것이 불교가 널리 전파된 기회였다고 전한다.

27 강명혜, 「抵抗의 美學으로서의 辭說時調」, 『시조학논총』 제9집, 한국시조학회, 1993, 15쪽.

28 유호선, 「青泉 申維翰의 불교관 연구 - 『奮忠紓難錄』을 중심으로」, 『불교학연구』 8집, 불교학연구회, 2004, 9～10쪽.

29 정재호, 『한국시조문학론』, 태학사, 1999, 299～300쪽.

30 강명혜, 앞의 글, 19쪽.

31 류연석, 앞의 책, 167쪽.

32 이정옥, 「사설시조의 '산것들'과 그들에 대한 작가인식」, 『시조학논총』 20집, 한국시조학회, 2004, 37쪽.

33 류연석, 같은 책, 170쪽.

34 류해춘, 「가족갈등을 매개로 한 사설시조의 성담론」, 『시조학논총』 27집,

한국시조학회, 2007, 229~230쪽.

35 류연석, 같은 책, 168쪽.

제3장

감성의 습합

감성은 홀로 서기를 지양한다. 홀로인 감성은 더 이상 역동적일 수 없다. 생기를 잃고 죽어가는 고목枯木에 가깝다. 고목에 말 걸기! 감성은 마주 서기를 지향한다. 그리고 서로의 그림자에 기대어 다른 모습으로 다시 태어난다. 그것은 습합이다. 습합은 탄생하는 감성들의 모태母胎!

그래서 소통은 감성 대 감성의 역동적인 말 걸기이자 새로운 감성을 만들어내는 '길'이 된다. 더불어 감성은 원활한 소통의 전제 조건일 수 있으며, 소통의 진정성을 확보하게 하는 원천일 수 있게 된다.

그런 까닭에 정치적, 문화적 감성 혹은 감수성의 차이는 주체와 객체를 서로 유쾌하게 인정하게 함으로써 얼마든지 극복할 수 있는 문제가 된다. 결국 감성적 차원에서의 소통의 시작은 상대성의 유쾌한 인정과 그로부터 비롯하는 감성의 습합으로부터 시작되는 것이다.

제1절
〈운외몽중〉 시첩과 선취의 습합

1. 선의 향기에 취하다

흔히 선취시禪趣詩는 선시禪詩의 갈래를 분류하는 경우에 쓰이는 개념으로 인식되어 왔다. 대만에서 선禪과 시詩의 관계에 대해 독보적인 연구 성과를 올린 두송백杜松柏조차도 '선취'란 무엇인가에 대한 명확한 정의를 내리지 못한 채, 그 형성 등에 대한 단순 진술에만 그치고 있다. 그는 전인들의 경우 그들의 의식 속에 선취시란 말할 수 없는 것이라는 인식이 존재하고 있음을 서이암徐而庵의 시화를 통해 비판한 바 있다.[1]

또한 그는 이중화李重華의 『정일재시화貞一齋詩話』를 빌어 "선취시란 '이해하면서도 이해할 수 없는' 그런 모호한 허깨비가 아니라, '이해할 수 없으나 이해할 수 있는' 그런 고도의 정신세계를 가지고 있다."고도 하였다. 신덕잠沈德潛의 말을 빌어서는 "시는 선리禪理와 선취禪趣가 있는 것을 귀중시하는 것이지 선어禪語의 인용을 귀중시하는 것이 아니라" 하여 선의 이념을 담고 있으면서도 여운이 넘치는 시야말로 선취시를 구성할 수 있는 중요 부분이라고 주장[2]하기도 하였다. 결국 어떤 것이 선취시인지, 선취란 무엇인지 명확하게 제시하지는 못했지만, 그가 말하고자 했던 선취시는 선의 이념을 담고 있되 반드시 여운이 넘쳐야 하는 작품들이라고 볼 수 있겠다.

이상의 논의를 보면 '선취'란 '무엇이다'라고 쉽게 단정할 수 있는 분석의 기준은 아직 없다. 선취는 고래古來로부터 선리禪理와는 달리 말로는 설명하거나 해석할 수 없다는 인식이 존재해왔으며, 그렇기 때문에 선취가 담긴 선취시를 해석하거나 분류해내는 작업은 온전히 해석자의 주관에 맡길 수밖에 없는 일이다. 그래서 선취를 들어 논한다는 것은 매우 어려운 작업일 수밖에 없다. 어떤 시에서 눈에 보이는 선어禪語는 없지만 선취가 있다거나, 또는 선어를 사용하여 선리를 담고 있긴 하지만 그 와닿음을 해석자의 마음으로만 느낄 뿐 말로 표현할 수 없는 경우가 있기 때문이다. 이런 이유로 선취시는 해석자에 따라 여러 가지의 모습으로 해석될 수도 있으며, 또한 해석할 수 있는 일정한 원칙을 갖기가 어렵게 되는 것이다.

그러나 만약 어떤 작품에 대해 작가가 누구인지 알고 있다면 그 작품에서 선취를 '읽어내야 하는 것'이 그리 어렵지만은 않은 작업이 될 수도 있다. '이미 그러하리라'는 선입견이 개입할 수밖에 없고, 따라서 이 지점에서 작품에 대한 평은 주관적이 될 수밖에 없기 때문이다. 다음 작품이 이를 방증한다.

날마다 산은 보아도, 보아도 부족하고

때마다 물소리는 들어도, 들어도 싫지 않네
눈과 귀는 저절로 상큼해지고
물소리 산 빛 사이 고요 일어 좋을레라[3]

여름 푸르른 산, 겨울 하얀 산이 겹치듯 보이고, 물이 옆에 없어도 저절로 물소리가 들릴 것만 같은 정경이다. 그것을 대하는 화자의 마음 또한 맑으니 저절로 눈과 귀도 상쾌해지고, 그 가운데 호연지기는 절로 일어난다. 이런 정서의 발현이라면 그것이야말로 그대로 강호가도江湖歌道가 아닐까. 치사致仕 이후 자연과 함께 유유자적하는 어느 선비의 작품이라 해도 전혀 손색이 없을 듯하다.

그러나 이 시는 고려시대 원감국사 충지冲止(1226~1292)의 〈한중자경閑中自慶〉이라는 작품이다. 제목에서 보이듯이 '한가한 가운데 스스로 기뻐한다'는 것이 작품의 주 내용이 될 것인데, 이러한 내용이라면 대개의 선시에서는 주로 '오도悟道'를 노래하는 경우가 많다. 그럼에도 불구하고 이 시에는 불교적 색채를 드러내는 그 어떠한 단어도, 어구도 보이지 않는다. 이런 상황에서라면 이 시에서 어떻게 선의 기운을 읽을 수 있을 것인가? 그것은 외부적 조건, 즉 신분에서 비롯된 작시의 추정적 동기를 전제하고, 주관적인 읽기를 통해 드러내 보일 수밖에 없는 일이다.[4]

정민은 이 작품을 두고 "물은 쉬임 없이 흘러가며 무상의 설법을 들려준다."[5]고 읽었다. 절집과 숲길을 걷고 완상하는 산승의 모습을 전제한다면, 그에게 들리는 물소리나 산 빛 그 어느 하나도 무심한

물物일 수는 없을 것이다. 하여 그 마음이 곧 그대로 '자연自然'이겠고, '선禪'이겠음은 어렵지 않게 짐작할 수 있다. '산은 산이요, 물은 물이다'는 절대의 경지에 이르지 않은 바가 없으니, 이것이 산승의 선기요, 나아가 시의 선취가 아니겠는가.

2. 〈운외몽중〉, 구름 밖의 구름 꿈속의 꿈

〈운외몽중雲外夢中〉 시첩詩帖은 유홍준[6]에 의해서 최초로 소개된 완당阮堂 김정희金正喜(1786～1856)의 친필 서첩 작품 중의 하나이다. 총 26면으로 구성되어 있으며, 자하紫霞 신위申緯(1769～1847), 해거도인海居道人 홍현주洪顯周(1793～1865), 완당 김정희 등 3인이 쓴 13편의 시를 모두 완당이 기록하였다. 책머리에 '운외몽중雲外夢中'이라는 네 글자를 대자大字로 써서 자신들의 화답을 기념한 작품집인데, 1827년에 제작된 것으로 추정하고 있다. 〈운외거사몽게시첩雲外居士夢偈詩帖〉이라고도 불린다.

앞서 말한 바와 같이 이 시첩의 시 작품은 비단 완당만의 작품이 아니다. 보다 엄밀히 보자면, 시첩에 등장하는 13수의 시 작품 중 3수만이 완당의 작품이며, 나머지 작품은 해거도인 홍현주와 자하 신위의 작품이다. 이 시첩에 실린 세 사람의 작품[7]은 또한 각자의 개인 문집에도 실려 있어 이들 사이에 있었던 교유의 일면을 분명히 보여주고 있다. 또한 작품의 내용에서 드러나듯이 이들의 문학적 취향이 사상적 경계를 넘어서는 경지에 있었음을 여실히 보여주고 있는 작품이라고도 할 수 있다.

〈운외몽중〉 시첩은 완당의 글씨로 완성되었기는 하나, 그 작품들은 완당 혼자만의 작품이 아닌 세 사람의 공동작이었다. 그렇기 때문에 이 시첩이 어떠한 동기로 제작되었는지 밝히는 것은 제작 당사자들의 문학적 사고뿐만 아니라 이들과 인연을 맺은 당대 인사들과의 교유관계, 또 이로 인하여 조성되었던 당대 시풍詩風의 일단을 살피는 데도 매우 유용하리라고 본다.

〈운외몽중〉은 먼저 해거도인 홍현주의 〈몽게시첩夢偈詩帖〉에서 비롯된다. 이 시첩은 해거도인이 어느 날 꿈에 바닷가에서 우연히 부처님을 만나 게송偈頌을 받았는데, 꿈에서 깨어나 보니 단지 13자 밖에 기억나지 않았다는 데서 시작된다. 그 13자의 게偈는 다음과 같다.

> 돌아보니 한 점 있어 청산이 아니던가
> 구름 밖의 구름이요 꿈속의 꿈일러라[8]

해거도인은 이렇게 13자로 된 게송을 자하에게 보내어 대련으로 써달라고 부탁하였다. 이에 자하는 기꺼이 대련 글씨를 써주면서 아울러 이 게송에 부쳐 절구 3수와 율시 1수를 지어 보내주었다. 이때 자하가 보내준 시를 보면 한 가지 의문점이 남는다. 자하는 분명 해거도인이 보내온 '일점청산운외운몽중몽一點靑山雲外雲夢中夢'이라는 10자의 선게禪偈에 대해 '일점점청산청一點點靑山靑 운외운몽중몽雲外雲夢中夢'이라 풀어 써주고, 다시 여기에 게송을 덧붙인 것이다. 그런데 어찌하여 해거도인은 13자로 된 게송을 자하에게 보냈는지, '환還, 유有, 마麽'는 어디에서 나온 글자인지 하는 의문이 들지 않을 수 없다.

이는 아마 해거도인이 자하에게 몽게를 보낼 당시 이 세 글자를 제외한 열 글자만을 보냈으나, 후에 열 세 글자를 보낸 것으로 기억했을 가능성이 크다. 그리고 어쩌면 이 세 글자는 나중에 완당이 이 시첩을 제작할 때 덧붙인 글자가 아닌가 싶기도 하다. 실제로 완당의 시에 이 글자들이 빈번히 등장하기도 하며, 각자의 문집에 실린 시문과 〈운외몽중〉첩에 실린 글들이 어구의 첨삭 등에서 약간의 차이가 보이기 때문이다.

다시 자하에게 시를 받은 해거도인은 기쁜 마음으로 이 4수의 시에 차운하여 화답하니, 자하는 또 이 시를 받고서 다시 시 한 수를 지어 보냈다. 그러자 해거도인은 자하의 이 시에 화답하여 또 한 수를 지었다. 이렇게 하여 해거도인의 〈몽게시첩夢偈詩帖〉에는 모두 10수의 시가 실리게 되었는데, 이를 읽어본 완당도 3수의 시를 지어 뒤에 붙였다. 그리하여 〈운외몽중〉 시첩을 최종적으로 제작하게 되었을 때, 이렇게 모인 시 13수를 모두 완당이 행서로 필사하고 그 시첩의 머리에 〈운외몽중〉 4자를 예서로 써서 이 시첩을 완성하였[9]던 것이다.

해거도인은 정조의 사위로 본관은 풍산豐山이며, 자는 세숙世叔, 호는 해거재海居齋 또는 약헌約軒이라 하였다. 당시 우의정이던 연천淵泉 홍석주洪奭周(1774~1842)의 막내 동생이기도 하다. 해거도인은 정조의 둘째 딸 숙선옹주淑善翁主와 혼인하여 영명위永明尉에 봉해졌으며,

문장에 뛰어난 인물로 알려져 있고, 저서로는 『해거재시집海居齋詩集』이 있다.

몽게, 꿈속에서 얻은 게송

이제 이 시첩에 담긴 이들의 작품을 구체적으로 살펴보도록 한다. 먼저 해거재가 꿈에서 얻었다는 열 세 글자의 〈몽게夢偈〉를 든다.

> 돌아보니 한 점 있어 청산이 아니던가
> 구름 밖의 구름이요 꿈속의 꿈일러라

먼 길을 에둘러 다니다 문득 돌아보니 저 멀리 보이는 한 점은 평생을 가까이 두고 보았던 바로 그 청산이었다. 무심히 청산에 눈을 두니 구름 밖의 구름은 곧 시인 자신이요, 꿈속의 꿈은 시인이 평소에 품은 정의情意가 되었다. 어느새 뒤돌아 볼만큼 많은 시간을 보내면서 정작 다시 돌아오게 된 곳은 시인의 내면이 아니었을까?

본래 '운외운몽중몽'은 해거재의 시구가 아니다. 이 시구는 중국 송나라의 황정견이 자신의 초상화에 찬으로 썼던 '몽중몽夢中夢 신외신身外身'으로부터 비롯되었다고 알려져 있으나, 실은 황정견 자신도 어느 이름도 알 수 없는 늙은 학자의 글에서 빌려왔던 것이라고 말한 바 있다.

황정견은 소동파의 제자로서 송대를 대표하는 시인으로 꼽히는 사람이며, 호는 산곡山谷이다. 그의 작품은 주로 고전주의적 기풍과 더불어 학식에 의한 전고典故와 수련을 거듭한 조사措辭를 특색으로 하고 있다. 게다가 스승인 소동파와 더불어 전대에 유행하던 회화의 전문적인 기법에 구애되지 않고 자연 속에 자신의 회포를 담아 문인화를 창작했던 것으로도 유명하다. 그렇기 때문에 조선시대 송시풍이 다시 유행하던 시기에 제작되었던 〈운외몽중〉 시첩과 관련한 세 사람이 이 사실을 모를 리 없었을 것이다. 그런 까닭에 곧바로 자신들의 시풍과 작시 기법에도 이를 반영하였으리라고 짐작할 수 있는 것이다.

> 옛날 공산空山의 어떤 늙은 학자가 자신의 초상화에 제하기를 '꿈속의 꿈이요 몸 밖의 몸이다'라 하였고, 황산곡은 또 이를 가져다가 자신의 초상화에 찬을 하였다. 지금 소당의 소영은 곧 꿈속의 꿈이요 몸 밖의 몸인데 의서倚書까지 거듭하여 손수 쓰기까지 하였으니 꿈속과 몸 밖의 한 경지를 더 얻은 것이며, 꿈과 몸은 모두 구환漚幻인데 글씨는 유독 진여眞如의 법신法身이다. 만약 소당을 찾자면 그 몸과 꿈에 있는 것이 아니요 그 글씨에 있는데, 하물며 소당은 머리털이 하얗고 얼굴에 주름살이 져 칠십 팔십 이후에는 이 초상화는 초상화가 아니나 글씨는 진실로 그대로 있을 것이다.[10]

위의 글은 완당이 쓴 〈소당의 초상화에 제하다〉라는 제발문이다. 완당의 글에도 이처럼 이 구절이 인용되어 있는 것으로 미루어보아 '몽게夢偈'는 이미 그 시대의 유사들에게 있어 시적 화두가 되어 있었는지도 모른다. 소당小棠은 조선 후기의 문신이자 서도가로서 북조풍의 예서에 능했던 김석준金奭準(1831～1915)의 호이다.

또한 본문에서 '구환漚幻'이란 '환幻에 담긴 것'이라는 뜻으로, 여기서 '환'은 불교적 개념으로 해석해야 한다고 본다. 따라서 일반적 의미의 '환상'이라는 단어와는 다소 차이가 있다. 여기서의 환은 오히려 '공空'이라는 불교적 개념에 더 가깝다. 불교적 의미의 환이라면, 쉽게 말해 우리가 보고 만지며 느끼고 상상하는 모든 것이 전혀 존재하지 않는다고 하는 것[공空]들도 또한 환이 될 수 있는 것이다. '허공의 꽃'이나 '토끼의 뿔' 같은 종류의 의미인 것이다. 이렇듯 '운외운몽중몽'과 관련된 이야기들을 살펴보면, '몽게'는 분명 해거도인이 꿈속에서 우연히 얻은 시구만은 아닐 듯하다. 게다가 '몽게'를 제작하기 이전과 이후에도 선취를 내세운 그의 작품이 상당수 존재한다는 사실도 이를 반증한다.

구름 밖의 구름, 꿈속의 꿈

해거도인의 '몽게'는 이제 꿈속의 에피소드와 함께 자하에게 건네지고, 자하의 대련對聯 글씨로 다시 해거도인에게 돌아오게 된다. 이때 자하는 글씨와 함께 '몽게'에 부치는 두 편의 시를 함께 보냈다. 먼저 첫 번째 시이다. 이 작품에는 부기가 병기되어 있다.

> 해도인이 꿈에 깨달음의 게송을 지었는데, 단지 '한 점의 청산, 구름 밖의 구름, 꿈속의 꿈'이라는 열 글자만을 기억하였다. 써서 가지고 와 붓에 먹을 적셔 쌍폭으로 써주기를 청하였다. 그런 까닭에 응하여 말하기를 '한 점 점의 점 청산의 푸름, 구름 밖의 구름, 꿈속의 꿈'이라고

답하고, 다시 게송을 지어 이르기를,

꿈속의 꿈 구름 속의 구름 환상임을 깨달으니
수레에 기대어 잠든 것도 참선이라
주렴 걷으니 산빛은 아직 흐린데
안개 낀 산빛 속에 한 점 푸름 보이네

한 점 안개 속 산빛은 푸르고 또 푸른데
수레에 기대어 잠이 드니 선경에 들었네
꿈은 참모습이 아니요 구름도 자취가 없으니
뉘라서 풀과 열매 그 형상을 묶으랴

봄 하늘의 우거진 열매 형체 없이 일어나고
한낮 침상 우거진 풀 빗장은 잠기지도 않았네
이 꿈과 이 구름으로 이미 게송 설했더니
아지랑이 이고 있는 점점의 청산만 더 푸르네[11]

꿈과 구름 속을 오가는 사이 어느덧 자신도 모르게 참선의 지경에 이르는 모습이다. 굳이 참선이라 이름 붙이지 않아도 어느 한가한 절집의 노스님이 한가로이 게송을 읊는 모습이 쉽사리 연상되는 작품이다. 이 작품 역시 '몽夢, 운雲, 청靑'이 핵심어로 등장한다. 불가에서 '몽, 운'이 선 수행의 화두라고 한다면, '청'은 그 화두를 깨뜨리는 마음세계, 즉 깨달음이 될 수 있다. 이 작품을 보면 적어도 자하는 선취에 있어서의 '청'의 경지는 이미 도달하였으며, 이 시를 받은 해거도인 역시 마찬가지일 것으로 생각된다. 그러나 '청'의 경지는 도달하는 순간 또 '몽, 운'이 되어버린다. 그렇기 때문에 참모습도 아니고 자취도 없는 '몽, 운'은 그 아련한 형상을 잡을 이도 드물 것이지만, '청'으로 가는 길의 빗장은 언제나 열려 있다고 말하고 싶은 것이다.

방각에 눈이 녹고 바람 부드러울 때
남쪽 처마 볕 아래 우두커니 앉아 있자니
동짓날 처음으로 양기가 솟아나는 날
대나무 가지 밖에 매화꽃은 더욱 좋네
낙엽을 쓸어내는 두타는 선 곧 글씨요
구름 아래 조는 대사는 시 지으니 게송이네
세속의 꿈을 깨어 다시 돌아 불러보니
한점 청산은 벼루못에 빠져 있네[12]

이 작품은 제목에 보이는 것처럼 자하가 해거재에게 '몽게'의 쌍폭 대련 글씨와 함께 1편 3수의 시를 보내고자 쓴 뒤에 다시 한 수를 더 쓴 것이다. 〈운외몽중〉 시첩에는 '자하북선원의 소락엽두타가 붓을 잡고 쓰다[자하북서원紫霞北禪院 소락엽두타掃落葉頭陀 점필인제點筆因題]'라는 제목으로 실려 있으며, 그 부기附記에 '소락엽두타가 아직 남은 뜻이 있어서 다시 한 편의 시를 적었다[소락엽두타掃落葉頭陀 독유여의갱제일시獨有餘意更題一詩]'라고 적혀 있다. '소락엽두타'는 자하의 자호이다.

가고 오는 사이에 모두 잊는 것이니

자하의 시와 글씨를 받은 해거도인은 다시 7언절구 3수와 7언율시 1수로 1편의 화답시를 제작하고, 이어 7언율시 1수로 된 1편의 시를 써서 자하에게 보냈다. 이 작품의 부기에는 그가 '몽게'를 얻었다는 꿈의 내용이 비교적 상세하게 나와 있다.

> 내가 얼마 전 참선의 기쁨을 누렸는데, 어느 날 꿈속에 바닷가에 이르러 어떤 헤진 장삼을 입은 늙은 스님을 만났었다. 현묘한 수많은 말씀을 들었는데 모두 용수보살의 오묘한 도리요 비로사나의 가르침이었다. 그러나 단지 기억나는 것은 '청산운몽' 열 세 글자이기에 소락엽두타에게 쌍폭 대련으로 써주십사 하여 서재의 벽에 걸어두고, 아울러 보내준 그 절구 3수와 율시 1수에 화답하여 이 몽중공안의 증거로 삼는다.[13]

자취 없는 구름이요 형체 없는 꿈일러니
저것은 매화요 이것은 빗장이 아닐런가
꿈이 가고 구름이 오더라도 모두 나일터이니
매화꽃은 점점이 한 산에 푸르게 피어있네

매화꽃 점점이 피어 한 산이 푸르니
빗장 칠 필요없는 청산이 아닐런가
구름은 구름이요 꿈은 또 꿈이니
깨어보니 이것은 꿈속의 형상이네

구름, 청산, 꿈, 나 모두 형체를 잊었는데
어느 누가 지팡이를 멈추고 빗장을 두드리나
한 점의 청산은 어찌 돌아오는가
구름은 구름, 꿈은 꿈인데 허공의 푸르름만 눈에 보이네

공공색색을 깨달을 때
면목이 도리어 이에 저에 혼자 어리석었네
만고에 달빛은 못 밑의 그림자로 머물고
한 봄 매화는 거울 속의 가지로 새어나오네
도사의 변치 않는 지혜가 아니라면
어찌 두타의 상승시를 얻을 수 있겠는가
점점의 산은 푸르고 흰 구름 밖이니
현묘한 어느 곳이 곧 깨달음의 연못일런가[14]

이미 자하의 게송에 화답하였는데 또 꿈에 제2연을 얻어서 시 한 수를 이루다[15]

선서대자대비 때에
중생들은 탐진치에만 공경심을 드리우네
공허히 체실을 천 척에 드리우려 하였고
우담화를 한 가지에 드러내려 하였네
이는 깬 것도 아니고 꿈도 아니니
게송도 아니고 시도 아닐러라
승상은 또한 절로 매화를 보는 곳인데

다만 이렇게 청산이 한 점 못에 비치네[16]

꿈[몽夢]이 가고 구름[운雲]이 오는 것은 누구나 겪고 볼 수 있는 현상이다. 적어도 해거도인에게 있어서의 '선禪'이란 바로 이런 것이었다. 누구나 겪고 볼 수 있는 꿈과 구름이지만, 마음세계 안에 있는 '참 나[진아眞我]'의 존재를 깨닫고 보지 못하면 결코 이룰 수 없는 선의 경지였던 것이다. 그렇기 때문에 작품 속에서 오가는 것은 아련한 형상으로만 남은 꿈과 구름이 아니라 그 형체마저 모두 잊어버리고 한 점 푸름[청]으로 남은 해거재 자신이 되는 것이다.

한 점으로만 남은 해거재에게는 더 이상 게송도 없고 시도 없다. '산은 산이요, 물은 물이니, 산은 산이 아니며 물은 물이 아니도다.'라는 게송처럼 모든 게송과 시는 모두 '공'이 되고, 공은 다시 한 점 청이라는 실체로 다가선다. 탁월한 선취의 경지요, 자신이 추구했던 시선일치詩禪一致의 이론에 부합되지 않음이 없다.

다시 해거재에게서 이 작품을 전해 받은 자하는 그 기려奇麗함을 칭찬하는 장문의 부기와 함께 7언율시 한 수를 제작하여 화답한다.

> 해거선생이 화답한 시가 이미 그 기려함을 다했는데도 밤에 또 한 수를 읊었다. 불을 때서 밥을 해 먹는 사람의 입에서 나오는 것과는 크게 다른 것이었다. 이 꿈에 연기緣起가 처음 거울의 꽃에서 나타났는데 이것이 산과 구름으로 바뀌어 나타났다. 게송도 아니고 시도 아니었다. 문득 선성禪城에 나아가 답하기가 어려우니 점차 화두話頭로 바뀌었다. 옛날 조사 목서향 백수자라도 이에서 나올 것이 없으니 누가

만장萬丈의 광진狂塵 안에 이러한 청정한 무거운 화두가 있을 줄 알았겠는가? 가히 한 편을 종합하여 짓지 않을 수 없기에 다시 전운을 따라서 짓는다.[17]

잠이 깨어 삼성이 기울고 달이 떨어질 때
경등 꽃 그림자는 어질어질 어리석게 만든다
유마법실은 방장을 열었고
우담화가 한 나뭇가지에 드러났네
꿈이라고 어찌 세속 도령들의 꿈이랴
시도 화식하는 속세 사람의 시가 아닐세
무거운 화두는 참선의 맛을 보아
달콤한 맛은 그릇까지 입으로 삼킬 판이네[18]

부기에 적은 대로 이 시는 자하가 해거재의 '몽게'에 대한 최종적인 의미를 부여해보고자 제작한 작품이라고 할 수 있다. 속세에 몸을 담은 사람들이 꾸는 꿈에서는 쉽게 얻어질 수 있는 게偈가 아니니 이는 분명 화두임이 분명할 것인데, 이 화두는 선가禪家에 몸을 담고 있는 사람들조차 쉽게 답할 수 있는 성질의 것이 아님을 말한다. 결국 범상하지 않은 어떤 경지에서 생활하면서 어느 날 꿈에 게를 얻은 해거도인이나 그 게를 중심으로 서로의 생각을 시로 나누며 참선의 경지로 합일해가고 있는 자하 자신이나 이미 그 화두의 그윽한 맛을 음미했노라 결론짓고 싶었던 것이다.

이 시를 마지막으로 '몽게'를 두고 주고받았던 자하의 작품에 대하여 해거도인 역시 '자하선생이 종합적으로 한 편을 지었는데 이는 특히 대승으로 시로 이에 다시 화답하며[19]'라는 부기를 달아 마지막 몽게를 완성한다.

꿈속의 게송으로 오가는 때
두타도 어리석고 도인도 어리석어라
달은 동령에서 올라 서령으로 넘어가고
꽃은 남지에서 져서는 북지로 옮겨 가네
머리를 드러내지 않아도 바야흐로 묘법이고
말이 없는 곳이 바로 참다운 시일세
마음과 마음은 서로 다 그러그러한 그림인데
소식을 어찌 다시금 번거로이 묵지에 할까?[20]

이 작품 역시 자하의 시와 마찬가지로 '몽게'를 정리하는 내용이다. '말이 없는 곳이 바로 참다운 시'라면 이는 분명 '교외별전敎外別傳 불립문자不立文字'의 경지이다. 마음과 마음이 이미 하나의 경지로 통했으니 이제 소식 전하는 일이라면 굳이 글이 아니어도 좋다는 말이다. 즉, 소식을 전하는 일에 굳이 글이 필요가 없어진다면 이미 이들의 경지는 선의 경지와 별반 다를 바 없게 되는 것이다. 물론 이들의 작품에서 보이는 선의 모습은 선사의 그것과는 차이가 있다. 선사의 선시가 철저한 수행과 참선 속에서 체득화된 선의 모습으로 구현되는데 비해 이들의 생활이나 작품 속에서는 그러한 면이 보이지 않으며, 선적 홍취를 다분히 원용하여 마음의 경지를 드러내 보인다는 점이다.

●● 급히 휘둘러도 고요한 경지

이제 자하와 해거도인 사이의 '몽게'는 끝이 나고, 후일 완당은 이들의 작품을 글씨로 남기는 과정에서 자신의 소회를 3수의 시로 표현하고는 이 시첩의 마지막에 함께 남긴다. 〈운외몽중〉 시첩은 이렇게 해서 완성이 되는데, 완당이 남긴 3수는 다음과 같다.

가운데, 밑, 바깥, 가로 한 두 형상을
산빛에 열고 닫는 깊은 문 두드렸네
구름 흩고 꿈 깨이니 모를레라 어드메뇨
청산이라 한 점 청만 남아 있네

청산이라 한 점 청을 손수 뽑아 일으키니
기봉이 닿은 곳에 구름 빗장이 열렸다네
만리라 검은 구름 하늘가의 꿈이거니
백 천 등불 백 천 형상을 거두어 들이누나

꽃 형상 비슷하다 나무 형상 비슷키도
화엄의 누각이라 문을 걸지 않았거든
꿈속이나 구름 밖이 가리고 멈춤 없어
손 가는 데 맡기어라 일점 청을 뽑아오네[21]

'나가산인이 운외거사의 〈몽게시첩〉 뒤에 급히 붓을 휘둘러 쓰다'라는 부기가 붙어 있는 작품인데, '나가산인那伽山人'은 완당의 별호이다. 완당의 시는 이들 세 사람의 작품 중 선시에 가장 가깝다고 할 수 있다. 이 작품에는 자신이 손수 쓴 부기처럼 '급히 붓을 휘둘러 쓴' 흔적이 전혀 묻어나지 않을 만큼 깊고 고요한 선의 경지를 보여준다. 아울러 자하와 해거도인 사이에 주고받았던 '몽게'를 자신의 입장에서 명쾌하게 정리까지 해주는 느낌이 들게 한다.

작품에서 보면 '청'이라는 시어 하나로 참선의 경지를 드나듦이 매우 자유로움을 알 수 있는데, 이는 완당이 가진 그의 선적 경지를 가감 없이 나타내준다고 할 수 있다. 꿈속과 구름 밖이 구별이 없고, 사방팔방 눈에 보이는 형상도 구별이 없는 가운데 고요히 마음 다스리노라면 저절로 선에 드는 그런 경지인 것이다.

문학사적인 측면에서 볼 때 조선 후기는 한 마디로 격동기였다고 할 수 있다. 이러한 모습은 당시 혼란했던 정치·사회사적 환경이 그 대부분의 동인動因이 되었을 것이다. 특히 이 시기 실학사상의 도입으로 국문문학이 활기를 띠게 되면서 '탈 장르화' 내지 '탈 사상화'의 경향이 뚜렷이 드러났음은 주지의 사실이다. 특히 불교와 관련된 예술분야에 이르면 이러한 현상은 더욱 두드러진다. 이전까지의 탱화에서는 보이지 않던 서민들과 양반들의 모습이 구체적으로 보이는가 하면, 산 중에서만 생활하던 승려들이 각종 포교가사를 지어들고 산문山門을 벗어나기 시작한 것도 이 시기였던 것이다. 이러한 사회적 배경과 더불어 사상적 배경에도 변화가 일기 시작하면서 수많은 유사들이 불교에 관심을 갖게 되며 이러한 관심을 그들의 작품 속에 투영시키게 된다. 이러한 과정 중에 자연스럽게 '시선일치詩禪一致'라는 문학적 경향이 대두되었다고 할 수 있을 것이다.

그러나 이러한 경향은 중국의 그것과는 사뭇 다른 양상을 보인다. 중국에서는 심미시파를 중심으로 선종의 홍취와 묘오 등을 빌어 예술의 이상을 실현하면서 그 이론을 확립해 나간 반면에 우리나라에서는 주로 승려들과의 직접적인 교유에 영향을 받은 바가 크기 때문이다. 공개적으로 불교를 배척하던 시기가 너무 지난했던 것도 그 중요한 이유가 될 수 있을 것이다. 하지만 이들이 가진 심미적 이상은 선의 그것과 별다른 차이를 보이지 않는다. 항상 교유하면서 지켜보던 승려들의 선을 지향하는 생활방식이 시인의 심미적 안목을 일깨우고 곧바로 작품에 투영시키는 경우가 많았기 때문이다. 앞서 살펴본 해거도인 이나 자하 그리고 완당의 경우가 대표적인 예가 될 수 있을 것이다.

선과 시를 일치시키려는 이들의 행위는 따라서 선을 바라는 이상과 시를 바라는 이상의 습합을 가능하게 하는 일종의 문학적 행위였음을 미루어 짐작할 수 있겠다. 그리고 그런 습합은 '선취'라는 불가의 특별한 문학적 경지를 유가의 경지로 받아들일 수 있게 했던 당대 문인들의 감성적 산물이라고도 할 수 있겠다.

제2절
초의와 차, 그리고 소통

1. 한국의 다성 초의를 만나다

‖ 초의, 불이의 삶과 교유

조선시대의 유명한 다인茶人으로는 초의선사草衣禪師와 다산 정약용, 그리고 추사 김정희를 꼽을 수 있다. 초의는 1786년(정조 10년) 4월 5일 전남 무안군 삼향면 왕산리에서 출생하였다. 속성은 장씨이며, 본관은 흥성興城이다. 의순意恂은 법명이고 자字는 중부中孚이며, 초의艸衣는 그의 당호堂號이고 이외에 초사草師, 해옹海翁, 해사海師, 해상야질인海上野耋人 등으로도 불린다.[22]

초의는 15세 되던 해에 불가와의 인연을 본격적으로 맺게 된다. 나주에 있는 운흥사雲興寺에 들어가 주지인 벽봉碧峰 민성敏性 앞에서 머리를 깎고 사미가 된 것이다. 그곳에서 불경과 범어, 그리고 그림과 글씨를 익히다가 4년 뒤 19세 때인 1804년, 해남의 대둔사로 가던 도중 영암 월출산에서 바다로부터 떠오르는 달을 보고 깨달음을 얻는다.

이후 대둔사의 완호玩虎 윤우倫佑에게 구족계를 받고 정진 수행을 하다가 남도 지방 순례길에 오른다. 완호의 문하에서 초의는 선禪이나 교敎 그 어느 쪽에도 치우치지 않고, 두 가지를 함께 닦아 가는 고려시대 보조선普照禪의 전통을 충실히 이어나가면서 또한 유학에도 관심을 가지게 된다.

1809년에는 강진에서 유배생활을 하고 있던 다산茶山 정약용丁若鏞(1762～1836)과 처음 만나, 이후 그에게서 유학 및 시학에 관련한 가르침을 받게 된다. 이 해에 추사는 생원시에 합격하고 동지사 일행으로 청나라에 다녀오며, 소치 허련(1809～1892)이 태어난 것도 바로 이 해이다. 초의는 또 1815년에 처음으로 한양으로 올라가 다산의 두 아들인 유산 정학연, 운포 정학유를 만나고, 해거도위 홍현주, 자하 신위 등과도 교분을 맺는다. 이 무렵 추사와도 처음 만난 것으로 추측된다. 초의의 시작 활동은 이때부터 본격화된다고 할 수 있다. 이들 문사와의 교유는 평생을 통해 지속되었으며, 이때부터 초의의 이름이 유가에 알려지기 시작한다.

1824년에는 일지암一枝庵을 중건하고 일생의 대부분을 이곳에서 보내게 되며, 1828년에는 지리산 칠불암七佛庵에 가서 『경당증정만보전서敬堂增訂萬寶全書』를 보고, 거기서 〈다신전茶神傳〉을 초록하여 돌아온다. 1830년 초반기에는 일지암에 머물면서 〈다신전〉을 썼고, 다시 한양으로 올라가 두릉시사杜陵詩社에서 시회를 갖고, 또 채화정에서 시회를 가지는 등 유가의 인사들과 매우 활발한 교유를 펼쳤다.

1835년에는 소치 허련이 일지암으로 찾아와 이후 초의의 문하에서 시문과 그림 그리고 서예를 익히게 되고, 훗날 다시 초의의 권유로 추사의 제자로 입문하게 된다. 1837년에는 일지암에서 〈동다송東茶頌〉을 저술, 해거도인 홍현주에게 보내어 차 생활의 멋과 여유, 그리고 우리 차의 우수성을 글로써 기렸다. 1838년 초의는 일지암을 나서 금강산으로 향한다. 1839년에 계속 한양에 머무르면서 두릉에 있던 다산의 집을 방문하고 청량사에 머물면서 소치의 그림을 추사에게 보여 그 장래성을 묻고 회신을 받아 진도에 있는 소치에게 보내 상경할 것을 권유한다. 이 해 8월 소치는 상경해서 추사의 제자가 된다.

1840년 추사는 형조참판을 거쳐 동지부사가 되나 김홍근의 소疏를 받아 예산으로 귀향을 하게 되고 거기서 다시 제주도 대정에 유배되어 안치된다. 이때 소치는 추사를 따라 예산으로 내려갔다가 추사가 예산에서 체포되어 제주도로 유배를 가자 강경포에서 배를 타고 귀향한다. 초의는 이 해 헌종으로부터 '대각등계보제존자초의선사大覺登階普濟尊者艸衣禪師'라는 사호賜號를 받는다. 1841년 초의는 〈봉화어제영신월奉和御題詠新月〉을 짓는다. 이 시는 당시 임금이었던 헌종이 초의를 특히 신임하였는데, 이에 대한 감사의 마음으로 초의가 임금이 지었던 시에 화운한 것이다. 이 해 소치가 일지암을 방문하여 초의의 서신을 가지고 제주도로 추사를 찾아간다. 추사는 다시 '일로정실一爐香室'이라는 글씨를 써서 초의에게 보내고, 또한 구암사에 있던 백파선사에게 〈변망증십오조례辨妄證十五條例〉를 보낸다.

1843년 제주목사에게 〈제목이공원조색시수차망경루운濟牧李公源祚索詩遂次望京樓韻〉이란 작품을 준 것으로 보아 이 해에 초의는 추사를 위해 제주도를 방문한 것 같다. 그리고 돌아오는 길에 나주를 거쳐 고향을 다녀온다. 또 소치는 일지암에 거처하다가 제주목사 이용현을 따라 제주도로 들어간다. 1844년 추사는 제주에서 〈세한도歲寒圖〉를 그려 제자인 이상적에게 증정한다.

1856년에는 평생 동안 막역한 친구로 일생을 가깝게 지냈던 추사가 세상을 떠나게 된다. 금란지계를 사십 이 년 간이나 깊게 나누던 추사 김정희가 서울 관악산 아래서 숨을 거두었던 것이다. 추사가 제주도에 유배를 갔을 때 대정까지 찾아가 반 년 동안을 함께 생활하며 위로하였고, 서울에 있을 때에도 함께 두 해를 지냈을 정도로 방외청교方外淸交를 깊이 나누던 이들은 항상 외롭고 한적한 곳에서 만나 회포를 풀고 정담을 나누었다. 이처럼 지내다가 홀연히 추사가 먼저 떠나니 초의는 그의 영전에 〈완당김공제문阮堂金公祭文〉을 지어 올리고, 일지암에 돌아온 뒤로는 쓸쓸하게 지냈다. 1857년에 소치는 고향인 진도에 내려와 운림산방雲林山房을 세운다. 1866(고종 3)년 8월 2일, 세수世壽 81세, 법랍法臘 65세로 초의는 마침내 일지암에서 서쪽을 향해 가부좌를 하고 입적했다.

이상으로 초의의 삶을 중심으로 그의 작품과 더불어 교유관계에 있었던 인사들에 대해 종합적으로 살펴보았다. 여기에서 우리는 초의가 전 생애에 걸쳐 지향 혹은 전념하였던 삶의 궤적을 크게 네 가지의 요소로 압축할 수 있다. 그의 신분이 주는 특성상 '선'에의 전념은 당연한 궤적이며, 그 외에 '차'와 함께 했던 다인으로서의 삶, 평생을 자연과 함께 어울리고 하나이고자 했던 삶, 그리고 속세 여러 인물들과의 교유가 바로 그것이다. 특히 초의는 당대에 이름이 높았던 유사들은 물론이요, 변방의 수령과 은거 처사들에게까지도 이름이 알려져 있었으며, 또한 함께 수행하는 도반들과의 교유에서도 그의 활약은 두드러졌음을 알 수 있다.[23]

‖ 차, 그리고 〈동다송〉과 〈다신전〉

'일상다반사日常茶飯事'란 원래 불교에서 전래한 용어로, 늘 차를 마시고 밥을 먹는 것처럼 일상적으로 선을 수행하는 것을 의미한다. 그것이 전하여 이제는 늘 있는 예사로운 일을 뜻하는 단어가 되었다. 차는 그렇게 우리 생활과 밀접한 연관을 맺고 있는 일종의 삶의 매개라고 할 수 있다. 가락국의 시조인 김수로왕의 비 허황옥이 인도 아유타국에서 시집올 때 차씨를 가져왔다는 남방전래설이 있는가 하면, 그 이전부터 이미 자생적으로 자라고 있었다는 재래자생설까지 차의 한국적 기원에 대한 설은 많다. 그 설의 진위 여부는 차치하더라도 차가 아주 오랜 시간 전부터 우리 생활과 밀접한 관련이 있었음은 부인할 수 없다.

당나라 육우陸羽의 『다경茶經』에 의하면 '신농神農의 『식경食經』에 차를 오래 먹으면 사람으로 하여금 힘이 있게 하고 마음을 즐겁게 한다.'라고 하였다. 신농씨는 백성들에게 농사짓는 법을 가르쳤으며, 온갖 풀을 맛보아 식용과 약용에 쓰일 초목을 구별하던 중 독초를 씹었을 때 차를 먹고 해독하였는데 이때부터 차의 효능이 널리 알려져 백성들에게 이용되었다

고 한다.[24]

이런 차는 곧 도道와 닮아 있다. 적어도 불가에서라면 차는 곧 평상심시도平常心是道의 표상이다. 석지현은 "차생활은 또한 중정中正의 도를 지켜가는 길이다. 묘하게도 치우치지 않고[중], 올바른[정] 대도大道에 계합하는 생활이다. 이를 원효는 말한다. '묘계환중妙契還中'이라고. 어느 곳에도 치우치지 않는[중] 올바른 생활[정]은 곧 군자의 그것이요, 불보살의 그것이다. 자기 자신의 체험을 통한 깨달음에의 길, 평상심시도平常心是道의 생활이다."[25]라고 불가에서의 차 생활을 말하기도 한다.

이런 가운데 초의는 차의 지침서라고 할 수 있는 〈다신전〉과 한국의 다경茶經으로 불리는 〈동다송〉을 저술하여 우리나라에 차를 재배하고 보급하는데 적지 않은 공헌을 하였다. 그런 까닭에 초의를 두고 한국의 육우(733~804)라는 별칭을 붙이기도 한다. 중국 당나라의 문인이었던 육우는 차에 관한 한 불후의 명작이라고 손꼽는『다경』을 저술한 사람이다.

먼저 〈다신전〉은 차 생활에 필요한 내용을 담은 일종의 지침서라고 할 수 있다. 이 책을 저술하기 위해 초의는 먼저 지리산 화개동에 있는 칠불암에 찾아 갔다. 이곳은 현재 한국 차의 근원지라고 알려진 곳이다. 초의는 칠불암의 아자방亞字房에 머물면서 〈다신전〉을 위한 초록抄錄을 시작했다. 청나라의 모환문이 엮은『만보전서萬寶全書』중「다경채요茶經採要」편에서 필요한 부분을 기록한 것이다. 이후 일지암으로 돌아와 전체 22개 항목으로 다시 구성한 저술이 바로 〈다신전〉이다. 이 책의 발문에는 초의가 다신전을 초록한 이유가 나와 있는데, "총림에는 조주풍趙州風이 있으나 많은 승려들이 다도를 모르기에 초록하여 후학들에게 전한다."[26]는 내용이 그것이다.

〈다신전〉은 차의 채취에서부터 차의 위생 관리에 이르기까지의 차 생활에 관한 전반적인 내용을 총 22개 항목으로 나누어 설명한다. 이를 간략히 살펴보자면 다음과 같다.

① 채다採茶: 차를 따기에 적당한 시기를 논함.
② 조다造茶: 차를 법제하는 법을 논함.
③ 변다辨茶: 차의 품질 식별을 논함.
④ 장다藏茶: 차의 저장법을 논함.
⑤ 화후火候: 불 가늠에 대해 논함.
⑥ 탕변湯辨: 끓는 물을 식별하는 법을 논함.
⑦ 탕용노눈湯用老嫩: 차를 우려내는 데 쓰이는 찻잎에 대해 논함.
⑧ 포법泡法: 차를 거르는 법에 대해 논함.
⑨ 투다投茶: 다관茶罐에 차를 넣는 법에 대해 논함.
⑩ 음다飮茶: 차 마시는 법에 대해 논함.
⑪ 향香: 차의 향에 대해 논함.
⑫ 색色: 차의 색에 대해 논함.
⑬ 미味: 차의 맛에 대해 논함.
⑭ 점염실진點染失眞: 차의 오염됨을 논함.
⑮ 다변불가용茶變不可用: 변질된 차의 사용 불가함을 논함.
⑯ 품천品泉: 물의 품성과 천수泉水의 등급에 대해 논함.

⑰ 정수불의다井水不宜茶: 차에 부적당한 샘물에 대해 논함

⑱ 저수貯水: 물의 저장을 논함.

⑲ 다구茶具: 찻그릇에 대해 논함.

⑳ 다잔茶盞: 찻잔에 대해 논함.

㉑ 식잔포拭盞布: 다포茶布에 대해 논함.

㉒ 다위茶衛: 차의 위생 관리에 대해 논함.

이어 〈동다송〉은 초의가 해거재 홍현주와의 인연으로 저술한 일종의 다도 입문서라고 할 수 있다. 해거재가 당시 진도부사였던 변지화를 통해 초의에게 다도茶道를 청하여 묻자 이에 대한 답문의 일환으로 제작하게 된 것이 이 작품이 탄생 배경이다. 이런 배경을 알려주는 초의의 편지가 있다.

> 소나무 수풀 아래 밝은 달을 대하면 수벽탕秀碧湯을 끓입니다. 끓이다가 백수탕百壽湯이 되면 곧 도인께 드릴까 생각하지 않은 적이 없습니다. 그러나 다시 생각하건대 밝은 달과 더불어 모시고 앉아 함께 하는 것이 좋을 것 같습니다. 이것이야말로 서로 막힘이 없는 도리입니다. 어떤 신통한 묘술이 따로 있는 것이 아닌 그야말로 그대로입니다. 근자에 북산도인을 통해 다도茶道를 물으셨다 하셨습니다. 그래서 고인古人이 전한 뜻에 기대어 삼가 동다행 한 편을 지어 바칩니다. 말의 뜻이 분명치 않은 곳은 본문을 뽑아 늘어놓아 물으신 뜻에 답하려 하였습니다.[27]

위는 초의가 해거도인에게 보낸 편지의 일부분이다. 해거도인이 북

산도인 변지화를 통해 초의에게 다도에 관한 뜻을 물어오자, 북산도인이 이를 초의에게 전하고 초의는 곧 이에 대한 답으로 〈동다행東茶行〉을 지었음을 알 수 있다. 〈동다행〉은 물론 지금의 〈동다송〉이다. 그리고 그 〈동다행〉을 올리면서 행여 뜻이 통하지 않을까 생각되는 부분에는 원문까지 함께 실어 보충하고자 했던 초의의 노력도 엿볼 수 있다. 해거도인에 대한 초의의 지극한 존경심과 차에 대한 각별한 애정이 숨겨진 편지라고 할 수 있겠다.

이런 과정을 거쳐 완성된 〈동다송〉은 7언의 시구로 총 31송으로 구성되어 있으며, 각 송마다 주註를 달아 본문의 내용을 보충하거나 상세 설명하고 있다. 이 중 국산차에 대한 내용은 단 여섯 송에 불과하지만 그래도 국산의 색이나 향, 그리고 맛 등이 중국차에 비해 결코 뒤처지지 않는다는 점을 강조하고 있다는 점이 특징이기도 하다.

특히, 초의는 이 작품에서 "차에 관한 신이한 전설을 중심으로 차의 효능, 생산지에 따른 차의 이름과 그 품질, 다도의 구체적인 내용인 차 만드는 일, 물에 대한 품평, 차를 끓이는 법, 차를 마시는 구체적인 법 등에 언급하고 있다."[28] 더불어 "법도에 어긋난 차에 대해 '천하에 좋은 차를 속된 솜씨로 그르친다'고 한탄하였으며, 채다 시기를 『다경』에서 말한 곡우 전후의 시기는 토산 차에는 적합하지 않고 입하 전후가 적당하다"[29]고 말하기도 하였다.

석지현 또한 〈동다송〉의 다도茶道를 다음과 같이 요약하여 설명한다.

체體[탕수湯水]와 신神[정다精茶]이 비록 완전하다 할지라도 그 중정中正의 도道를 넘어서는 안 된다. 중정의 도란 차의 신기神氣[건健]와 참된 수성水性[령靈]이 어울려 잘 배합된 것을 말한다. 차를 채취할 때는 묘하게 할 것이며, 제차製茶할 때는 그 정제精製에 진력하여야 하고, 차수용茶水用으로는 진수眞水이어야 하며, 점차點茶할 때는 그 중도에 맞아야 한다. 탕수와 차의 신기가 잘 조화되어 간에 맞고, 다의 간[건健]이 탕에 참되게 알맞아야 한다. 이에 이르렀을 때 다의 도는 궁진窮盡된 것이니 곧, 차는 다만 물을 끓여서 간맞게 마시면 된다.[30]

이를 통해 보면, 〈동다송〉은 초의의 다선일미 사상을 가장 적확하게 보여주는 작품이라고 말할 수 있겠다. 현재 초의의 친필본은 아직 발견되지 않았다고 알려져 있다.

2. 다선일미, 노래로 음미하다

초의는 당시 불교를 배척하는 사회 환경 속에서도 정약용, 김정희, 김명희, 신위, 홍현주 등 당대의 유수한 유학자들과 교유하는 가운데 약 60여 수의 화운시를 남겼다. 이러한 교유를 가능케 했던 중요한 매개물 중의 하나가 바로 차라고 할 수 있다. 초의는 차를 직접 재배하여 선물하기도 하였고, 또한 자신의 차 생활을 시로 읊어 교유의 매개로 활용하기도 하였다. 초의의 다시茶詩는 크게 두 가지 측면으로 접근할 수 있다. 그 하나는 선의 수행과정에서 자신을 다독이며 함께 했던 과정에서 지어진 다시이고, 나머지는 여러 유사들과의 교유에 있어 일종의 방편이 되는 사물로서의 다시이다.

초의에게 있어서 평범한 일상사로서의 차를 달이는 일과 좌선과 같은 종교적인 수행을 통한 깨달음은 전혀 별개의 것이 아니었다. 차를 마시는 것, 즉 끽다喫茶에서 맛보는 쓰고[고苦], 떫고[삽澁], 시고[산酸], 짜고[염鹽], 단[감甘] 다섯 가지 맛을 통해 인생의 희로애락을 음미하는 것이 그에게는 곧 달관이었다. 또 화로에 불을 피워 물 끓이고 차를 달여 마시는 단순하고도 하찮은 일을 통해 현실 생활과 선 생활 사이의 괴리를 허용하지도 않았다. 아울러 차의 진미眞味를 통해 지은知恩과 보은報恩하는 마음을 일으켜 마침내 대자비행大慈悲行을 목표로 하여 실천하였다.[31]

초의는 이와 같이 바라밀에 이르는 길에서 모든 법法이 불이不二하니 선과 차도 불이하고, 또 모든 법이 일여一如하니 선과 차도 일여하다고 했다. 제법불이諸法不二와 다선일여茶禪一如의 사상이 그대로 드러난다. 이러한 사상은 초의의 모든 면에서 나타난다. 선과 차가 그러하고, 차와 시가 그러하며, 시와 선이 또한 그러했다. 그리하여 초의는 선의 과정에서 시를 읊고, 그림을 그리고, 차를 마시며, 글씨를 썼으니, 세인들은 시詩·서書·화畵의 삼절三絶[32]라고 일컬었던 것이다.

평상심시도, 샘물 길어 찻물을 끓이다

다음은 〈금강석상여언선지회왕우승종남별업지작金剛石上與彦禪了和王右丞終南別業之作〉이라는 시이다.

새 소리에 취해 저녁 예불 쉬었고
예스런 시냇가에서 천천히 노닐었네
절로 이는 흥취 좋은 구절에 실었으니
그윽한 깨달음 마음속에 모였구나
샘물은 어지러이 돌 틈 사이 졸졸거리고
바람 불어 소나무가 울음 울 때에
흐르는 물 마주보며 고요히 차를 마시니
돌아갈 때 잊는 것이 무에 걱정일레라[33]

이 시에는 '금강석상에서 언선자와 더불어 왕우승의 〈종남별업〉이라는 작품에 화운한다'는 제목이 붙어 있다. 왕우승은 시불詩佛이라고도 불렸던 당나라 시인 왕유王維(701~761)를 말하는 것으로, 그의 시 중 〈종남별업〉[34]이라는 시가 있는데 이를 전거典據 삼아 노래한 시이다. 종남별장은 왕유가 개원開元 말년 종남산에서 은거할 때 머물렀던 거처이다.

〈종남별업〉에 드러난 왕유의 시적 경지를 초의는 금강석상에 올라 느꼈던 듯하다. 그런데 초의의 시에서는 왕유의 것과는 분명 비슷한 것 같으면서도 또 다른 독특한 분위기가 있다. 바로 새소리를 듣다가 예불시간을 넘겼다는 대목이다. 승려의 신분으로서 보자면 예불은 곧 바로 불심과 직결되는 하나의 상징일 수 있다. 그러한 예불을 넘겼다는 것은 초의가 승려의 신분을 망각했다는 말과도 통할 것이다.

그러나 바로 여기에서 초의가 지녔던 선관禪觀의 진면목이 드러난다. 초의는 승려로서 지켜야 할 계율에 굳이 얽매이지 않았다. 일지암에서 보낸 40여 년 동안에도 선에 전념했다[전선專禪]는 말을 하지 않고 지관止觀했다는 말을 썼던 것만 보아도 알 수 있는 일이다. 즉 깨달음으로 더 몰입되어 갈 수 있다면 기존의 질서마저도 깨쳐 버릴 수 있는 그러한 경지에 있었다고 할 수 있다. 돌 틈 사이의 시냇물, 바람에 흔들리는 소나무 등등 이러한 모든 것들이 초의에게는 깨달음의 한 방편이 되었던 것이다.

게다가 위 시의 결구처럼 이 모든 것이 차에 이르면 상황은 또 달라진다. 차를 매개로 한 망각, 즉 초월이라는 경지에 다다르는 것이다. 초의는 차를 끓이면서 예불시간도, 샘물도, 소나무도 모두 잊어버린다. 단순한 존재의 망각을 넘어 진정한 참선으로 들어선 것이다. 다선일여의 실체를 보는 셈이다.

다음은 〈석천전다石泉煎茶〉란 작품이다.

> 하늘빛 물과 같고 물은 연기와 같으니
> 이곳에 와서 노닌 지 반 년 나마 흘렀네
> 밝은 달밤 아래 누웠던 적 몇 번이던가
> 맑은 강가에서 기러기 바라보며 잠이 드네
> 시기하고 미워하는 마음 원래 내게 없었으니
> 폄하하고 기리는 소리 어찌 귓전에 이르겠는가
> 소매 속에는 뇌소차가 아직 남아 있으니
> 구름에 기대어 다시 두릉의 샘물을 긷는다네[35]

석천의 물로 차를 달이는 심회를 읊고 있는 작품이다. 젊은 시절

전국의 산천을 유람하였던 초의는 두륜산으로 돌아와 두어 칸 모옥을 짓고 그곳에서 차밭을 일구며 늘 차를 마시면서 생활하였다. 그에게 차를 '구걸'하였던 수많은 유사들과의 교유시문에서도 이 같은 사실은 확인된다.

이 시는 초의가 한양에 온 지 반 년 남짓 지난 후에 지은 작품이다. 지인들과의 끊임없는 만남을 다소나마 정리한 후 비로소 한가로이 자신을 돌아볼 여유가 생겼다. 그러자 오랜만에 다기를 앞에 두고 차를 끓이면서 차향과 함께 우러난 자신의 정신세계를 관조하려는 의지가 나타내고자 하는 의도였을까? 한강을 마주한 두릉에서 맑은 샘물을 긷고 물을 끓여 자신의 삶을 회고하고 내관內觀하려는 모습이 역력하게 담겨 있음이 보인다.

석천의 샘물을 길어다 차를 끓이며 다도를 즐기면서 티 없이 맑은 정신을 잃지 않는 이 생활이야말로 다선일미라 할 수 있을 것이다. 차를 마시는 것은 곧 선의 참 맛을 느끼는 것과 같다고 한다. 불법은 고차원의 것이 아니라 일상생활에서 가고 머물고 앉고 눕고 하는 곳에 있으며, 차를 마시고 밥을 먹는 데에 있다는 것이다. '평상심시도平常心是道'인 것이다.

중국 당나라 시대에 유명한 마조馬祖 도일道一선사는 이러한 인간의 평범한 일상생활에서 전개하는 선불교의 정신을 한 마디로 "평범하고 일상적인 우리들의 평상심으로 전개하는 이것이 다름 아닌 바로 진실된 삶인 것이다."라고 주장하였다. 즉 불교에서는 우리들 인간 누구나 지금 여기에서 평범한 삶을 전개하는 근원적인 자기의 주체를 불성,

혹은 자성청정심 등으로 말한다. 이러한 인간의 근원적이고 성스러운 불성을 마조선사는 '평상심'이란 말로 바꾸어서 표현하고, 그러한 평상심으로 살아가는 우리들 인간의 평범한 일상생활의 그 모두가 다름 아닌 진리의 세계[도道]라고 분명히 주장했던 것이다.

선이 다도茶道에 상통한다는 것은 사물을 단순화하고자 하는데 그 공통의 의미가 있다. 다시 말하자면 불필요한 것을 없이 하는 것을 선에서는 구극실행의 직각적 파악에 의하여 성취하고, 차에서는 끽다喫茶에 의하여 전형화한 것을 생활 속에 옮김으로써 단행하는 것이다. 차는 원시적이고 단순한 것을 세련화한 것이다. 자연에 가깝게 접한다고 하는 그 이상을 실현하기 위하여 띠집의 좁다란 방이지만 그 아담한 구조와 조화의 기교를 극진히 하여 거기에서 다도茶道를 펼쳐 나가는 것이다.

한편 선에 있어서는 인류가 자기를 찾기 위해서 일체의 인위적이고 가식적인 것을 탈피해야 한다는데 그 의미가 크다. 선이 지성知性과 다르다고 하는 것은 지성이 일상생활의 실용에 이바지할 지는 모르지만 자신의 존재를 깊이 파고 들어가는 데에는 방해가 되기 때문이다. 그리고 철학은 삶에 있어 수많은 문제를 제기하여 지적인 해결을 요구하고자 하지만 정신적인 만족은 채워주지 못한다. 철학의 길은 그러한 경향을 갖추고 있는 특수한 사람들에게 열리지만 일반 감상의 주제나 제목이 되지는 않기 때문이다.

차는 노송의 그늘진 자락의 아담한 띠집에서 행위하는 일체를 상징하는 것이다. 이러한 행위, 즉 그렇게 상징화된 이상을 기교적으로 취급한다 하더라도 무관하겠지만, 이러한 형태를 취급하는 원리는 그 형태를 일으킨 독창적인 관념, 즉 '불요물不要物의 제거'라고 하는 것과 전

적으로 일치한다고 하는 점에 있다.[36]

차와 선이 분리되지 않고 하나라는 '다선일여'의 사상은 바로 여기에서 비롯된다. 따라서 여기에서 말하는 다선일여는 '다선일미'라는 용어와 같은 의미로 쓰인다. 본래 '다선일미'란 표현은 조주선사趙州禪師에게서 유래한 것이다. 다음 이야기에 그 유래가 있다.

끽다거, 차나 한 잔 마시고 가게

어느 날 두 스님이 조주 스님을 방문하였는데 조주가 한 스님에게 "일찍이 이곳에 온 적이 있는가?"라고 하니 "예, 왔었습니다."라고 하자 "그럼 차나 마시고 가게."라고 하였다. 또다시 다른 스님에게 "일찍이 이곳에 온 적이 있는가?"라고 묻자 그 스님은 "한 번도 와본 적이 없습니다."라고 하자 조주 스님이 "그렇다면 차나 마시고 가게."라고 하였다고 한다. 옆에서 이를 지켜본 스님이 "어찌하여 이곳에 온 적이 있는 사람이나 온 적이 없는 사람이나 차나 마시고 가라고 하시는 것입니까?"라고 물었다. 그러자 조주 스님이 "자네도 차나 마시고 가게."라고 하였다.[37]

이 이야기는 훗날 '끽다거喫茶去'라는 유명한 화두가 되었고, 조주차는 선가차의 대명사가 되었다. 다시 앞에서 선의 의미는 '자기를 찾기 위해 일체의 가식과 인위를 탈피한다.'는 데서도 찾을 수 있다고 하였다. 이 점이 바로 차와 선이 연결되는 지점이요, 경계이다. 나아가 차를 곁에 두고 차를 노래함은 바로 '자신을 내관內觀하며 자신으로 돌아가는 몸부림'일 수도 있는 것이다. 그렇기 때문에 초의에게 있어서도 차와 선은 결코 분리되어 존재하는 별개의 것이 아니었다. 예컨대 한 잔의 차를 통해서도 내면을 관조하는 자신의 모습과 더불어 법희선열法喜禪悅을 맛볼 수 있었던 것이다.

예로부터 성현은 차를 모두 사랑했나니
차는 군자와 같아 성품에 사악함이 없기 때문이노라
사람이 일찍이 차를 맛보게 된 것은
멀리 설령에 들어 노아를 따면서일세
법제를 좇아 품격을 부여하고
옥담에 가득 채워 갖은 무늬 비단으로 묶었다네
물은 황하에서 찾은 것이 가장 좋으니
여덟 가지 덕을 갖추어 아름답기 또한 그지없네
깊은 물 길러다가 그 가볍고 부드러움 다시 맛보니
진정 정갈한 맛이 조화롭게 어울리어 체體와 신神이 절로 열리더라
거칠고 더러운 것 없애니 정기가 스며들어
대도를 이루는 것이 어찌 먼 일이 되겠는가
영산으로 가지고 돌아와 부처님께 바치고
끓이면서 범율을 세세히 헤아려 보니
알가閼伽의 참모습은 끝없이 묘한 근원을 있고
묘한 근원에 집착하지 않으면 바라밀이로다
아, 내 삶이 삼천 년이 지나도록 찾아왔는데
소음은 아불아불 선천과 끊겼구나

묘한 근원 묻고자 해도 들을 곳 없으니
열반에 앞서 태어나지 못함을 깊이 한탄하노라
끝내 차에 대한 사랑 버리지 못하고
이 땅에 가지고 돌아와 스스로 웃음거리가 되었네
비단으로 묶인 옥담 마개를 끌러
먼저 속수로 지인에게 선사하노라[38]

위의 작품은 초의가 산천 김명희에게 보낸 시이다. 초의는 친구인 김명희가 몸져누워 있다는 소식을 듣고 차 한 첩을 약재인 양 보내주었다. 그런데 병에서 완치된 김명희가 감사의 시를 보내오자, 이에 차운한 작품이 바로 이 시이다. 여기에서 그는 친구가 보내온 감사를 차의 덕성으로 돌리고, 또한 자신이 차를 사랑함은 성품이 사특하지 않아서 어떠한 욕심에도 사로잡히지 않기 때문이라고 하였다.

차茶는 범어梵語로 알가閼加(Argha)라고 하여, 그 뜻이 시원始源 혹은 원초源初의 뜻을 지니고 있다. 불교에서 시원이나 원초는 무착바라밀無着波羅蜜을 말하며, 욕심에 사로잡히지 않는 순수한 본래의 마음을 의미한다. 그래서 초의는 순수한 마음을 가리키는 차를 통해 어디에도 집착이 없는 바라밀의 세계, 즉 선의 세계를 허허로운 마음으로 가고자 했다. 종래 이상의 세계에 있을 것으로 막연히 생각해 왔던 도를 인간의 일상생활 가운데서 실현하고자 했던 것이다.

초의는 그의 시에서 팔덕八德을 겸비한 진수眞水를 구하여 진차眞茶와 어울려 체體와 신神을 규명하고, 거칠고 더러운 것을 없애고 나면 대도大道를 얻는 것도 어렵지 않다고 했다. 그래서 예로부터 성현은 차를 즐겨 마셨고, 또 차는 군자의 성품을 닮아 사악하지 않다는 것이다. 사악하지 않은 차, 바로 이 차가 묘한 근원을 가지고 있어 그 근원에 집착하지 않으면 바라밀의 경지에 이를 수 있다고 초의는 믿었던 것이다.

바라밀이란 일체의 법에 집착하지 않는 것을 말한다. 즉, 이 세상 어떠한 것에도 집착하지 않고 걸림이 없음으로 인해 자유자재한 경지에 이르는 것을 말한다. 쉽게 말하자면 조주선사가 도를 묻기 위해 자신을 찾아온 이들에게 모두 '차나 한 잔 마시고 가라'는 말과 동일한 의미이다. 진정으로 차나 한 잔 마실 수 있다면 이 세상에는 아무런 문제도 없고 그저 차 맛이 쓰니 다니 하는 말 정도에서 빙그레 웃을 수 있을 뿐일 텐데, 제대로 차를 마시는 사람이 없어 밤낮 도에 대한 집착으로 허송할 뿐이라는 것이다.

이렇듯 초의에게 있어 차는 그저 단순한 음용품이 아니었다. 차는 그대로 선이 되고, 선의 묘체를 알게 하는 것이며, 선의 세계 속에서 자신을 지탱하게 해 주는 훌륭한 도구였다. 또한 차는 방외方外의 청교淸交를 유지할 수 있게 하는 매개였으며, 승속僧俗의 경계를 자유로이 넘나들게 하는 묘약과 같은 것이었다. 그래서 초의의 다시는 곧 약방문藥房文이요, 참선봉參禪棒이며, 청교장淸交杖이었다고 할 수 있겠다.

3. 방외청교, 소통을 꿈꾸다

‖ 〈동다송〉의 인연, 해거도인 홍현주

초의는 1837년 봄, 해거도인과의 인연으로 한국의 다경이라 할 수 있는 〈동다송〉을 저술했음을 앞에서 말한 바 있다. 1838년 봄, 초의는 일지암을 출발하여 서울을 거쳐 금강산 구경을 갔는데, 다시 돌아올 때에 한양에 들려서 해거도인의 시집에 발문을 지어 준 일이 있었다. 해거도인은 시에 능하고 학문이 깊어 모든 선비들의 추앙을 받고 있었던 인물로, 초의가 사문沙門의 몸으로서 그의 시집에 발문을 쓰게 되었음은 당시 정말로 드문 일이었다. 게다가 〈동다송〉 역시 해거의 부탁을 받고 저술했다는 점으로 볼 때, 초의와 해거도인의 친분은 분명 남다른 데가 있었음을 어렵지 않게 짐작할 수 있다. 이들의 교유를 시를 통해 확인해보자.

먼저 해거도인의 〈사언고시四言古詩〉이다.

성동에 있는 절은
경내가 두루 밝아
산문이 예와 같고
소나무와 바위도 변함이 없도다
들판에 아침 해가 서서히 펼쳐지고
골짜기엔 봄빛이 스르르 시작되누나
좋은 날 택하여 벗들을 불렀는데

덕 깊은 스님도 이리 방문하셨네
서로 보고 웃으니
두 마음이 모두 한 모양
주름진 옷 펴고 앉아
운 부르고 시 지으니
서원에 행차하는 것과
서로 양보하여 구별하지 아니 하네
지난 일 오늘 일
이처럼 돌이 증명하리라[39]

해거도인이 청량산방清凉山房에 벗들을 불러 모아 시회를 열면서 지은 시이다. 우선 반가운 사람이 고사高師 즉 초의라고 말하며, 그와는 말없이도 새록새록 기쁨이 돋는다고 이야기하고 있다. 이 시는 1831년(신묘년) 봄에 지은 시로, 초의가 해거에게 스승의 비문을 부탁하기 위해 찾아갔을 때, 해거가 청량산방으로 여러 선비를 불러 봄 내내 놀면서 지은 시 중의 하나이다. 〈다음날도 청량산방에 계속 머물면서 해거도위와 경당 윤정진과 이동번, 정유산, 저원 홍희인, 약인 홍성모, 나 등 일곱 사람이 운을 뽑아 시를 지으며 '청간석상등라월請看石上藤蘿月'을 각자의 운으로 삼았다. 나는 '월月'을 받았는데 시령詩令으로 범어는 쓰지 않도록 하였다〉[40]라는 장문의 제목이 붙어 있다. 즉, 이 작품들은 '부탁하나니 바위 위 넝쿨에 걸린 달을 보소서'라는 7언시의 한 구절을 각각 한 자씩 나누어 가져 시를 쓴 것이다. 일곱 사람이 모였으니 7언을 택하고, 또한 스님이 한 분 자리했기에 시령으로 미리 불가의 용어를 배제하기로 한 것이다.

여기에서 지어진 시들을 보면 한 가지 재미난 사실이 있다. 범어梵語를 시어詩語로 사용하지 말자는 시령[41]이 있었던 것이다. 이러한 사실은 동당絅堂이 이때 지은 〈칠언절구七言絶句〉[42]라는 시의 '선경상간금선어禪境相看禁禪語'라는 대목에서도 확인된다. 이는 사상이 달랐던 초의를 의식한 당시 시회 일원들의 배려였다고 볼 수 있다.

다음은 이때 초의가 지었던 〈오언절구五言絶句〉이다.

손님 오시니 어둑한 안개 함께 모이고
들녘 절의 종소리는 잠시간 쉬어가네
책상을 마주한 한 청량사에서의 밤에
소나무에 걸린 달 되돌아본다[43]

시에서 일부러 나타내고자 하는 바는 아무 것도 없다. 그저 청량사에서 친구들과 모여 함께 밤을 보내는 감회만을 나타내고 있을 뿐이다. 아무런 말없이 어둑한 저녁 내비치는 소나무와 달을 함께 바라보며, 그 가운데 스며드는 우정이 황혼녘에 노을이 지듯 조용히 스며드는 느낌뿐이다. 초의시의 대부분이 그렇듯 선사가 지은 선시라고 보기도 어려운, 불교적 격식이나 사상이 전혀 드러남이 없으면서도 함께 했던 사대부들의 감탄과 동의를 자아내는 시인 것이다.

다시 초의의 〈일절정해거一絶呈海居〉라는 시이다.

이 좋은 곳에 오는 것은 그대의 너그러운 뜻이련만
나처럼 미천한 몸 또한 주저 없이 불러주셨네
감히 가까이 할 수 없는 몸으로 책상을 대하게 하는 것은
무자경으로 시험 삼아 들어 보려는 까닭인가[44]

초의와 해거도인이 교유를 시작한 이후 비교적 초기에 지어진 시이다. 시회에 불러준 것만으로도 그저 감사하다는 내용을 담고 있다. 이 두 작품을 비교해 보아도 아직까지는 별다른 사상적 교유를 찾아볼 수 없다. 그저 불교의 경전에 대한 약간의 시험을 해 보는 것으로 그치는 듯하다. 해거도인의 시 역시 지극히 평범하게 별다른 시어의 사용이 없이 초의를 반기는 내용을 담고 있으며, 초의도 마찬가지로 '무자경無字經[45]'이란 시어를 제외하면 지극히 평범한 시구詩句로 화답하고 있을 뿐이다. 그러나 두 사람의 교유는 이 만남을 계기로 본격화된다고 볼 수 있다.

다음은 1838년에 금강산을 유람하고 돌아오는 길에 해거도인의 별장에 들러 머무르면서 나눈 〈유금강산시遊金剛山詩〉라는 제목의 시이다.

산 첩첩 물도 첩첩
울창하게 겹치고 쌓여 하늘을 가렸네
가파르게 이어진 봉우리들 그 모두 빼어나
엄숙하고 화목한 모습 바른 위용 갖추었다
계곡물 옥 구르듯 서로가 갈마들며

때로는 푸른 연못에 고요히 머무르네
확 트인 발걸음 근원 찾아 발을 떼고
깊은 지경 이르러도 근원은 끝나지 않으리
서늘한 바람 따뜻한 구름 햇살은 곱디곱고
나뭇잎 서로 펼치니 꽃도 붉게 피자 하네
아 이 봄 가면 찾을 곳도 없으려니
이런 곳에 들어와 머무를 줄 아는 이 누구인가
꽃부리 드리우니 숲은 더욱 짙게 숨어들고
햇빛은 흘러서 밝은 빛을 들이치네
내 너와 함께 의지하며 머물기를 원하노니
오랜 세월 언제나 주인 중의 주인 되련다[46]
(하략)

초의가 이 시를 지은 때의 나이는 그의 사상이 절정에 달하는 53세였다. 이때 처음으로 금강산을 여행하면서 느꼈던 것은 온몸을 휘감는 법열 그 자체였다. 깊은 숲 속에 이르러 길이 끊겼다 할지라도 그것은 자신의 몸을 잠시 멈추게 하는 한 가지 물리적 현상에 지나지 않을 뿐, 마음은 벌써 근원에 가까워지고 있음을 스스로 알고 있었다.

또한 금강산은 초의에게 있어 발 딛는 곳곳이 모두 순수도량이었으며, 그러한 곳이었기에 그곳에 머무는 이를 부러워하고 찾아다니는 노력 자체가 또한 법열이었다. 그렇기 때문에 그는 그곳을 떠나지 않을 수 없음을 알고 있으면서도 그곳의 주인, 나아가 주인 중의 주인이 되고자 하는 심경으로 금강산을 대했던 것이며, 또 다른 앎을 이루게 해 준 정토로 대했던 것이다.

이 때 이 작품에 해거가 화운한 시가 있다.

(상략)
나 또한 전생은 불제자인데
이끼 낀 멧부리 윤회하는 까닭 모르고
저녁 등불 반짝거려 잠 못 이루고
편여 타고 성 밖을 나왔을 때는 해돋이였지
스님은 본래 정처 없는 몸인데
기이한 인연으로 내 별장에 머물렀도다
(중략)
손수 만든 새 차를 고맙게 받았으니
갑자기 선비의 부엌에 한여름 양식 쌓였네
홀연히 서로 만났다가 또 이별하나니
그 서운함이 버들가지처럼 길구나
좋은 시 쓰지 못하고 세간 일 어긋나니
다만 청정한 집안을 더럽힐까 두려우네
생각컨대 스님의 한 말씀 빌리자면
지극한 예의 어찌 길상에 축원한 데 비길까
산 구경하는 것만으로는 스님 위함 부족하니
스님의 굳은 마음이 곧 금강이어라[47]

교유가 본격화되고 초의의 인격과 학덕에 반한 해거도인이 초의의 방문을 더없이 기뻐하며 지은 시이다. 불가의 생활이나 사상을 전혀 모르고 있다가 초의로 인하여 감화를 받고 그 고마움을 읊고 있는 것이다. 새 차의 선물은 해거도인에게 있어서 전혀 새로운 사상이나 다름없었던 불학 자체의 선물로 인식되고 있다. 교유 초기에 해거도인과 초의가 나눈 시들을 보면 사상에 관한 언급은 거의 없었다. 그러나 교유가 좀 더 본격화되면서 위의 시처럼 사상을 나누고자 언급한 시들이 나오고 있다.

여기에서 초의를 위한 마음이 곧 자신의 수양이며, 그러한 수양으로 초의처럼 되고자 하는 해거도인의 마음이 드러나 있음을 알 수 있다. 스님을 위한 마음이 곧 자신의 수양이며, 그러한 수양으로 스님처럼 되고자 하는 해거도인의 마음이 드러나 있는 것처럼, 마음과 마음, 생각과 생각의 동의 혹은 습합을 구하는 것이다. 이들 시에서도 역시 차가 주요 소재가 된다. 사상의 교유 나아가 감성의 습합에 있어 차가 아주 훌륭한 매개물이었다는 사실을 다시 한 번 확인시켜 주고 있음이다.

‖ 일여의 지음, 자하 신위

자하 신위[48]는 당대의 재상으로부터 문인 · 학자 · 선승에 이르기까지 각계에 걸쳐 두루 많은 친우를 사귀었던 인물이다. 특히 연하인 완당 김정희를 지극히 아끼고 사랑하였는데, 완당의 동년배로 절친한 사이였던 초의와도 차를 받고 서화를 주는 등 다정多情을 주고받은 지음의 이해자이자 동반자로 평생을 지냈다. 문학에도 뛰어나 창강 김택영은 자하의 시가 시풍이 공교하고 청일하였으므로 '조선 오백년의 제일 대가'라고 극구 칭찬한 바도 있다.

다음은 초의가 보낸 차와 글씨에 대한 고마움을 적은 자하의 시이다.

> 바다 마을 산골에 귀양가던 날
> 당황하고 근심하는 중에 원고가 없어졌네
> 탑명을 한 번 잃어 통탄을 이기지 못하였더니
> 선사가 다시금 써 틀린 바가 없구나
> 일을 바로 잡으니 마침내 천불의 힘에 자료가 되며
> 마음 쓴 것이 넉넉히 십 년의 마가 되었도다
> 글이 오니 완연히 독경방을 대하는 듯
> 풍미를 맛봄은 일찍이 손수 만든 차이로다[49]

이 시는 1841년 신축년에 지어진 것으로 서문에 적혀 있는데, 거기에는 시를 쓰게 된 이유도 나타나 있다. 대략을 살펴보면, 지난 경인년(1830년) 겨울에 초의가 자하산 속으로 방문하여 그의 스승 〈완호삼여탑명玩虎三如塔銘〉의 서문과 글씨를 써 달라고 부탁하였다고 한다. 그런데 자하는 그 서문은 완성했으나 글씨는 미처 쓰지 못하고서 해변으로 귀양을 가다 문자가 없어져 버렸고, 서문 또한 그 원본을 잃어 버려서 심히 한스러워 했다고 한다. 그러다가 신축년 봄에 초의가 글씨를 보내오면서 나행히 그 부본副本임을 알았는데 그것을 거듭 읽고서 비로소 글씨를 써서 돌에 새기게 되어 먼저 시한 수로 축하하고 또 편지와 함께 차를 보내 준 것에 감사한다는 내용이다.

여기에 더해 초의가 스승의 탑문을 부탁하기 위해 1830년(경인년) 겨울에 자하를 찾아와 함께 지내면서 이듬해 1831년(신묘년) 팔월에 서로 주고받은 다음 시를 보면 초의와 자하의 교유가 매우 각별하였음을 알 수 있다.

> 문을 열면 사람들 찾고 닫으면 떠나는데
> 고개 돌려 기다린 지 어언 오십 년
> 비각의 책을 따르는 것은 예전의 학사요
> 절간에서 향 사르는 이는 상승선인데
> 녹음 우거진 골에 회나무 세 그루 늙어가고
> 종소리는 구름 뚫고 한 원으로 울려 퍼지니
> 부끄럽도다, 중의 주제에 인정에 끌렸음을
> 새벽꿈에 한껏 취해 서로 어둠 이끌어주네[50]

초의가 자하에게 준 〈북선원에서 자하노인을 뵙고〉라는 시이다. 서가에 가득 차 있는 책을 탐독하며 학식을 쌓아 삼공三公의 지위를 이루고 덕을 갖춘 자하를 흠모하는 마음이 숨김없이 나타나 있다. 또한 절간에서 향을 피우며 수련에 임해야 할 대승大乘의 승僧도 되지 못한 자신의 처지를 부끄러이 여기며, 그렇기 때문에라도 자주 뵙고 기대고자 하는 마음이 절로 일어난다고 말한다.

여기에 자하는 다음과 같이 화운한다.

도잠과 파로가 함께 어울린 것 같이
이처럼 해를 넘겨 가는 즐거움 있음이라
차 마시며 때로는 엄한 세속 마땅히 경계하고
좋은 시에 좋은 곳 참선하는 경지로다
스승 위해 이틀 밤을 비문 청한 것은
탄지의 삼생이 스스로 도는 까닭이라
시주하는 사람이 많아 돌아가 얻지 못하는 것은
정을 잊고 있을 때 또한 정을 이끈 까닭이 아닌가[51]

이 시에서 자하는 자신과 초의와의 어울림에서 얻는 즐거움을 도잠道潛과 소식蘇軾의 교유를 인용하여 말하고 있다. 그리고 초의의 시 또한 자신을 가경佳境에 이르게 할 만큼 뛰어나다고 칭찬한다. 시주하는 사람들이 많아 돌아가지 못하는 것도 모두 초의의 덕이 뛰어나서 그러하다고 화운하고 있는 것이다.

여기에서 잠깐 초의가 자하에게 스승의 비문을 청한 까닭에 대해 살펴보자. 조선시대에 들어와 척불정책이 국시로 정해지면서 조선의 불교는 쇠퇴의 길로 들어서게 된다. 게다가 조선 중기에 왕사나 국사 제도가 폐지되면서 유가의 학자가 스님의 문집에 서문을 써준다던가, 입적 후에 비문을 써주는 일은 피해야 할 일 중의 하나가 되었을 수도 있다. 사문沙門의 신분으로 유가의 몸담은 학자의 문집에 발문을 싣는 것도 마찬가지였을 것이다. 그런데도 불구하고 초의가 자하에게 비문을 청하며, 또 자하가 이에 흔쾌히 응했던 것은 모두 초의의 사상과 학덕의 뛰어남에 기인했다고 밖에 볼 수 없다. 조선 중기 왕사제도가 폐지된 이후 왕으로부터 사호賜號를 받은 스님은 초의 밖에 없다는 사실도 이를 잘 증명해 준다고 하겠다.

자하가 유가의 세계에 살고 있었지만 부인의 타계他界와 아들의 죽음으로 인하여 불교적 인생관을 견지하게 되었고, 불사佛事에 더 많은 관심을 가지고 전국의 여러 사찰을 두루 다니며 불교적인 색채가 짙은 시를 많이 썼다는 사실도 주목할 만하다. 자하가 불교 사상에 조예가 깊었다고 함은 부처의 생년 문제를 시로 주고받은 사실이 있는 것만 보아도 충분히 알 수 있다. 다음 시를 보자. 먼저 자하의 원시原詩이다.

부처의 탄신일은 좀 이른 오늘이니
이는 나의 억설이 아니고 근거가 있네
주정과 하정은 인월과 자월로 세웠으니
사월과 이월이 따라서 전도된 것이지
소왕 갑인년 사월 팔일은
서방에서 성인이 태어나 천도를 실현했네
항성이 사라지고 샘물이 넘쳐 흘렀으니
태사 소유는 기이한 징조라 점을 쳤지
이는 바로 하정의 이월달인데
세상은 살펴보지도 않고 어찌 그리 떠드는가
우리나라 사람들은 상원절은 가볍게 여기고
부처님 오신 날만 욕불하고 연등하며 중시했지
마침내 사월 초파일을 날짜로 잡아

불탄일이라 여겨 등불을 요란하게 밝혔네
이제 내가 다 늙어서 스님에게 글을 띄우니
이월 팔일 봄날 강가의 새벽 아침이로다
나의 등불 한없이 많지만 본래 무등하여
부처님 일을 시로 지으니 마음은 경건해진다
수정 구슬은 푸른 물결 너머로 두둥실 떠다니고
먼 산이 팔자 모양으로 고운 눈썹을 쓸어낸다
중간에는 연화대가 우뚝 솟아 있는데
법상은 단아하고 엄중하게 칠보를 휘감았도다
머리 조아려 공양하는데 부처님은 말씀이 없고
남몰래 묘체를 건네시니 마음 속 깊이 스며든다
세상사 온갖 영욕 알고 보면 평등한 것이니
다시 한 번 업장을 넘어 번뇌를 없애야지
이런 생각하는 중에 홀연히 사라지고
산 빛깔과 강 빛깔이 온몸을 두루 감싸는구나[52]

부처의 탄신일을 두고서 세상에 말이 많자 자하는 시에다 자신의 의중을 담아 초의에게 보냈다. 날짜를 두고서 왈가왈부하는 것보다는 불심 그 자체가 더욱 중요하다는 자신의 견해를 피력했던 것이다. '주정하정건인자周正夏正建寅子'라는 구절은 '세수歲首'에 대한 기준 적용을 말한 것이다. 주나라의 역법에서는 인월寅月을 세수로 삼았고, 하나라의 역법에서는 자월子月을 세수로 삼았다. 그렇기 때문에 인월을 세수로 하면 자월로 세수하던 때의 4월이 곧 2월이 된다. 즉 부처의 탄신일이 2월 초파일이든 4월 초파일이든 그것은 의미가 없다는 의견을 피력코자 한 구절이 되는 것이다.

다음은 이에 대한 초의의 생각이 나타난 시이다.

이월 팔일과 사월 팔일은
석가의 생일로 의견이 분분하다
살펴보면 주나라 소왕 때에 그치지도 않고
무을과 하걸의 때까지 올라간다네
어떤 때는 초나라 장왕 때에 이른다고도 하는데
춘추는 원래 날짜가 틀리지 않는 것
소왕이라 하는 것의 근거를 알지 못해도
갑오년 갑인년 하며 서로가 떠들썩하네
어떤 이는 입적하신 날이지 생일은 아니라는데
본래 나함기에는 부절로 상세히 적혀 있지
취령의 성인이 법인을 전하니
석주문자에서 현묘한 기운이 새어 나왔다
알려진 이야기가 모나고 치우쳐서
본래 뜻과 어긋나 그릇되게 바뀌었네
묘길상이 본래 만수리이고
무진의가 또한 아차말이라네
수많은 등불이 부처를 돕나니
이월을 사월로 고쳐도 거리낄 것이 없다네
그러나 우리 부처는 원래 태어남이 없으니
문을 나서 텅 빈 강물 보며 활연히 한 번 웃어 보일 뿐[53]

〈자하시랑의 이월 팔일 시에 화답함〉이라는 시이다. 석주문자石柱文字란 석주보천石柱補天과 같은 말이다. 석주는 옛날 여와씨가 무너진 하늘을 메우기 위해 세운 돌기둥으로, 소중하게 간직할 필요가 있는 문자를 말한다. 그리고 묘길상妙吉祥은 문수사리文殊師利를 번역한 이름이고, 만수리曼殊利는 문수보살의 다른 이름이다. 아차말阿差末은 무진의보살無盡意菩薩의 법명을 말한다.

이렇듯 초의는 같은 대상에도 똑같은 의미의 말이 수없이 많으므로, 이월이나 사월이나 새기기에 달렸을 뿐 이미 해탈을 이룬 부처는 태어남이 없으니 그저 가르침대로 살면 되는 것이라고 말하고 있다. 즉 초의는 앞서의 자하의 의견에 전적으로 공감을 하면서, 본질을 알려 하지 않고 허위의식에 사로잡혀 망념에 빠진 이들을 경계해야 할 것을 토로한다. 초의의 학문적 조예가 상세한 고증과 함께 명쾌하게 다가오는 작품이라고 할 수 있을 것이다.

천병식 또한 "자하는 시와 선을 같은 맥락에서 파악하려 하였으니 이 둘은 둘이 아니요 하나로 여겼다. 시와 선은 묘오妙悟의 상태를 중시하여 시에는 선취를 선에는 시취를 원용하였다. 여기에 첨가하여 차를 곁들였으니 자하 그는 다인이기도 하였다. 차를 사랑하기 위해서 마신 것이 아니라 그의 생활 자체가 차 생활이요, 차의 정신을 구현한 것이 곧 그의 일상이었으니 시에도 선에도 차가 곁들여지게 된 것이다."[54]고 평한 바 있다. 이처럼 차를 매개로 하여 시와 선을 곁들인 이 두 사람의 교유는 시와 차, 차와 선, 선과 시가 모두 둘이 아닌 하나라는 불이不二와 일여一如의 사상을 기저로 한 교유였음을 확인할 수 있겠다.

‖ 청교의 중심, 완당 김정희

흔히 해동의 유마거사로 일컬어지는 완당 김정희[55]는 문·사·철과 시·서·화를 고루 겸비한 학자이자 예술가로서, 시문과 고증학, 금석학, 경학, 글씨, 그림, 그리고 불교학에서 최고의 경지를 이루었다. 그는 조선왕조에서 금기로 여기고 있던 불교에 대해 특히 관심을 가져 불서의 섭렵과 선리의 참구로 당시 어느 선지식도 감당할 수 없을 만큼 불교에 정통한 학자였다. 당시 화엄종의 종장으로 77세이던 백파 긍선(1767~1852)에게 〈변망증오십조례辨妄證五十條例〉라는 글을 보내면서부터 시작한 선리 토론은 조선 후기 불교계의 선 논쟁을 보여주는 일대 사건으로, 이후 후학들의 선 논쟁에 단초가 되기도 하였다.

게다가 완당은 불교 관계 저술을 기피하던 사회여건에도 불구하고 허다한 불교 관계 저술 활동을 펼치기도 하며, 문학 활동에 있어서도 당대의 내노라 하는 문인들인 자하 신위, 해거재 홍현주 등과 함께 선을 주제로 수창시를 제작할 정도였다. 그 대표적 작품이 앞서 말한 〈운외몽중〉 시첩이라고 할 수 있다.

또한 완당이 교유를 맺었던 불교계의 인사들을 보자면[56], 만허晩虛[57], 무주无住[58], 영기永奇[59], 영하映河[60], 우담優曇[61], 해붕海鵬[62], 향훈香薰[63] 등이 있으며, 이들 외에도 불사와 관련하여 수많은 불교계 인사들과 교유하였음이 각종 문헌에서 확인되고 있다. 전 생에 걸쳐 수많은 불교계 인사들과 교유를 갖은 완당이지만, 특히 동년배의 지기였던 초의선사와의 교유는 더욱 각별하다고 할 수 있다. 초의는 30세 때 우연히 수락산에서 해붕대사와 함께 지내다 완당과 처음 대면하게 되었다고 한다. 이후 서울에 오면 항상 청량사에 머물면서 완당의 배려로 당시 세상의 촉망을 받던 김재원, 김경연, 권돈인, 조인영 등과 시회 등을 통해 교유를 갖기도 하였다. 게다가 완당이 제주도로 유배를 가 있던 때에는 스스로 바다를 건너 함께 생활하며 금란지교를 다지기도 하였다.

이들의 교유 관계는 『완당전집』에 실린 편지만 보아도 잘 알 수 있다. 완당이 권돈인에게 보낸 편지가 35통인데 반해 초의에게 보낸 편지는 38통이나 된다. 시를 주고받고 편지를 보낸 것도 초의 쪽이 많을 정도로 가까웠다. 물론 그것은 초의가 해남 일지암에 주석하여, 자주 만날 수 없었던 사정 때문이었을 것이다. 특히 초의는 좋은 차를 완당에게 보내주었고, 완당은 이에 답하는 글씨를 써서 보내주곤 하였는데, 〈명선明禪〉이라는 작품은 그 대표적 예가 될 것이다.[64] 다음 글은 초의가 법제한 차 맛이 그리워 어서 차를 보내 주라고 재촉하는 내용으로, 그들의 우의가 어느 정도였는지 짐작할 수 있게 해 준다.

> 나는 스님을 보고 싶지도 않고 또한 스님의 편지도 보고 싶지 않으나 다만 차의 인연만은 차마 끊어버리지도 못하고 쉽사리 부수어 버리지도 못하여 또 차를 재촉하니, 편지도 보낼 필요 없고 다만 두 해의

> 쌓인 빚을 한꺼번에 챙겨 보내되 다시 지체하거나 빗나감이 없도록 하는 것이 좋을 게요. 그렇지 않으면 마조의 고함[할喝]과 덕산의 매질[봉棒]을 받을 것이니, 이 한 고함과 이 한 매질은 아무리 백 천의 겁이라도 피할 길이 없을 거외다.[65]

완당은 위와 같이 해학이 넘치는 글을 보내어 차를 청하기도 하였다. 게다가 언젠가 초의가 차를 보내면서 다른 친구 백파白坡에게도 전해 줄 것을 부탁하자 좋은 차에 욕심이 난 완당이 '나누어주신 차를 백파에게 주기가 아깝습니다. 큰 싹과 고아한 향기며 맛이 너무도 뛰어납니다. 한 포만 더 보내줄 수는 없는지요?'라고 쓴 편지도 있다.

완당은 연경을 방문했을 때 그곳에서 맛 본 승설차勝雪茶에 매료되어 다도에 접하게 되었다고 한다. 그때의 그 차맛을 잊지 못해 '승설도인'이라는 호를 쓰기도 하였으며, 제주도의 대정에서 귀양살이를 할 때는 '죽로지실竹爐之室'이라는 휘호를 쓰기도 하였다. 죽로는 차 화로에 씌우는 대로 만든 씌우개이다. 이렇듯 완당 역시 누구 못지않게 차를 즐겼던 다인이나 차에 관한 시편은 많이 남기지 않은 듯하다. 한편 이에 대한 초의의 답서가 분명 존재했으리라 짐작되지만 현재 남아 있는 것을 찾아보기는 어렵다. 다음 작품은 이러한 교유로 시작되어 쌓아가던 그들의 우정이 어떻게 사상적으로 융합되어가는지를 보여준다. 완당이 초의에게 준 〈희증초의戱贈草衣 병서並序〉라는 시이다.

매괴를 해당이라 거듭 둘러 씌워 전해오고
우미인은 노소년으로 와전되어 버렸네
확실한 잡화의 진실의를 가리자면
장차 소초에 얽혀진 걸 끌어 풀어야만 하느니[66]

초의가 『군방보群芳譜』라는 책을 초했는데, 여기에는 증정證正이 많으니, 이를테면 해당海棠과 우미인虞美人 류類 같은 것이 그 일례라고 완당은 이 시의 병서並序[67]에서 말하고 있다. 우미인은 우미인초虞美人草로서 양귀비초楊貴妃草를 말하고, 노소년은 안래홍초雁來紅草의 별칭인데도, 이 둘을 혼동하여 사용함을 증정한 것이다. 또한 완당은 이르기를 잡화경雜花經 중의 소초疏鈔로 인하여 그르친 것이 해당과 우미인뿐만 아니라 수도 없이 많으니 마땅히 하나하나 증정을 이와 같이 해야 할 것이라고 말했다. 초의의 학식, 그것도 유가의 학식이 뛰어남을 시로써 간단명료하게 표현하며 칭찬하고 있는 것이다.

완당이 위당威堂 신관호申觀浩에 준 편지에서도 '초사草師 또한 남쪽 지방의 이름난 숙학宿學으로 총림叢林 가운데 흔히 있는 사람이 아니네. 지금 그의 시론을 보건대, 또한 거울과 거울이 서로 비추고 도장과 도장이 서로 부합되는 것을 알겠으니 참으로 매우 훌륭하도다.'[68]라고 하여 극구 칭찬하고 있다.

선의 수행과 사상에 관련해서도 추사는 완당은 흠모해 마지않는다.

눈앞의 조수차를 마음껏 마셔대고
손에는 군건히 범지화를 쥐었다네

외친 뒤에 귓문이 차츰차츰 젖어드니
봄바람 부는 곳 그 어딘들 산가가 아니리오[69]

위는 〈유초의선留草衣禪〉이라는 시이다. 초의가 거처하는 곳에서 함께 머무르며, 선에 대해 이야기하고 불법을 배우는 과정에서 느낀 바를 표현한 시이다. 초의가 본연의 임무인 선 수행에 있어서도 한 치의 허점도 없이 굳건하게 정진하고 있음을 옆에서 지켜보면서 그 모습을 은근히 조주화상趙州和尙에 비견하여 말하고 있는 것이다. 이 시를 통하여 완당이 초의를 보면서 느낀 선의 실체는 바로 차를 마시며 대화하는 것, 또한 그 자체가 불법을 구하는 이에게 있어서는 바로 선이 된다는 것이다. 범지화梵志華란 불법을 구할 뜻을 지닌 자에게 설법하는 것을 말하는 불교 용어인데, 이런 종류의 시어가 사용된 것을 보면 완당 역시 불교에도 매우 심취해 있었으며 또한 일가견이 있었음을 알 수 있다.

초의에 대한 완당의 이러한 생각은 그 자신이 불가와는 거리가 있는 사람임에도 불구하고 훗날 초의와 백파 간에 이루어졌던 선 논쟁에 개입하는 하나의 요인이 되었으리라고 여겨진다. 현실과 마음이 항상 함께 하는 초의의 생활에서, 그리고 언제나 자신의 위치를 잊지 않고 스스로 다독이며 수행하는 초의의 모습에서 완당은 아마 '현실세계'와 '마음세계'가 둘이 아닌 하나라는 초의 선에 깊이 감응하였던 것 같다. 그렇기 때문에 이와는 반대의 입장을 펼쳤던 백파의 주장에 대해, 평소 절친한 벗이었음에도 불구하고, 초의의 주장에 동조하며 손수 반론을 펼쳤던 것이다. 백파에게 보낸 〈변망증오십조례〉란 글이 그것이다.

다음 글은 초의와 완당, 그리고 백파와의 관계가 어떠했으리라는 짐작을 가능케 해준다.

> 생각에 돌아가는 막대가 멀리 들렸으리라 일렀는데 뜻밖에 그 사이 학림사에 머물렀다니 아마 백파 늙은이의 교회狡獪한 수단에 얽히고 감기게 된 모양이구려. 이 늙은이가 역시 강설說講에는 『소초疏鈔』에 난숙爛熟하여 구해口海가 물결이 뒤집히나 선리禪理에 이르러는 실로 그 깊고 얕음을 아직 모르고 있는 터요. 이 몸은 병이 요즘 심하여 한 번 모임에도 참여하지 못하니 자못 서글프기만 하오.
>
> 함생咸生은 모르괘라. 이 어떤 사람인가? 그 노사老師의 편지를 가지고 와서 한 두 번 보았을 따름인데 이들은 금심수구錦心繡口가 넘실대어 마를 새 없고, 경력經歷한 바도 이미 많아서 무어라고 말할 수 없구려. 사師의 선禪은 금선金仙에 있고 또 두륜頭輪에 있으니 이 밖에는 다시 선이 없을 것이라 생각되오.
>
> 어느 때나 행장을 챙기겠는가. 여기에는 봉송奉送할 하찮은 물건이 있는데 우중이라 부쳐 보낼 수 없으니 갠 날을 기다려 다시 계획함이 좋을 거요. 천양은 더하지도 않고 덜하지도 않으니 역시 하나의 선禪이로세. 팔이 돌기둥 같이 무거워서 장황히 못 쓰네. 불식.[70]

계속해서 초의가 완당에게 보낸 다음 시를 보면 둘 사이의 이러한 사상적 영향 관계를 다소나마 짐작할 수 있을 것이다.

모든 일들 끝내 봄눈 녹듯 스러졌지만
뉘 알리오, 그 중 마멸되지 않는 것 있음을
달빛 담뿍 담은 가을 하늘 그 깨끗함
맑고 온화하여 교결함을 비교하기 어렵네
뛰어난 모양과 못난 형체를 누가 따지는가
진실한 이름 거짓된 호칭 모두 원래 없었던 것이지
처음부터 가정[71]은 서로 분별되지 않았는데
누가 향불 올림은 옛 인연 맺는 것이라 말하는가
서로 풀고 서로 거두니 찾을 곳은 사라지고
함께 살고 함께 죽는 것 서로 말하지 말라
한 번 돌아보고 한 번 기뻐하나니
깊고 깊은 정회를 다시 끊을 것인가
서른 번 치는 막대기 두려워하지 않았고
이럭저럭 구름을 따르니 험한 산도 발 아래라
문득 유마힐이 거처하는 방장을 보니
백옥계 안에서도 황금으로 담을 둘렀구나
옥녀가 때때로 하늘 꽃을 흩뿌리며
만수화[72]와 분타화[73] 꽃 마디를 뽑아 던지네
바닥 없는 바리때에다 중향반을 받들고
들리지 않는 귀로 소리 없는 말을 들어본다네
번뇌와 티끌은 머물 곳이 없는데
누가 있어 맑은 물에 깨끗이 씻을 것인가
불이문[74] 안 삼십여 사람들에게는
부처님의 장광설도 쓰일 바가 없으려니

그대는 보지 못했는가
이후로는 모두가 이자유伊字喻를 사용하리니
가로세로 병립하고도 또한 떨어져 있는 것을
내 그대에게 일전어 한 마디를 부탁하나니
법희공과 선열식[75]으로
탐욕스런 인간들을 돌아봐 주시게나[76]

〈기산이 차를 보내준 일에 감사하면서 장구를 지어 보냈기에 삼가 차운하고 아울러 쌍수도인에게도 시를 지어 보낸다〉는 제목의 장편시이다. 이 시는 지음知音인 쌍수도인, 즉 완당에게 보낸 작품으로, 여기에서 초의는 한 마디로 문자선文字禪과 구두선口頭禪을 배제하라고 이야기한다. 그리고 깎아 없앨 수 없는 일단一段, 즉 진리가 있으니 이것은 이후로 모두가 사용할 '이伊' 자字라고 하였다. '이자유伊字喻'란 실담문자悉曇文字[77]인 이(∴)자의 모양이 세 점으로 이루어졌음을 말한다. 그 배열하는 위치가 가로로 서지도 않고 세로로 서지도 않아 삼각관계를 이루었으므로 삼즉일三卽一·일즉삼一卽三·불일불이不一不異·비전비후非前非後를 비유할 때 쓰이는 말이다. 즉 이러한 경지에는 참됨과 거짓이 본래부터 없었고, 분별과 헤아림으로도 미치지 못하는 곳이니 번뇌도 떨어지고 티끌도 때도 붙지 않는다는 의미이다.

육신을 가지고 살아가는 동안 일어나는 일이란 것이 알고 보면 모두 육신에 얽매어 생긴 탐욕의 결과이다. 이를 극복하고 청정한 본원으로 돌아가는 것, 이는 영원히 사라지지 않을 진리를 얻는 첩경일 것이다. 시작도 없고 끝도 없으며, 찰나도 억겁도 없는 절대적인 공간, 그 공간에서만 느낄 수 있는 여러 가지 이미지들이 이 시에는 다양하게 묘사되어 있다.[78]

그리하여 마침내 초의는 완당에게 넉넉한 학인의 심기로 그리고 자신의 법희공과 선열식으로 언제나 탐욕에 찌든 가여운 존재들에게 진리와 깨달음의 기쁨을 함께 보여주자고 제안한다. 완당 역시 초의의 이런 마음을 이미 알기에, 그리고 자신 역시 그러한 기쁨을 함께 맛보길 기원하기에 이 시는 더욱 깊게 자신에게 다가섰으리라 생각된다. 그리고 이 시는 초의의 시 중 특히 어렵고 많은 불교 용어가 쓰인 점, 그리고 그런 시를 완당에게 보냈다는 점에서 완당의 불교적 깊이를 간접적으로나마 짐작케 해주는 작품이라 하겠다.

당시 불교계에서는 석가의 탄신일을 두고 논쟁이 있었던 듯하다. 이러한 논쟁에 불교계의 인사들뿐만이 아니라 당대의 내노라하는 유학자들도 개입되어 있었음이 현전하는 시편을 통해 확인되고 있다. 그 중 대표적인 것이 자하 신위에게 초의가 답변하는 형식의 〈봉화자하시랑이월팔일지작奉和紫霞侍郎二月八日之作〉이 있으며, 완당 역시 이에 대한 자신의 입장을 시로 표현하였다. 다음은 〈이월 팔일 작불신에 답하다. 초납을 대신하다〉라는 완당의 시이다. 이 시는 초의를 대신하여 자하에게 부처의 탄신일에 대해 답을 한다는 내용으로 초의의 시와 거의 닮아 있다. 초의와 완당의 생각이 같다는 의미일 것이다.

이월 팔일과 사월 팔일이라
석가의 생신 날짜 이설이 분분하네
자세히 고찰하여 주 소왕에 그칠세라
위로 무을 아울러 하걸마저 소급하네
야명이란 도리어 장왕의 시대거니
춘추 본래 월일의 차이가 아니라네
모를레라 주소는 또 무엇을 근거했나
목왕이라 평왕이라 다시 서로 시끄럽네
임자를 가져다가 갑인을 만들기도 하고
소요의 각석은 어이 그리 황홀한가
오일이라 칠일이라 그 또한 일정치 않아
고경이랑 장력은 서로 각각 갈등일네
이는 도에 든 날짜요 생신은 아니라고
아나함은 본래 구별 일으키지 않았다오
취령의 성현은 법인을 전수하고
석주의 문자는 현기를 누설했네
성문은 의희하여 방우에 집체되고
이가는 번전되어 탈오가 하도 많네
묘길상은 근원이 만수리라 이를진대
무진의는 바로 곧 아차말이 아니든가
천구에 달 찾으니 모두 다 환상이요
소경 앞 상을 말해 이해할 자 누구던고
화호경 그도 또한 근거라곤 전혀 없어
이 송사 길고 길다 어느 때 끝날는지

이구 성인 생신도 역시 말이 다르다오
겁 전이라 은현을 뉘 능히 다 알손가
백천의 등그림자 모니주로 통일되니
사월도 해롭잖고 이월도 마찬가지
그렇지만 우리 부처 본래는 무생이라
밖에 나와 웃어보니 빈 강이 툭 트이네[79]

이 작품을 보면 결론적으로 완당은 석가의 탄신일을 두고 그 논쟁의 '의미 없음'을 이야기한다. 이러한 결론을 이끌기 위해 완당은 당대의 이름난 고증학자답게 불교 및 중국 역사에 대한 해박한 지식과 더불어 지난 역사에 대한 철저한 고증을 내세운다. 좀 더 쉽게 이 시를 이해하기 위해 주해註解를 곁들어 다음과 같이 산문화한다.

석가의 생일이 이월 팔일이냐 사월 팔일이냐 하는 문제로 세간에 여러 설들이 있습니다. 예를 들어 주나라의 소왕보다 먼저 은나라의 무을이나 하나라의 하걸까지 소급해나가야 한다고 하지 않습니까? 게다가 야명은 본래 초나라 장왕의 시대에 이루어졌는데, 이를 두고 또 초나라의 목왕이니 평왕이니 하는 설들이 많은 예도 있지요. 주나라 소왕에 대한 근거를 대지 못하는 것도 다 이러한 문제들 아니겠습니까? 고경이나 장력이 서로 기준이 다르다 보니 생겨나는 문제인 것입니다.

불경의 『아나함』에 이르는 것처럼 입적한 날짜이든 생일이든 이러한 것들은 본래 아무런 의미가 없습니다. 석가가 취령에서 법을 설파하고 석주의 문자가 이미 그 뜻을 내보였습니다. 그러나 그 평판들이 분명하지 않고 사방이 막히어서 서로 잘못되고 때론 탈락되어 그 뜻이

전할 뿐입니다. 묘길상은 문수사리를 번역한 이름이고, 만수리는 문수보살의 다른 이름입니다. 아차말은 무진의보살의 법명을 말하는 것이니 서로 틀림이 없는 것이지요.

중국 서진의 도사道士 왕부가 지었다고 하는 『화호경』이 있습니다. 노자老子가 인도에 들어가 부도浮屠 즉 부처가 되었다고 하는 노자화호설老子化胡說을 펴고, 또 도교의 교조敎祖가 불교의 교조인 석가보다 앞섰다고 말하고 있지요. 그렇지만 이러한 『화호경』의 내용조차 그 근거가 없습니다. 우리 공자孔子의 생일조차 분명하지 않은데 도대체 이러한 논쟁은 언제나 끝날는지요. 어차피 부처는 본래 무생無生이니 사월도 좋고 이월도 상관없습니다.

윗글을 참고로 하여 보면 우선 앞 시의 처음에서는 사람들이 석가의 생일을 주 소왕 이전의 무을과 하걸까지 올려 잡는 등 뭇 성인들보다 앞서 하려는 경향을 꼬집고서, 이의 잘못됨을 고증한다. 즉 주 소왕까지 소급한다는 사실에 대한 근거가 어디 있는지 알 수 없음에도 이를 마구 언급하며, 또한 목왕과 평왕에 대한 논쟁 역시 그러한 부질없는 논쟁에서 나온 것이 아니냐고 반문하는 것이다. 기준으로 내세우는 고경과 장력이 서로 갈등의 여지가 있으니 어찌 보면 당연한 논쟁일 수 있으나, 불교적 관점에서 보면 이는 '무별無別', 즉 본래 구별이 없는 법이니 논쟁 자체가 아무런 의미가 없다는 결론이다.

여기에서 우리는 완당이 학문을 대하는 태도의 일면을 엿볼 수 있다. 중국의 역사를 꿰뚫는 해박한 지식을 동원한 고증학적 신술 태도를 기반으로 하나씩 단계를 밟아 목적하는 바를 달성코자 하려는 것이다. 이 시의 본래 목적이 석가의 탄신일을 밝히는 데 있겠으나, 그 '사상 혹은 철학'의 특수성으로 인해 결론은 결국 진술의 방법에 비해 너무도 싱겁게 끝나버리는 면이 없지 않다. 이러한 면은 주제가 불교라는 특수성으로 말미암은 것이기에 얼마든지 용납될 수 있는 부분이다. 결국 불가의 입장에서 보면 당연한 귀결이 될 수밖에 없는 것이다.

또한 이러한 상황에서 주목되는 점은 완당이 초의를 대신해서 자하에게 시를 보냈다는 것이다. 자하와 완당과의 관계[80]를 염두에 두고 보면 이 둘이 주고받은 이러한 종류의 시편들은 고증학적 학문 태도에 대한 서로의 공부가 아니었을까? 결국 그 공부에 대한 소재가 석가의 탄신일이 된 것일 뿐, 탄신일 자체에 대한 결론은 그다지 중요한 부분이 아니었을 수도 있었던 것이다.

이러한 시적 결론에도 불구하고 주목해야 할 점은 불교 그 자체가 이들에게 이미 탄압되고 멀리해야할 종교가 아니라 생활 속에 녹아든 생활 철학이었기에 자신들의 학문 세계에 이끌어져 깊이 연구되고 있었다는 점이다. 적어도 이들에게는 불교가 학문적 영역으로서 당당히 자리매김된 것이라고 할 수 있겠다.

완당의 선의 경지를 말해주는 다음 작품을 한 수 더 소개한다.

> 나는 저 해와 달을 바라볼 때마다
> 광경이 늘 새롭다는 것을 깨닫는다네
> 만 가지 현상이 제각각 그대로 있어

절과 절 속세마다 그대로 미치니
누가 알리요 가물가물 텅 빈 저 곳에
이 눈이 이 사람과 한 몸인 것을
빈 소리 빗소리로 착각하는데
빈 꽃은 봄을 이루지 못하나니
손 가운데 수많은 보물일랑은
이웃에서 빌리는 게 아니랍니다[81]

〈수락산사水落山寺〉라는 이 시는 완당이 해붕대사를 만나러 다닐 때 지은 시로 추정된다. 고증학의 대가요, 전고시에도 일가견이 있던 완당이 지은 시라고는 전혀 믿기지 않을 정도로 쉬운 시어를 사용하여 마치 한가한 절집에라도 들어선 양 그윽한 시상을 전개한 작품이라고 할 수 있다. 그러나 누구나 겪고 있는 일상 속에서 새로움을 깨닫는다는 것, 그리고 그 깨달음을 이렇듯 편안한 시어로써 표현해 낸다는 것은 결코 쉬운 일이 아니다. 어떠한 마음을 가지고 있느냐에 따라 세상은 달리 보일 수밖에 없다. 그래서 같은 하늘 아래 같은 해를 보고 같은 달을 보아도 자신이 사는 세상이 다르고 타인이 사는 세상이 다른 법이다. 그렇기 때문에 이 시에서 보여주고자 하는 추사의 마음도 이와 다름이 없다고 할 수 있을 것이다.

다음은 제화시를 통해 완당의 불교적 경지가 어떠했는지 엿볼 수 있는 경우이다. 완당은 이십여 년 동안 전혀 난을 그리지 않은 것이 아니라 함부로 그리는 것을 경계했는데, 그런 그의 심정을 잘 나타낸 작품이 〈부작란화이십년不作蘭花二十年〉이란 화제가 붙어 있는 일명 〈불이선란不二禪蘭〉이라는 난 그림으로, 다음과 같은 절구가 적혀 있다.

> 난초 치지 않은 지 어언 20년
> 우연히 하늘의 본성을 옮겨 놓았구나
> 문을 닫고 안타까이 머물 곳 찾아보니
> 유마의 불이선이 바로 이곳일러니[82]

이 절구에 바로 이어서 '어떤 사람이 그 이유를 설명하라고 강요한다면 또한 비야리성毘耶離城에 있던 유마의 말없는 대답으로 응하겠다'[83]라는 설명이 붙어 있다. 그리고 몇 개의 제화畵題가 더 있으나 이 글에서는 생략한다. 유마의 불이선은 『유마힐소설경維摩詰所說經』 제9 〈입불이법문품入不二法門品〉에 있는 개념으로, 모든 보살들이 앞을 다투어 선열禪悅에 들어가는 상황에 대해 말하고 있을 때 유독 유마만이 최후의 순간까지 아무 말도 하지 않았다고 하는 데서 유래한 말이다. 그러자 모든 보살들은 말과 글자로 설명할 수 없는 것이 진정한 법이라고 감탄했다는 것이다.

불교에서 불이란 '둘이 아니다'라는 의미가 아니라 '하나[일一]'로써 곧 법성法性 또는 진여眞如를 말하는 개념이다. 다시 말하자면 불이는 두 개가 대립하고 있으면서도 조화를 깨뜨리지 않고 있으며, 그 조화 속에서도 대립의 양상은 없어지지 않는 절대 평등 내지 절대 조화의 개념이다. 이는 난화蘭畵로 보자면 곧 종이 위에 그리는 것보다는 마음속으로 체득하는 것이요, 시로 보자면 소리로 읊어지는 것보다는 마음의 느낀 바가 있어야 한다는 뜻이라고 할 수 있다. 나아가 정신적 깨우침으로 보자면 말없는 가운데 마음을 펼칠 수 있어야 하며, 그렇게 하는 것이 곧 '오도悟道'가 되는 것이라는 뜻이다. 즉 마음 안의 모든 조화가 문학이요, 예술이며 오도가 되는 것이다. 그렇기 때문에 이 작품은 한 편의 제화시가 아닌 어떤 선사의 오도시를 대하는 느낌이며, 실제로 해동의 유마거사라는 평을 들었던 완당의 불교적 경지를 보여주는 작품이라고 할 수 있겠다.

완당과 초의와의 교유는 사상과 시뿐만 아니라 그림에까지도 이어진다.

> 초의란 늙은 중이 먹에서 참선하여
> 등 그림자 불꽃에 먹 그림자 둥글었네
> 자르지 않아 등 불꽃 머무를세라 그대로 한 번 도니
> 연꽃은 천연스럽게 불 속에서 솟아나네[84]

초의는 불화와 서도에도 일가견이 있었다. 그렇기 때문에 일찍이 허련許鍊이 초의에게 그림과 글씨를 배우고자 그의 문하에 들었을 때, 이를 인연 삼아 초의는 그를 완당에게 보내어 그림공부를 하게 하였던 것이다. 이 시는 초의가 연꽃을 그린 그림을 보고서 완당이 지은 〈우사연등芋社燃燈〉이라는 작품이다. 연꽃의 생생함을 불꽃으로 묘사하면서, 이 같은 그림은 신실한 수행으로 인해 가능하였음을 말한다.

초의의 예술 행위가 어디까지나 신실한 수행이 그 바탕이 되었음을 익히 알 수 있게 해 주는 작품이라고 하겠다. 초의의 그림에 관한 경지는 그의 나이 27세 때 다산과 그의 제자인 윤동尹峒과 함께 월출산 백운동에 올라 월출산의 외경을 그린 그림[85]이 남아 있다는 사실을 미루어보아도 알 수 있다.

이렇듯 초의와 완당의 교유는 평생에 걸친 지음으로서 금란지교라 이를 만큼 두터웠다. 이들은 서로 동년배로서 서울에서 처음 만난 후 42년 간 두터운 사이를 지속하는데, 이들의 교유에는 진실로 맑고 깨끗함이 있었고, 존경과 깊은 우정이 함께 하였다. 완당의 집안은 대대로 불교를 믿었다. 이러한 인연으로 완당은 어려서부터 불교 경전을 읽고 참선을 수행하여 만년에는 크게 깨달음을 얻어 우리나라의 유마거사라고까지 불리게 되었다. 이러한 그의 종교적 분위기는 초의와 쉽게 가까워질 수 있었던 하나의 계기가 되었을 것이다.

초의와 완당의 사상적 만남은 완당이 초의에게 38회에 걸쳐 보낸 편지와 6수의 시에서 드러난 대로 차와 선이 그 대부분을 차지하고 있다. 이들은 선이나 시, 그리고 글씨와 그림 등에 관한 대화를 주로 주고받았으며, 사상적인 면에서나 기호적인 면 등에서 수많은 공통점을 서로 확인해 갔다. 물론 그 밑바닥에는 차의 향기가 스며 있었음을 부인할 수 없다.

조선 후기에는 실학이 번성하면서 오랫동안 조선의 중심 사상이었던 주자학에 대한 반성과 비판의 기운이 일어나기 시작한다. 이 시기, 이미 유사들에게 있어 불교는 더 이상 정치적으로 금기시 되던 사상이 아니라 생활철학 내지 학문적 탐구의 대상이 되어있었다. 게다가 청으로부터 천주교가 수입되는 등 학문과 사상 전반에 걸쳐 변화의 기운이 일자 완당은 이때 해거도인, 자하 등과 더불어 불교에 심취하게 된 듯하다. 완당과 백파선사와의 선 논쟁이나 자하와 초의와의 불사에 관한 사상적 교유는 이 시기의 사상적 변화를 더욱 분명하게 알게 해준다. 물론 앞서 언급했던 중국의 소동파나 황정견의 불교 사상과 시선일치의 이론에 지대한 영향을 받은 것도 사실이다. 그러나 무엇보다 중요한 것은 그들의 교유에는 그 어떤 장애도 보이지 않았으며, 이는 이미 그들의 사상적 결합이 원융하게 이루어 질 수 있었던 감성의 습합 작용도 한 몫을 담당했으리라 짐작할 수 있겠다.

■ 주석

1 이 절의 내용은 졸고인 「유사들의 시에 나타난 선취 연구」, 『고시가연구』 제14집, 한국고시가문학회, 2004를 수정하고 보완한 것임을 밝힌다.

2 杜松柏 지음, 朴浣植・孫大覺 옮김, 『선과 시(禪과 詩)』, 민족사, 2000, 317~349쪽 참조.

3 日日看山看不足 時時聽水聽無厭 自然耳目皆清快 聲色中間好養恬. (冲止, 〈閑中自慶〉. 『圓鑑國師歌頌』. 『韓佛全』 第六册, 371쪽.)

4 조태성, 「한국 선시의 갈래와 선취의 문제」, 『고시가연구』 22집, 한국고시가문학회, 2008, 345쪽.

5 정 민, 『한시미학산책』, 솔출판사, 2001, 390쪽.

6 유홍준, 「秋史 金正喜 筆 〈雲外夢中〉帖 고증」, 『人文硏究』 18집, 영남대학교 인문과학연구소, 1997.

7 해거도인 홍현주의 글은 미간 육필본인 『海居齋未定藁』 권1에 실려 있고, 자하의 시는 『申緯全集』 제2권과 『警修堂全藁』 권 39에 실려 있으며, 완당 김정희의 글은 『阮堂全集』 제10권에 〈題雲外居士夢偈後〉라는 제목으로 그대로 게재되어 있다.

8 還有一點靑山麽 雲外雲夢中夢.

9 유홍준, 『완당평전』 1, 도서출판 학고재, 2002, 235~236쪽.

10 昔空山一老古錐 自題其小照云 夢中夢 身外身 黃山谷 又引以爲自像贊 今小棠小影 卽一夢中夢身外身 重之以倚書手書 夢中身外 添得一境 夢與身皆漚幻 書獨爲眞如法身 如求小棠 不於其身夢 而在於書 況小棠髮白面皺 七十八十以後 此照非照 書固自在.(金正喜, 〈題小棠小影〉, 『阮堂全集』 卷之六. 민족문화추진회 편, 『국역 완당전집』 2, 도서출판 솔, 1996.)

11 海道人夢作禪偈 只記 一點靑山雲外雲夢中夢 十字 書來要洒翰作雙幅 故應之曰 一點點 靑山靑 雲外雲 夢中夢 復爲偈曰 夢夢雲雲悟幻形 副車眠榻卽禪扃 卷簾山色無多子 只在烟鬟一點靑 一點烟鬟靑復靑 副車眠宿入禪扃 夢非眞實雲无跡 誰繫蘧蘧藹藹形 春空藹藹起無形 午榻蘧蘧不閉扃 是夢是雲說偈已 烟鬟點點靑山靑.(申緯, 『申緯全集』: 孫八注 編校, 太學社, 1983,

1011～1012쪽.)

12 舫閣雪消風軟時 南簷奇暖坐如癡 初長冬至陽生日 更好梅花竹外枝 掃葉頭陀禪是墨 眠雲大士偈爲詩 喚回塵世蘧蘧夢 一點青山落硯池.(〈復題一詩呈海道人〉, 申緯, 위의 책, 1012～1013쪽.)

13 余於近日頗習禪悅 夢大海岸遇一磨衲老師 說玄百千萬語 皆龍樹妙詮毘尼秘旨 但記青山雲夢十三語 要掃落葉頭陀寫雙聯 揭之齋壁 並和其三絶一律 證此夢中公案.

14 雲雲無跡夢無形 那個梅花這個局 夢去雲來都是我 梅花點點一山青 / 梅花點點一山青 恁點青山不要局 雲是雲兮夢是夢 惺來所是夢中形 / 雲山夢我總忘形 住杖何人叩那局 一點青山還有麽 雲雲夢夢眼空青 / 空空色色悟來時 面目還他這個癡 萬古月留潭底影 一春梅洩鏡中枝 除非道士眞如諦 那得頭陀上乘詩 點點山青雲白外 玄陰何處是惺池.

15 旣和霞偈 又夢詩第二聯足成之.

16 善逝大悲大慈時 衆生衹管拔嗔癡 空將諦室垂千尺 且把優曇現一枝 不是惺不不是夢 也無偈也也無詩 繩床也自梅花觀 只麽山青影點池.

17 海居人和詩 旣極其奇麗 夜又夢得一聯 大非煙火食人口氣 是夢也緣起始現於鏡花 因想轉成於山雲 非偈非詩 頓造禪域 難去答來 轉成話頭 木犀香柏樹子又無以過此 誰知萬丈狂塵內 有此淸淨者 重公案 不可無統述一篇 復用前韻.(申緯, 같은 책, 1,013～1,014쪽.)

18 睡破參橫月落時 鏡燈花影轉成癡 維摩詰室開方丈 優鉢曇花現一枝 夢豈綺紈公子夢 詩非煙火食人詩 者重公案參禪味 惦徹中邊嚥玉池.

19 紫霞先生統述一篇 別是大乘 終教復和.

20 夢偈來來去去時 頭陀癡又道人癡 月升東嶺傳西嶺 花謝南枝遞北枝 那未現頭方妙法 卽無言地是眞詩 心心相印然然畫 消息何煩更墨池.

21 中底外邊一二形 山光開闔叩玄局 夢醒雲散知何處 還有青山一點青 / 拈起青山一點青 機鋒觸處啓雲局 萬里烏雲天際夢 百千燈攝百千形 / 或似花形似樹形 華嚴樓閣不關局 夢中雲外無遮住 信手拈來一點青.(〈那伽山人走題雲外居士夢偈詩帖後〉, 金正喜, 앞의 책, 卷之十.)

22 이 절의 내용은 본 저술의 목적에 맞게 졸고인 「초의선사의 다시에 대하여(2003)」, 「완당 김정희의 불교 한시(2003)」, 「초의선사의 시문학 연구(2003)」를 수정·통합하고, 관련 내용을 추가하여 보완한 것임을 미리 밝힌다.

23 초의선사에 대한 좀 더 자세한 일대기는 졸고인 「초의선사의 시문학 연구」, 전남대학교 박사학위논문, 2003을 참조할 것.

24 통광 역주, 『草衣茶禪集』, 불광출판부, 1999, 20～21쪽.

25 釋智賢, 『禪으로 가는 길』, 일지사, 1994, 150쪽.

26 叢林 或有趙州風 而盡不知茶道 故 抄示可畏.

27 千株松下 對明月而煎秀碧湯 湯成百壽則 未嘗不思持獻道人 思則便與明月爲侍座側而爲勝 此其所以不相隔碍之道理也 非別有個神通妙術而然也 近有北山道人 承敎垂問茶道 遂依古人所傳之意 謹述東茶行一篇以進獻 語之未暢處抄列本文而現之以對下問之意.(초의, 〈上海居道人書〉, 『文字般若集』)

28 통광 역주, 앞의 책, 19～20쪽.

29 釋智賢, 앞의 책, 157쪽.

30 釋智賢, 같은 책, 158쪽.

31 홍윤식, 『5월의 문화인물 - 초의』, 한국문화예술진흥원, 1997, 28쪽.

32 千柄植, 『韓國茶詩作家論』, 國學資料院, 1996, 218쪽.

33 聽鳥休晩參 薄遊古澗陲 遣興賴佳句 賞心會良知 泉鳴石亂處 松響風來時 茶罷臨流靜 悠然忘還期.(초의, 『艸衣詩集』.)

34 中歲頗好道 晩家南山陲 興來每獨往 勝事空自知 行到水窮處 坐看雲起時 偶然値林叟 談笑無還期.(王維, 〈終南別業〉. 기세춘, 신영복 편역, 『中國歷代詩歌選集』 2, 돌베개, 1994, 258쪽. 재인용.)

35 天光如水水如煙 此地來遊已半年 良夜幾同明月臥 淸江今對白鷗眠 嫌猜元不留心內 毁譽何曾到耳邊 袖裏尙餘驚雷 倚雲更試杜陵泉.(초의, 앞의 책.)

36 如然, 「禪과 茶의 文化」, 法興 엮음, 앞의 책, 60쪽을 참조할 것.

37 師問二新到 上座曾到此間否 云不曾到 師云 喫茶去 又問那一人 曾到此間否

云曾到 師云喫茶去 院主問 和尙不曾到 敎伊喫茶去 卽且到 曾到爲什磨敎 伊喫茶去 師云 院主 院主應諾 師云 喫茶去.(金雲學, 「韓國 禪茶의 硏究」, 『佛敎學報』 제12집, 동국대학교 불교문화연구소, 1975, 158쪽. 재인용.)

38 古來賢聖俱愛茶 茶如君子性無邪 人間艸茶差嘗盡 遠入雪嶺採露芽 法製從他受題品 玉壜盛裹十樣錦 水深黃河最上元 具含八德美更甚 深汲輕軟一試來 眞精適和體神開 麤穢除盡精氣入 大道得成何遠哉 持歸靈山獻諸佛 煎點更細考梵律 閼加眞體窮妙源 妙源無着波羅蜜 嗟我生淩三千年 潮音渺渺隔先天 妙源欲問無所得 長恨不生泥洹前 從來未能洗茶愛 持歸東土笑自隘 錦纏玉壜解斜封 先向知己修檀稅.(초의, 〈奉和山泉道人謝茶之作〉, 같은 책.)

39 城東有寺 境還眺曠 山門如舊 松石無恙 郊旭初舒 谷春始釀 選日命侶 高師是訪 相視而笑 兩心一樣 乃展厥襞 遞韻迭唱 千載西園 判不相讓 過去來今 證此石上.(홍현주, 〈四言古詩〉, 초의, 같은 책.)

40 翌日仍留淸涼山房 海居都尉 尹絅堂正鎭 李東樊 丁酉山 洪樗園羲人 洪葯人成謨 與余合七人 分韻賦詩 以請看石上藤蘿月爲韻 余得月字 詩令禁用梵語.(초의, 같은 책.)

41 …… 與余合七人分韻賦詩以請看石上藤蘿月 爲韻余得月字 詩令禁用梵語.(초의, 같은 책.)

42 正月中澣淸涼山 六衣冠參一禪境 禪境相看琴禪語 活機注與心機省 譬如平湖靜無波 汪汪琉璃三萬頃 師今遠涉人間世 名津渡頭西風猛 我有朝衣不堪贈 何以竟副禪師請.(초의, 같은 책.)

43 客來暝烟集 野寺鍾聲歇 併榻淸涼夜 回看松上月.(초의, 같은 책.)

44 綺席元來海樣寬 亦容癩可瘦權寒 敢將禁體翻新案 無字經中試學看.(초의, 같은 책.)

45 말이나 글귀의 형식을 떠난 부처의 진리를 말하는 범어.

46 山萬疊兮水萬重 重重疊疊鬱穹窿 崢嶸參錯奇秀傑 皆含肅穆正齊容 琮琤喧吼遞相響 時會碧潭靜溶溶 闊脚步步尋源 境深步窮源不窮 風涼雲暖日華姸 樹葉相舒花欲紅 將恨春歸無覓處 誰知轉入此中住 蕤英收藏堅固林 流曦攝入光明戶 我願與爾同住持 長年常作主中主(하략).(초의, 같은 책.)

47 (상략) 我亦前生佛弟子 苔岑輪廻互不窮 夜燈耿耿仍不寐 鉢興出郭初暾紅 鉢錫本自無定所 奇緣蹔得我墅住 (중략) 手製新茶感珍貺 暴富詩廚三夏糧 忽漫相逢卽相別 壞緖自與柳絲長 惡詩海深灾棗梨 只恐汚穢淸淨場 濫想申乞一語弁 頃禮非比祝吉祥 觀山不足爲師重 師心堅固一金剛.(초의, 같은 책. 林鍾旭, 『艸衣選集』, 東文選, 1993, 234~235쪽. 재인용.)

48 자하의 생애는 창강 김택영이 쓴 〈신위연보(申緯年譜)〉에 비교적 상세히 나타나 있는 편이다. 자하는 1769년(영조 45년) 서울 장흥방에서 태어났다. 자는 한수(漢叟), 호는 자하(紫霞)인데, 시흥의 자하산 별서에서 수학하였으므로 '자하'라고 자호(自號)한 것이다. 자하의 본관은 평산으로 그의 시조는 장절공 신숭겸(877~927)으로, 견훤에게 포위된 왕건을 구하고 전사한 장수이다. 자하는 비교적 늦은 9세가 되던 해에 상학(上學)하기 시작하여 31세인 1799년에 문과에 급제하여 초계문신으로 뽑히었다. 그러나 자하는 성격이 호탕하고 자신의 재주를 자부하여 인정과 물상에 소홀하였고, 지나친 예법에 얽매이지 않는 삶을 즐기는 생활태도를 취했다고 한다. 달 밝은 밤이면 시와 술, 가인과 벗하며 시권지(試卷紙)에 묵죽을 그리면서 유유자적한 생활을 하였다. 때문에 그는 벼슬길에 오른 지 10년 동안을 한직에서 보내었고, 또 그의 거침없는 시사에 대한 논평으로 가끔 위정자의 비위를 상하게 하여 항상 외직 신세를 면치 못하였다. 그러다가 순조 11년(1811)에 이르러서 비로소 정삼품에 올랐으나, 이미 만년을 바라보는 43세의 일이다. 이듬해 8월에는 진주겸주청사의 서장관 자격으로 연경으로 가게 되어 그곳의 문인・명사들과의 교유가 시작된다. 옹방강을 찾게 된 내력은 3년 전인 1809년에 추사의 아버지인 김노경이 동지겸사은부사로 연경에 가서 옹방강을 만났을 때 자하의 시재가 뛰어남을 소개한 바 있었기 때문이었다. 청에서 돌아와서 병조참지가 되고, 그 뒤 곡산부사와 승지를 거쳐 춘천부사로 부임하여 토호를 누르다가 견책을 받아 인(印)을 바치고 은거했다. 이후 순조는 자하를 형조참판으로 제수했으나 다리의 병으로 사퇴하고, 이듬해인 64세 때(1832)에 동부승지에 오르자 그를 배격하는 소장(疏章)이 일어나서 심리(審理)할 지경에 이르게 된다. 그러나 순조의 특명을 입어 다시 도승지에 제수되었는데, 그는 끝까지 대궐문 밖에서 대죄하였다. 이에 순조는 밤사이에 27차에 달하는 엄명을 내려 임직할 것을 재촉했으나, 자하는 끝내

사퇴하므로 마침내 평신진첨사로 좌천하였다. 그 다음 해인 65세에는 대사간으로 승직했으나, 당시 경기어사인 이성원이 자하의 강화유수 시절의 독직사건을 탄핵한 일로 인해 평산으로 귀양갔다가 다음 해에 도승지로 복직되었다. 헌종 원년(1835)에 이조참판이 되어 전형(銓衡)을 끝내자 대신이 그가 한 일 중에 격식이 맞지 않는 것이 있다하여 파면시켰다가 곧 다시 대사간에 특제(特除)된 것을 사면하였고, 7년 뒤인 76세에 병을 얻은 뒤에는 헌종이 녹용을 하사했으나 아무런 효험도 보지 못하고 헌종 11년(1845)에 77세를 일기로 파란만장한 생애를 마쳤다.(柳晟俊, 『申緯作品集』, 형설출판사, 1977, 156쪽.)

49 海鎭山郵遷謫日 恤惶文稿在亡多 塔銘一失嗟無及 禪墨重翻字不訛 蕆事終資千佛力 勞心好作十年魔 書來宛對繙經室 風味分嘗自製茶.(申緯, 〈代書答草衣師 竝書〉, 『紫霞詩集』 卷之六.)

50 開門人記閉門旋 回首中間十五年 秘閣丹鉛前學士 梵宮香火上乘禪 綠陰滿地三槐老 玉響穿雲一磬圓 漸愧闍黎情想在 憑將曉夢暗相牽.(초의, 〈北禪院謁紫霞老人〉, 같은 책.)

51 道潛坡老共周旋 此樂衰年有此年 苦茗嚴時宜砭俗 好詩佳處合參禪 乞銘二夢師如在 彈指三生性自圓 檀越滿城歸不得 忘情時有爲情牽.(申緯, 〈紫霞〉, 초의, 같은 책.)

52 釋迦生辰遇今蚤 非我臆說亦有考 周正夏正建寅子 四月二月隨顚倒 昭王甲寅四月八 西方聖作徵乾道 恒星不見井泉溢 太史蘇繇占奇兆 是則夏正之二月世俗不考何艸艸 東人不重上元節 競說浴佛燃燈好 遂令四月初八日 硬做佛誕燈火鬧 今我鬢絲寄禪榻 二月八日春江曉 我燈無盡本無等 作詩佛事心虔禱玻瓈萬頃綠浪上 遠山八字修眉掃 中間湧出蓮花臺 法相端嚴衣七寶 稽首白佛佛無言 意援妙諦心自了 一切榮辱本平等 再要業障消煩惱 作如是想忽無覩遍身山色江光繞.(申緯, 〈紫霞原詩〉, 林鍾旭, 앞의 책, 147~148쪽. 재인용.)

53 二月八與四月八 釋迦生辰紛紛說 細考又不止周昭 上溯武乙竝夏桀 夜明還是莊王時 春秋元不差月日 不知昭王更何據 甲午甲寅復相聒 或云入道非生辰 本起那含詳記莂 鷲嶺聖人法印傳 石柱文字玄機泄 聲聞依俙滯方隅 離迦飜轉恣訛脫 妙吉祥原曼殊利 無盡意乃阿差末 百千燈影攝牟尼 二月不妨作四

月 然而我佛元無生 出門一笑空江闊.(초의, 〈奉和紫霞侍郞二月八日之作〉, 앞의 책.)

54 千柄植, 앞의 책, 204쪽.

55 1786~1856. 조선 말기의 문신이자 실학자, 서화가이다. 자는 원춘, 호는 추사, 완당, 예당 등 500여 가지에 이른다. 경주 김씨 가문으로 당대의 권세가였다. 그러나 몇 가지 옥사에 연루되어 유배 생활을 반복한다. 특히 윤상도의 옥사에 연루되어 약 9년 간 제주도에 유배되었을 때, 제자인 이상적에게 준 〈세한도〉는 불후의 명작으로 꼽힌다.

56 유홍준, 〈자료・해제편〉, 앞의 책 참조할 것.

57 완당이 그에게 〈만허에게 희증하다(戱贈晩虛)〉라는 글을 남김.

58 완당이 그에게 사경게(寫經偈)를 지어줌.

59 완당이 1856년 10월 봉은사에 있을 때 영기의 『화엄경』 필사본을 목판으로 찍어냄.

60 완당이 영하에게 보낸 편지에 관음탱을 보여주는 내용이 있음.

61 완당이 그에게 〈희제하여 우담에게 보이다. 우담이 지금 복숭아뼈에 종기가 났다(戱題示優曇 曇方踝腫)〉라는 시를 써주었음.

62 선암사에 있는 〈해붕대사 영정〉에 완당의 찬문이 들어 있음.

63 완당이 견향게(見香偈)를 주었음.

64 유홍준, 앞의 책, 152쪽.

65 吾則不欲見師 亦不欲見師書 唯於茶緣 不忍斷除 不能破壞 又此促茶進不必書 只以兩年積逋 並輸 無更遲悞可也 不然馬祖喝 德山棒 尙可承當 此一喝此一棒 雖百千劫 無以避躱耳.(金正喜, 앞의 책, 卷之五.)

66 玫瑰仍冒海棠傳 虞美人訛老少年 的的褋花眞實義 且於疏鈔破牽纏.(金正喜, 위의 책, 卷之十, 詩.)

67 草衣 鈔群芳譜 多有證正者 如海棠虞美人之類 非一二 余謂褋花經中 因疏鈔而誤者 又不啼海棠虞美人 當有一一證正如此耳.(金正喜, 같은 책, 卷之十, 詩.)

68 草師亦南之名宿 叢林中不多有者 今見詩論 亦知其鏡鏡印合矣 甚盛甚盛.(金

正喜, 〈與申威堂觀浩〉, 같은 책, 書牘.)

69 眼前白喫趙州茶 手裏牢拈梵志華 喝後耳門飮箇漸 春風何處不山家.(金正喜, 같은 책.)

70 意謂歸錫遠擧 不料間留鶴林 爲白坡老狡獪所纏繞也 此老亦於說講 爛熟疏鈔口海爛翻 至於禪理 寔未知其淺深也 顧此病情際劇 未與一會 殊可悵 咸生不知是何人歟 帶來其老師書 一再見而已 此等錦心繡口 滔滔盈盈 所經歷已多不可方物耳 師之禪 在金仙 又在頭輪 外此更無禪耳 何當理裝 此有奉送之微物 雨中無以寄去 待晴再圖亦佳 賤恙不增不減 亦一禪耳 腕如石杠 亦得悵皇不式.(金正喜, 같은 책, 卷之五.)

71 가정(假定)은 마음을 한 곳에 모아 해탈의 경지에 오른 것을 이름.(이하 이 시에 관한 주요 역주는 林鍾旭, 앞의 책을 참조함.)

72 만수화는 묘(妙)의 뜻을 지니며, 문수보살(文殊菩薩)이 왼 손에 들고 있는 꽃을 이름.

73 분타화는 백련화(白蓮華)를 이름.

74 불이문은 곧 불이법문(不二法文)을 이름. 상대 차별을 없애고 절대 차별도 없는 이치를 나타내는 법문이다. 제법불이(諸法不二)의 이치는 불도의 표준이 되므로 법이라 하고, 모든 성인이 이 법에 의해서 진리에 들어갔으므로 문이라 하는 것이다.

75 법희선열을 이르며, 법희식과 선열식을 합성한 말이다. 법희식은 불법에 의하여 심신을 돕는 것으로, 법을 듣고 기쁜 마음으로 수행하여 선근(禪根)을 주장하는 것이 마치 세간의 음식물이 몸을 기르고 생명을 유지하는 것과 같다는 뜻이다. 선열식은 이식(二食)의 하나로, 선정으로서 심신을 도우며 선정의 낙을 얻어 몸을 길러 혜명(慧命)을 자익(資益)하는 것이 마치 사람이 음식을 먹어 신체의 모든 기관을 길러 목숨을 보존하는 것과 같기 때문에 이렇게 부른다.

76 萬事從來春消雪 誰知個中自有一段難磨滅 秋空淨涵明月光 淸和難將比皎潔殊相劣形誰擬議 眞名假號總元絶 始未相動那伽定 誰道香火舊緣結 雙放雙收沒處尋 同生同死休提挈 一廻見面一廻歡 有甚情懷可更切 三十柱杖會不畏等閒隨雲下巀嶭 却看維摩方丈居 白玉界中黃金埒 玉女時將天花散 曼殊分

陀萂相攧 無底鉢擎衆香飯 沒根耳聽無言說 熱惱塵垢無着處 有誰更願濯淸冽 不二門中三十人 都無所用廣長舌 君不見 末後都將伊字喩 縱橫竝分也離別 我從長者 請下一轉語 法喜供禪悅食 還將容饕餮.(초의, 〈起山以謝茶長句見贈 次韻奉和兼呈雙修道人 雙修道人秋史別號〉, 같은 책.)

77 실담(悉曇)은 성취(成就)를 의히하나 길상(吉祥)이라고 번역함. 인도의 문자인 범어로, 넓은 뜻으로는 마다(摩多)와 체문(體文)을 총칭하는 말이며, 좁은 뜻으로는 마다의 12운(韻)만을 말하기로 한다. 이 마다 12운은 모두 완전한 제 소리가 있고, 또 점획으로서 체문의 여러 자모에 붙여 여러 가지 소리를 구성하므로 성취의 뜻을 가진 실담이라는 명칭으로 부른다.

78 林鍾旭, 앞의 책, 225쪽.

79 二月八與四月八 釋迦生辰紛紛說 細考不止一周昭 上溯武乙並夏桀 夜明還是莊王時 春秋元不差月日 不知周昭更何據 穆王平王復相聒 却將壬子爲甲寅 蘇繇刻石何況惚 五日七日且無定 古鏡長曆各藤葛 此云入道非生辰 阿那含不本起別 鷲靈聖賢法印傳 石柱文字玄機洩 聲聞依俙滯方隅 離迦龢轉恣譌脫 妙吉祥原曼殊利 無盡意乃阿差末 千漚尋月揔幻相 衆盲喩象難究詰 化胡經又沒巴鼻 此訟漫漫無時畢 尼丘聖辰亦異詞 劫前隱現疇能悉 百千燈攝一牟尼 四月不害作二月 然而我佛元無生 出門一笑空江闊.(金正喜, 〈答二月八日作佛辰代艸衲〉, 같은 책, 卷九.)

80 신자하는 추사의 선배였으나 추사보다 늦게 연경행을 하였다. 또 그 때 추사의 소개로 옹방강을 만나면서 받은 학문적 충격은 그가 40여 년 동안 유지했던 자신의 학문적 태도를 버리고 새로운 학풍을 받아들이게 하는 동인이 되었다. 이는 추사의 그것과 같은 것으로 이후 추사와 흡사한 학문적 태도를 견지하게 된다.

81 我見日與月 光景覺常新 萬象各自在 刹刹及塵塵 誰知玄廓處 此雪同此人 虛籟錯爲雨 幻華不成春 手中百億寶 曾非乞之鄰.(金正喜, 같은 책, 卷九.)

82 不作蘭花二十年 偶然寫出性中天 閑門覓覓尋尋處 此是維摩不二禪.

83 若有人强要爲口實 又當以毘耶 無言謝之. 曼香.

84 草衣老衲墨參禪 燈影心心墨影圓 不剪燈花留一轉 天然擎出火中蓮.(金正喜,

같은 책.)

85 백운동에는 十二勝景이 있는데, 옥판봉, 산다경, 정유강, 모란체, 취미선방, 백매오, 창하벽, 유상곡수, 홍옥폭, 풍선, 정선대, 운당원이 그것이다. 이때 그린 그림이 〈백운도(白雲圖)〉다. 그리고 그 다음 장에 십이승경마다 다산과 초의가 시를 번갈아 지었으며 맨 끝장에는 다산초당을 그린 〈다산도(茶山圖)〉를 붙이고, 다시 윤동이 발문을 지어 한 폭의 시축도(詩軸圖)를 만들었다. 이렇게 제작된 『백운첩』은 다산이 초의와 함께 월출산을 구경하고 인근 백운동(현 성전면 월하리)에서 하룻밤 머문 뒤 만든 20쪽짜리 시화첩 형식이다. 다산은 발문에서 “승려 의순이 〈백운도〉와 〈다산도〉를 그려 (두 곳의) 우열을 비교할 수 있게 했다.”고 적었다.

에필로그

: 감성치유와 고전 다시 읽기를 제안하며

차이에 대한 불인정은 종래 결핍을 야기한다. 이런 결핍은 물론 심적인 어떤 것이다. 지금, 여기에서 나가는 길 삼아 치유를 언급하는 것은 고전 읽기에 대한 또 다른 가능성을 확인하고자 함이다. 결핍 해소 인자로서의 감성과 그 매개로서의 고전의 역할을 주목하자는 제안이기도 하다. 우리가 고전을 다시 읽어야 하는 이유!

1. 차이가 치유를 부르다

문학으로 치유하기

감성 발현에 있어서 개인차는 존재할 수밖에 없는 문제이다.[1] 감성을 발현하게 하는 어떤 대상에 대해 개인이 느끼는 차이는 여러 환경적, 성격적 요인에 의해 극명하게 드러날 수 있기 때문이다. 이러한 차이의 원인은 큰 틀에서 보자면 원자로서의 인간이기에 발생할 수밖에 없는 문제가 된다. 세밀하게 보자면 인간 자신이 가진 경험과 정보 그리고 그것의 축적과 학습에 의해 이루어지는 의미 형성화 과정의 차이에서 비롯되는 문제가 된다. 여기에서 감성의 개인차를 말하고자 하는 이유는 그 차이를 인정하는 데서부터 감성 발현 상황에서 벌어질 수 있는 어떤 갈등들을 극복하는 시작점이 될 수 있다고 믿기 때문이다. 우선 개인차는 전적으로 후천적 행위 결과라는 사실에 주목해야 한다. 이는 감성의 개인차가 인위적으로 만들어질 수도 있다는 의미이다. 따라서 그것은 충분히 극복될 수 있는 문제라는 의미이기도 하다.

차이의 극복은 적극적 인정 행위에 의해 이루어진다. 수동적 인정 행위는 극복의 양태가 될 수 없다. 그것은 결과론적으로 체념 혹은 부정의 정서를 잉태할 수밖에 없다. 오직 대상이나 현상에 대한 적극적 인지 노력, 그리고 그것들을 표현하려는 적극적인 행위가 극복을 가능하게 해 준다. 이러한 극복을 위해 '통합적 문학치료'가 가장 적실한 사례가 될 수 있다. 통합적 문학치료란 정신분석, 분석심리 등의 분야뿐만 아니라 음악, 미술, 언어 등의 매체를 통한 치료를 모두 통합한다는 개념이다. 문학치료는 원시시대에서부터 그 기원을 찾을 수 있으며, 종교적 제의에서도 문학치료의 모습을 살필 수 있다는 것이 일반적 해석이다. 따라서 그것의 공통 기제로 감성이 언급되는 것은 매우 자연스러운 현상이 되었다. 문제는 감성이 문학치료의 기제로써 어떻게 작용할 수 있는가이다. 즉, 치료에 필요한 감성의 특징적 조건을 어떻게 문학으로부터 풀어낼 수 있는가를 밝히는 것이 보다 중요한 문제라는 것이다.

현대 사회에서 감성치유라 함은 보통 일반적인 심리치료와는 달리 이성[언어]이 아닌 감성[비언어]에 호소한다고 한다. 또한 그러한 치유의 대표적 사례로 미술, 음악, 독서, 영화 치료 등의 기법을 들 수 있다. 그렇다면 독서는 비언어적인 것인가? 미술이나 음악 또한 포괄적인 글쓰기 범주로 보았을 때, 즉 마음을 표현하는 한 방식으로 보았을 때 과연 비언어적이라고 볼 수 있겠는가? 중요한 것은 '어디에 호소하느냐'가 아니라 '어떻게 호소하느냐'의 문제일 것이다. '이성=언어, 감성=비언어'라는 도식은 그래서 정당하지 못하다. 따라서 감성치유란 비언어적 언어를 통합한, 즉 감성적인 것들의 통합적 작용에 의해서 이루어질 수 있는 치유라고 이야기해야 할 것이다. 그렇다면 그러한 통합적 작용이 일어날 수 있는 구체적 사례로 어떤 상황 혹은 범위를 상정할 수 있을까? 여러 가지가 말해질 수 있겠지만, 우선은 '가족'에 무게 중심을 두면 어떨까 한다. 가족은 그것 자체로 하나의 공동체이며 더불어 자아화의 근원지라고 할 수 있다. 또한 가장 작은 사회 단위에서의 개인을 발견하는 공동체 역시 가족이다. 따라서 개인차의 발생이 가장 먼저 발생하는 곳도 가족의 울타리인 것이다. 그런 까닭에 그 극복의 길 역시 여기에서부터 찾아내야 한다는 것이다.

앞서 말한 통합적 문학 치료는 각종의 매개, 즉 미술, 음악, 영화 등을 통해 개인차의 문제점을 드러내는 것으로 시작한다. 문제 해결의 실마리를 이런 비언어적 언어활동을 통해 찾아내는 것이다. 그리고 그런 문제를 해결할 가장 적합한 치유 방식을 모색하고 적용하여 갈등을 극복하게 하는 것이다. 이런 과정에서 가족은 차이의 극복을 극대화하는 가장 훌륭한 매개가 된다. 차이의 극복을 '홀로' 두지 않고 '더불어' 이루어내게 하기 때문이다.

또한 가족을 넘어 사회적 관점에서 주체들의 개인차는 감성의 질적 차이로 오해받을 수 있다. 그러나 그러한 질적 차이를 인정한다고 하더라도 그 차이를 수치화하여 측정하는 것이 과연 감성적 차원에서 올바른 일인지 되묻고 싶다. 수치가 다소 낮다고 하여 과연 주체의 감성적 능력이 떨어진다고 판단해야 하겠는가. 그것은 상대성의 문제일 따름이다. 주체의 정치적, 문화적 감성 혹은 감수성의 차이는 객체를 유쾌하게 인정하게 함으로써 얼마든지 극복될 수 있는 문제인 것이다. 결국 감성적 차원에서의 소통의 시작은 상대성의 유쾌한 인정에서부터 비롯된다고 할 수 있겠다.

시조, 치유 매개로서의 짧은 시

'짧은 시'는 그러한 유쾌한 인정을 부담 없이 시작할 수 있게 하는 의미 있는 도구가 된다. 이 절에서 다루고자 하는 감성치유를 위한 시조 읽기 또한 이러한 시작詩作의 효용성 측면을, 그리고 읽기-쓰기의 동시적 행위가 원활히 이루어질 수 있다는 수월성 측면을 고려하였다. 따라서 이 절에서는 우선 시조가 감성치유과정에서 어떤 역할을 수행할 수 있을 지를 살펴본다.

이런 살핌의 매개는 '위안'과 '포용'이다. 우리 옛 시조 작품에 나타나는 위안이 '비하'를 통한 개인적인 심리 행위의 결과임을 밝히고, 또한 포용이 '인정'을 통한 집단적인 심리 행위의 결과임을 설명하고자 할 것이다. 그리하여 드러난 위안과 포용이 시조를 통한 감성치유의 과정에서 활용될 수 있는 감성적 기제가 될 수 있음을 밝히도록 한다.

다음은 치유 매개로서의 시조 읽기를 위한 사례이다.

① 춘산에 불이 나니 못다 핀 꽃 다 붙는다
저 뫼 저 불은 끌 물이나 있거니와
이내 몸 내 없는 불이 나니 끌 물 없어 하노라

② 이 몸이 죽고 죽어 일백 번 고쳐 죽어
백골이 진토 되어 넋이라도 있고 없고
임 향한 일편단심이야 가실 줄이 있으랴

①은 김덕령金德齡(1567~1596)이 지은 〈춘산곡春山曲〉이라는 작품으로, 임진왜란 도중 억울한 옥살이를 견디다 못해 지은 옥중시라고 할 수 있다. 설명 그대로 이 작품에는 김덕령의 억울한 심사가 가감 없이 드러나 있다. 그 표현 방식 또한 꽃과 불의 붉음을 적절히 대비하여 자신의 심사를 드러내고자 하면서 시가 갖는 미적 효과 또한 충분히 발휘했다고 평가받는 작품이다.

②는 정몽주鄭夢周(1337~1392)가 지은 일명 〈단심가丹心歌〉라고 알려진 작품이다. 특별한 시적 장치를 보여주지는 않지만, 노래 그대로 일편단심, 즉 충忠의 가치를 단적으로 보여주는 작품이라고 할 수 있겠다. 어떻게 보면 ①의 작품보다 훨씬 더 무미하고 건조한 작품으로 보일 수도 있을 것이다. 그런 까닭에 〈춘산곡〉은 앞의 프롤로그에서 밝힌 [그림 1]에 표현된 감성 발현 모델의 '섹터 3'에, 그리고 〈단심가〉는 '섹터 2'에 위치시킬 수 있는 것이다. 그럼으로써 독자들은 각각의 작품들에 대해 해당 섹터의 정서를 중심으로 다시 읽기가 가능해질 수 있게 된다.

여기에서 우리가 대개 더 감성적이라고 선택하는 작품, 아마 ①은 다분히 현대적 관점에서 비롯된 선택이지 않나 싶다. 현대의 경우 미 그 자체를 추구하려는 경향이 있지만, 당대 특히 동양에서는 미의 추구가 궁극적으로 지향하는 바는 따로 있었다. 미의 추구는 도덕적 가치를 완성하기 위한 일종의 방편에 불과할 따름이었던 것이다. 이런 관점으로 보자면 시조라는 형식의 선택은 미의 추구[2]라고 할 수 있고, 그 형식에 담고 싶었던 가치는 도덕이라고 말할 수 있을 것이다. 당대의 경우 삶의 가장 중요한 가치는 도덕이었으며, 미의 추구와 완성의 경지 역시 도덕적 가치의 완성에 있었다.

따라서 이러한 관점에서라면 우리가 감정적이라기보다는 이성적(현재적 관점에서만 보자면)이라고 여기는 〈단심가〉가 오히려 더 감성적이라고 보아야 할 것이다. 이는 또한 감성의 발현이 시대적 가치에 따라 달라질 수도 있음을 시사한다. 즉 이러한 읽기는 고정된 것으로서의 감성이 아닌 시대적 역동성을 갖춘 감성으로써도 충분히 재해석될 수 있다는 시각을 함의한다고 볼 수 있다. 게다가 시조가 갖춘 3장의 형식 구조는 이러한 감성의 역동성을 가장 가시적으로 보여줄 수 있는 여지를 제공하기도 한다.

그렇다면 위 시조 작품 중 감성치유에 더 적합하다고 여겨지는 작품은 어떤 것일까? 우선 개인의 심사를 투영하고 토로하기에는 〈춘산곡〉이 더 적합하다고 보인다. 〈단심가〉는 이러한 과정에 이르게 하는 것뿐만 아니라 치료 이후의 보다 적극적인 삶, 스스로 추구해야 할 삶에 대해 의지를 갖게 하는 긍정적 효과까지 기대할 수 있는 시조라고 할 수 있겠다. 추구해야 할 삶의 구체적 목표치가 설정될 수 있기 때문이다.

감성치유의 적용 대상이 주로 '감정적인 사건에 의한 심리적 문제'를 가진 사람이거나 그럴 가능성이 있는 사람이기에 치료의 기제는 반드시 '마음-기계적 심리가 아닌-'에 있고, 그 마음의 열고 닫음을 이해할 수 있어야 한다. 그런 까닭에 그 발현 과정에 적극 개입하는 모든 행위 또는 물物을 감성이라고 할 수 있을 것이다. 이는 감성 발현의 메커니즘이 바로 치유의 메커니즘과 맥이 닿게 된다는 사실을 의미한다. 더불어 치유 행위의 기저인 상호간의 공감이 감성의 긍정적 발현 과정이자 결과에 다름 아님도 인정해야 할 것이다.

2. 시조로 치유하기

감성치유, 특히 시 치유의 몇 가지 중요한 원리 중에는 치유 대상자가 "시를 통해 자신의 생각과 감정을 타인들과 공유하고 있다는 것을 깨닫게 된다. 보편화를 깨달음으로써, 용기도 얻고 자신감과 정신집중도 함양된다. 말하자면 시로부터 위로를 받고 자신을 버틸 힘을 얻게 되는 것"이라는 대목이 있다. 또한 "시를 읽으며 시적화자의 감정과 욕구에 동일시될 수 있다. 언어를 사용하여 감정을 변형시키기도 하고 가라앉히기도 하며, 스스로 감정을 조절할 수 있게 된다. 그러면서 지금까지 부인하고 억제한 감정, 수용할 수 없었던 감정들을 시를 통해 표현하여 수용할 수 있게 된다. 또한 다시 치료사의 도움으로 자기의 감정을 체험한다. 이러한 시적활동은 내담자의 자아성장을 촉진하기도 하며, 정체감을 강화시키기도 한다."[3]고도 말한다.

여기에서 말하는 시적 활동이란 물론 읽기와 쓰기를 통합한 행위를 의미할 것이다. 실제 읽는 행위가 가져다주는 치유 결과는 주로 보편화의 깨달음에 있을 것이다. 그리고 쓰는 행위가 가져다주는 치유 결과는 자아 성장의 촉진에 있다고 보인다. 이 진술의 의미는 문학치료의 과정에 있어 읽기와 쓰기의 영역을 분명히 구분하고, 또한 그 과정에 맞는 목표를 설정해야 한다는 것이다. 불분명한 목표의 설정은 각 영역에서의 효과치를 혼돈하게 될 가능성을 높게 하며, 이는 치유 결과의 기대치에 대한 불명확성을 야기하여, 상담자와 대상자 사이의 탈선을 초래할 수도 있다.

이즈음에서 시조를 말하는 까닭은 그 장르가 읽기와 쓰기의 영역을 비교적 명확하게 구분하여 실행될 수 있는 매우 효율적인 구조를 갖고 있다고 보기 때문이다. (현대)시조든 시든 읽고 느끼는 행위와 그 효과에 대해서는 재론의 여지가 없다. 그러나 쓰기에 이르면 문제는 달라진다. 대부분의 사람들은 시조든 시든 장르에 관계없이 쓰기 자체에 오히려 두려움을 느끼며, 치유의 과정이라면 그것이 더 큰 혼란을 야기할 수도 있다는 것이다. 그런 까닭에 우리는 시조의 구조에 더욱 주목해야 할 필요성을 느낀다. 시조에는 시(현대시)와는 달리 읽고 쓰는 구조가 비교적 명확하기 때문에 그 명확성에서 오는 치유 행위의 용이함을 최대한 이용할 수 있다는 것이다. 즉, 상담자는 대상자에게 읽기와 쓰기의 구조에 대해 간단히 설명해주고, 이후 함께 읽고 쓰면서 공감대를 형성해 나갈 수 있게 된다.

이런 치유 행위가 가능한 이유는 물론 앞서 이야기한 것처럼 시조가 갖고 있는 3단 구성을 쉽게 간파할 수 있기 때문이다. 굳이 3단 논법 등을 말하지 않아도 우리는 3행시라는 아주 친숙한 문하 놀이를 공유하고 있다. 3행시가 곧바로 시조가 되는 것은 아니지만, 그 형식에 익숙한 이들에게 약간의 규칙만 알려준다면 누구라도 쉽게 쓸 수 있는 장르가 되기 때문이다. 물론 여기에서 문학성을 언급한다거나 하는 그런 누를 범하지는 않겠지만 말이다.

필자는 이러한 시조의 3단 구성에 대해 앞의 제2장에서 '감 · 발 · 홍'이라는 개념을 도입하여 설명한 바 있다. 이러한 시조의 감성 구조, 특히 감과 발의 구조는 시조의 초장과 중장에 각각 대입되면서, 대립이나 보완의 과정을 거쳐 홍에 이르게 되는 과정을 보여준다. 이를 시조 읽기에 적용할 경우, 대상자는 초장과 중장에 나타난 작자의 행위가 어떤 식으로 상호 관련을 맺고 있는 지를 쉽게 파악할 수 있게 된다. 이는 그러한 구조 속에 자신의 심적 상황을 훨씬 편하게 이입할 수도 있다는 의미가 된다.

이러한 구조는 특히 쓰기 치유에 더욱 적합하다고 보인다. 이제 위의 구조와 쓰기 행위의 적합성에 대해 말해보자. 시조의 구조는 많은 경우 대개 '대상-인식-정서'의 과정을 갖는다. 이를 치유와 연관시켜 말하자면, '무엇이 문제인가-그래서 나는 지금 어떠한가-그러니 어떻게 할 것인가' 정도가 될 것이다. 물론 '대상-인식'의 과정은 '인식-대상'의 과정으로 전환될 수도 있으며, 따라서 '나는 지금 어떠한가-무엇이 문제인가'로 전환하는 것도 아무런 문제가 없을 것이다.

시조 형식에서는 이러한 단계별 인식의 과정이 극히 짧게 드러난다. 그리고 매우 즉발적인 까닭에 인위적인 꾸밈이 차지할 영역이 협소할 수밖에 없다. 역으로 보자면 이는 시조를 통한 쓰기 치유가 보다 직접적인 효과를 가져 올 수 있다는 사실을 시사한다. 시조의 단형식이 주는 효용성이라고 할 수 있겠다. 결국, 짧은 형식이 의미하는 손쉬운 글쓰기 혹은 읽기는 쓰기와 읽기를 통한 치유 행위 자체가 부담스럽지 않음을 의미한다고도 볼 수 있겠다. 물론 글쓰기 초보 단계에서의 3행시도 같은 역할을 수행할 수 있을 것이다. 그러나 시조 형식을 통한 문학치료는 거기에 시조의 격식을 알려주고, 나아가 언어를 조탁하게 하는 과정을 거치게 함으로써 '대상-인식' 사이에 드러난 문제를 보다 분명하게 할 수 있다는 장점을 가지고 있다. 또한 그 안에서 이루어질 수 있는 치유 효과를 보다 극대화할 수도 있다는 점 또한 간과하지 않아야 할 것이다.

이제 이러한 쓰기 치유를 위한 시조의 역할을 확인하기 위해 시조에 나타난 치유 기제를 '읽어보고자' 한다. 대개 치유란 부정성 극복을 전제로 하기에, 이러한 부정성이 주요 제재가 되는 시조들이 주요 대상이 될 수 있겠다. 여기에서 말하는 부정성이란 신체적인 것뿐만 아니라 심리적인 것들까지 모두 포괄하는 개념이다. 시조에서 주로 나타나는 부정성의 심적 기제는 주로 비하이며, 이보다 조금 더 긍정성을 갖는 심적 기제로는 부정적 상황에 대한 소극적 인정이라고 할 수 있다. 이런 기제들은, 적어도 작품 내부에서는 자기 위안을 위한 어떤 치유적 행위로 읽힐 수 있다.

‖ 비하를 통해 위안을 얻다

여기에서 말하는 위안은 자기 위로를 의미한다. 타인을 위로하여 그의 마음을 편안하게 해주는 능동적 의미가 아니라, 타인에게 어떤 행위를 가함으로써 자신이 위로받는 그런 위안을 말하고자 함이다. 물론 그 어떤 행위를 가능하게 하는 매개 중의 하나가 비하임을 전제한다. 또한 여기에서 말하는 비하는 작품 속에 나타나는 경우로 한정한다. 비하란 자기 자신을 스스로 낮춘다는 것이 가장 먼저의 의미이지만, 그보다는 대개 타인을 업신여기고 낮추는 행위를 가리키는 의미로 쓰이는 경우가 더 일반적이다.

문학 작품, 특히 시조에서 비하는 주로 신체나 신분의 열등함을 표현함으로써 드러난다. 그중에서도 신분적인 차이에서 오는 열등감이 두드러진다고 보인다. 이는 시조의 향유계층과도 밀접한 연관이 있다. 시조는 한때 양반 사대부들의 전유물처럼 여겨졌으나, 임병양란을 거친 후에는 서민들에게까지 그 향유층이 확대되었다. 그런 까닭에 시조가 다루는 관심의 영역 역시 보다 확대될 수밖에 없었다. 강호의 도를 주로 노래하던 상황에서 서민들의 생활과 현실 인식이 투영된 노래에 이르기까지 그 관심의 영역이 다변화되었던 것이다.

시조의 관심 영역과는 별개로 조선 사회는 여전히 신분 차별이 극심한 사회였다. 그런 가운데 18세기 이후 신분제가 동요되면서 그러한 신분 차별을 낳은 현실에 대한 서민들의 각성이 있지 않을 수 없었을 것이다. 그런 가운데 그들이 가진 이런 관심은 상층 계층에 대한 비판이나 야유로 표현되는 것이 아니라 자신들보다 하층 계층에 대한 비하로 표현되는 것이 대부분이었다. 적어도 시조에서는 그런 상황이 분명하게 포착된다. 특히 '중'에 대한 비하가 단연 압권을 이룬다.

●● 못된 것, 웃긴 것, 잘못된 것

그런데 당대 하층 계층에는 백정이나 기생, 무당 등도 포함되어 있었음에도 불구하고, 유독 중에 대한 비하가 주류를 이루었을까 하는 의문이 남는다. 이는 당대의 사회적 상황과도 연관될 수밖에 없다고 보인다. 당시 사회적 문제를 야기하는 경우의 중심에 '중'이 등장하는 경우가 빈번했다는 역사적 사실과도 무관하지 않은 듯하다. '이판사판理判事判'이라는 단어가 이를 대변한다고 할 수 있다. 다음은 이와 관련한 일련의 시조 작품들이다.

① 청靑울치 육六날신 신고 휘딕 장삼長衫 두루쳐 메고 소상반죽瀟湘班竹 열 두 ᄆᆞ듸 블휘직ᄉᆡᆼ혀 집고
ᄆᆞ로 너머 ᄌᆡ 너머 들 건너 벌 건너 청산석경靑山石經에 구분 늙은 솔 아릐로 흿근누은 누은 흿근 흿근 등 너머 가옵거ᄂᆞᆯ 못 보오신가 긔 우리 난편 선사禪師듕이 올너니
남이서 듕이라 ᄒᆞ여도 밤 중中만 ᄒᆞ여서 옥玉 ᄀᆞᆺ튼 가슴 우희 슈박 ᄀᆞᆺ튼 ᄃᆡ고리를 둥굴썰금썰금 둥굴둥실둥실 긔여 올나 올 제 ᄂᆡᄉᆞ 됴회 듕셔방이올네 (4106)

①의 작품에서 작중 화자의 '남편'은 '중'이다. 물론 여기에서 이 남편은 '밤중 남편'일 뿐이다. 그렇기 때문에 남편에 대한 존중이나 배려는 전혀 보이지 않는다. 그저 '밤중만' 기다리는 심사만 내비칠 따름이다. "이들의 관계에서 승려에 대한 인격적인 존경은 전혀 보이지 아니

한다. 심지어 끝의 시조에서는 '듕서방'이나 '선사禪寺듕'이라고 하면서도 그 흔한 '님' 자字는 붙이지 않고 있다. 오로지 육체적인 면만이 강조되어 있다. 이는 (중략) 불교의 타락에서 말미암은 일반인들의 승려에 대한 인식이 그대로 나타난 것이라 할 수 있다. 그리고 이들 서민과 접하는 승려들 역시 학식이 높거나 수도를 많이 한 부류가 아니라 서민 사이에 기생하는 무리들이 아닌지 모르겠다."[4]는 정재호의 진술은, 그래서 당대인들이 가진 중에 대한 비하적 인식을 엿볼 수 있게 한다. 물론 "이 때에도 여성들은 능동적으로 승려에게 몸을 허락하여 즐기기도 하고 뒷처리를 부탁하는 등 하기도 하는 여성 중심으로 전개되어 있다."[5]고도 볼 수 있겠다. 하지만 이미 그 내면에는 아무런 거리낌 없이 '즐기고', '뒤처리를 부탁'해도 된다는 분방한 인식이 깔려 있으며, 이러한 인식이 중에 대한 비하에서 나온 것임은 의심의 여지가 없을 것이다.

② 창窓 밧게 그 뉘오신고 소승小僧이 올소이다
어제 저녁의 동냥動鈴ᄒᆞ라 왓던 즁이 올너니 각씨閣氏님 자는 방房 족도리 버서 거는 말 겻틔 이 ᄂᆡ 쇼리 숑낙을 걸고 가자 왓소
져 즁아 걸기는 걸고 갈지라도 후後ㅅ말이나 업게 ᄒᆞ여라 (3833)

③ 창 박긔 게 뉘 왓ᄂᆞ 뒤 졀 소승 나려 왓소
어둠침침 야삼경의 무삼 일노 나려 왓나
아기씨 모단 쪽도리 거난 말코지의 소승 삼장 건너 나려 왓소 (5704)

④ 즁놈도 사ᄅᆞᆷ이 냥ᄒᆞ여 자고 가니 그립더고
즁의 松絡 나 베옵고 내 족도리란 즁놈 베고 즁놈의 長衫은 나 덥ᄉᆞᆸ고 내 치마란 즁놈 덥고 자다가 ᄭᆡ야 보니 둘의 ᄉᆞ랑이 송낙으로 ᄒᆞ나 족도리로 ᄒᆞ나
이튼날 ᄒᆞ던 일 ᄉᆡᆼ각ᄒᆞ니 못 니즐가 ᄒᆞ노라 (3759)

위의 ②와 ③의 작품은 내용이 서로 흡사한 노래들로 작자는 미상이다. ④의 작품도 물론 같은 부류의 작품으로 이해할 수 있다. 단지 이 작품은 앞의 두 작품보다는 훨씬 더 적극적이며 유희적인 내용을 담고 있다는 점이 차이일 뿐이다. 일단 이들 작품에서 공통되는 '승려들의 밤 침탈'에 대해 당대 여성들이 가진 관용적이면서도 보다 적극적인 모습을 읽을 수 있을 것이다. '동냥動鈴ᄒᆞ랴 왓던 즁'은 바로 사판승事判僧을 말한다. 그 사판승이 쓰고 온 송락松絡을 여성이 베고 자고, 여성의 족두리는 '즁놈'이 베고 잔다. 장삼과 치마를 바꾸어 덮는다는 행위 또한 성교를 암시한다.

성욕은 물론이거니와 그 밖의 모든 욕망에서 벗어나 도를 추구하고자 하는 승려에게 있어 여성 혹은 여성과의 잠자리는 그 자체로 모순이다. 이 노래들을 통하여 우리는 성욕에 대한 대리 만족과 만연한 성 개방 풍조를 모두 말할 수 있으며, 이러한 욕구를 중의 신분을 빌려 노래하려는 의도를 함께 알 수 있을 것이다. 그러나 숨겨진 것들에 대한 드러내기를 시도함으로써 대리만족을 얻을 수 있을지는 몰라도 그런 비유 자체가 승려에 대한 비하의 관점에서 나온 것임을 인정하

지 않을 수 없다.

이 부분에서 주목되는 또 하나의 사실은 승려에 대한 비하의 관점이 이중성을 가질 수도 있다는 점이다. 조선 후기로 갈수록 승려의 신분은 더욱더 천해졌다고 볼 수 있다. 일반 백성들은 자신들 역시 천한 신분임을 자각하면서도 자신들보다 더 천하게 인식된 승려를 비하함으로써 신분적 갈등 혹은 신분 상승의 욕구를 실현하고자 했을 수도 있다. 백성들의 입장에서 보자면, 이는 대리 만족이요 나아가 일종의 자기 치유에 해당한다고도 볼 수 있다. 현실적으로 실현 불가능한 욕구를 '비하'라는 방식을 통해, '노래'로 풀어냈다는 점에서 오늘날 말해지는 일종의 문학치료가 이루어졌다고도 볼 수 있는 것이다.

사설시조는 사대부시조와 달리 거칠면서도 활기에 찬 삶의 역동성을 담고 있다. 사설시조를 웃음의 미학이라고도 할 수 있겠는데, 일상적 삶 속의 갑남을녀들에 대한 해학적 관찰, 중세적 고정 관념을 거리낌 없이 추락시키는 풍자, 고달픈 생활에 대한 해학 등이 주요 내용을 이룬다.[6] 사설시조가 민중시였다는 점을 감안하면, 이러한 해학과 풍자가 당대인들의 주요한 감성 발현 기제였음을 어렵지 않게 짐작할 수 있다. 그들은 사설시조라는 형식을 통해 하고 싶은 말을 쏟아낼 수 있었으며, 그때 사용한 정제되지 않은 언어, 정제되지 않은 날 것의 감정을 드러내 보임으로써 스스로를 위안할 수 있었던 것이다.

결국, 못된 것, 웃긴 것, 잘못된 것 등을 작품에 등장시키는 행위는 이미 그 대상에 대한 비하가 투영된 관점의 반영이라고 할 수 있다.

나아가 이러한 관점들이 반영된다고 함은 이미 그것이 풍자를 통한 심리적 긍정성 확보를 위한 기본 전제임을 인식했기 때문일 것이다. 즉, 풍자 행위의 전제 중의 하나는 비하이며, 이러한 비하는 단순히 비하로서 그치지 않고 긍정적 감성을 발현시키기 위한 하나의 매개로 작용한다는 사실에 주목해야 한다. 우리보다 못한 것을 통하여 우리가 더 나은 것이 되고자 하는 그런 심리적 메커니즘이라고도 볼 수 있겠다. 따라서 이러한 작시 행위에서 비하를 통해 얻는 것은 웃음이요, 해학이고, 또한 그것으로 자기 위안을 삼았다는 점에서 시조의 치유적 기능을 일부 확인할 수 있을 것이다.

‖ 인정을 통해 포용을 얻다

인정은 욕구와도 일정 부분 연관이 있다. 굳이 헤겔의 인정 욕구를 언급하지 않더라도 우리는 '~을 인정받다.'라는 말이 가져다주는 만족감이 우리 삶에 얼마만큼 지대한 영향을 끼치는지 잘 알고 있다. 물론 그 영향 자체는 언제나 긍정적이다. 그러나 그것을 획득하기 위한 개인의 개별 행위들로 인하여 결과의 긍정성이 부정적으로 판단될 수도 있다는 점 또한 간과할 수 없다. 따라서 여기에서 다루고자 하는 문제는 이러한 부정적 행위들에 의해 왜곡될 수 있는 긍정성을 포용이라는 심적 기제를 통해 해결할 수 있는 방법은 무엇일까 정도가 되겠다. 여기에서는 시조 작품 읽기를 통해 그 실마리를 찾아보고자 한다.

소극적 인정, 그리고 카타르시스

인정은 소극적 인정과 적극적 인정으로 구분해 볼 수 있다. 소극적 인정이라 함은 자기 자신의 처지나 상황을 인정하는 것으로서, 앞서 말한 위안과도 관련이 있다. 그러나 그러한 인정의 결과가 세계에 대한 포용을 드러내고 있다는 점에서는 차이가 있다. 적극적 인정이란 타인의 처지나 상황을 인정하고, 나아가 거기에 공감을 표현함으로써 포용의 의지를 보여준다는 의미이다. 물론 여기에서는 자신의 처지를 다루며 인정하는 경우도 포함한다. '안분지족安分知足'과 같은 경우가 대표적이다. 즉, 인정하는 대상의 차이가 아니라, 인정의 대상과 범위가 어느 정도에까지 이르러 그 차이를 보이느냐에 있을 뿐이다. 인정을 통해 공감과 포용을 성취하려는 의도는 같은 것이다. 다음은 소극적 인정이 이루어지는 경우이다.

① 귀먹은 쇼경이 되어 산중山中의 들어시니
들은 일 업거든 본 일이 이실소냐
입이야 셩ᄒᆞ다라마ᄂᆞᆫ 무슴 말을 ᄒᆞ리오 (492)

② 사라 그려야 올흐랴 죽어 이제야 올흐랴
사라 그리기도 어렵고 죽어 잇기도 어려웨라
죽어도 잇기 어려오니 사라 두고 보리라 (1950)

①은 조선 중기의 문신인 백사白沙 이항복李恒福(1556~1618)의 작

품이다. 이 작품에서 보는 바와 같이 대개 소극적 인정은 자신과의 대화이거나 다짐이 되는 경우가 많다. 또한 이러한 심사는 자신이 뜻한 바와는 무관하게 세상일이 잘못 흘러가며, 그 세파에 휩쓸려 아무것도 하지 못할 상황에 이르렀을 때 비롯된다는 것이 일반적이다. 이 항복 역시 당쟁에 휘말려 벼슬에서 물러나 유배를 가게 되는데, 아마 이 시기에 지어진 작품일 것으로 추측된다.

이 작품은 귀가 멀고 눈도 멀어 있기에 비록 산중에 들어선다고 하더라도 아무 것도 듣고 보지 못할 상황이며, 그런 까닭에 성한 입을 가지고서도 아무 말도 못한다는 내용이다. 겉으로 보면 세상일에 비켜서서 두고만 보자는 심사요, 안으로는 그런 상황에 대해 아무것도 할 수 없는 한탄이 보인다. 그런 한탄을 작자는 내면에만 숨겨두지 않고 노래를 통해 밖으로 토로한다. 또한 직접적으로 토로할 수는 없지만, 그 한탄 속에 숨겨둔 다짐 또한 잊지 않는다. 그 다짐이야말로 작자에게는 훗날을 도모할 수 있는 위안이 될 수 있기 때문이다.

②에서는 사람을 그리워해야 옳을까, 죽어서 잊어야 옳을까 스스로 묻는다. 그리고는 그리워하기도 잊기도 어려우니 차라리 두고 보는 것이 더 낫지 않겠느냐고 말하는 내용이다. 어떤 사랑하는 이를 두고서 그리워하는 마음이 극에 달한 듯하다. 죽어서도 잊지 못하겠으니, 차라리 포기할망정 먼발치에서나마 두고 보는 것만으로도 족하다는 마음일까? 이렇게 보면 이 작품은 어떤 사람에 대한 사랑의 인정이다.

한 개인의 인정 욕구 중 가장 첫 번째로 꼽을 수 있는 것 중의 하나는 사랑이라고 할 수 있다. 사랑이 정서인지 아닌지, 감성적인 것들 중의 하나인지 아닌지의 문제는 차치하더라도, 사랑에 대한 인정 욕구만큼 광범위한 대상을 갖는 가치도 드물다. 아기와 엄마, 자식과 부모, 남자와 여자, 개인과 사회와의 관계 등에서 모두 보일만큼 포괄적인 대상을 갖고 있는 것이다. 그 중에서도 남자와 여자 사이에서 발생하는 연정의 관계에서 이러한 욕구는 최고치에 다다를 것이다. 그래서 이 관계에서는 인정과 불인정 사이의 괴리가 그만큼 크게 나타날 수 있게 되는 것이며, 그 괴리의 폭과 인정 욕구는 비례한다고 여겨진다. 못 이룰 사랑이더라도 그 마음을 한 번쯤 표현할 수 있다는 것은 역으로 그 사랑을 잊을 수 있는 가장 큰 위안거리가 될 수도 있다는 것이다. 아래 시조 작품은 이러한 상황을 반영한다.

③ 산山은 녯 산山이로ᄃᆡ 물은 녯 물이 아니로다
주야晝夜에 ᄒᆞ르거든 녯 물이 이실소냐
인걸人傑도 물과 ᄀᆞᆺ도다 가고 아니 오노ᄆᆡᄅᆞ (2048)

③은 황진이의 작품이다. 청산을 자신에게 비유하여 변하지 않는 자신의 정을 노래한 것이라고 알려져 있다. 그러나 좀 더 속살을 끄집어 보면, '산-여성'과 '물-남성'과의 설정을 통해 기다림과 그리움을 은유한다. 물의 속성을 통해 돌아오지 않는 님에 대한 원망을 쏟아내지만, 오히려 물의 속성을 너무 잘 알기에 그 체념마저도 인정하는

모습이라고 할 수 있다. 이는 자신이 처한 상황과 현실에 대한 인정으로 결국 그 상황에 대한 포용을 이끌어낸다고 할 수 있다. 이런 경우 대개 비극적 체험으로부터 비롯하는 일종의 카타르시스라고도 말할 수 있겠다.

문학적인 측면에서 보자면 카타르시스는 비극을 봄으로써 마음에 쌓여 있던 우울함, 불안감, 긴장감 따위가 해소되고 마음이 정화되는 일이라고 한다. 또한 심리학적 차원에서는 이것을 일종의 심리 요법으로 이용하기도 한다. 정신 분석의 과정에서는 마음속에 억압된 감정의 응어리를 언어나 행동을 통하여 외부에 표출함으로써 정신의 안정을 찾는 일을 의미하기도 한다. 서구에서는 이런 카타르시스에 대해 그간 여러 가지 의견들이 분분했던 것도 사실이다. 이런 이유에 대해 마광수는 다음과 같이 말한다.

> 서양인들이 플라톤적인 세계관, 즉 이성을 감성보다 우월한 것으로 보는 이성주의적 세계관을 고수해 왔기 때문이다. 데카르트의 합리주의를 정점으로 하여 서양인들은 정신과 육체, 이성과 감성, 또는 도덕과 본능 사이의 분리를 당연하게 생각해왔다. (중략) 이러한 이성우월주의적 세계관 때문에 카타르시스를 단지 '억압된 욕구의 대리적 배설'로 보지 않으려고 하는 갖가지 시도가 이루어졌다. 이를테면 카타르시스는 단순한 심리적 효과만이 아니라 비극의 고통 저 너머에 보이는 어떤 지혜나 직관에 도달하게 한다는 설명이 대표적인 예인데, 문학 특히 비극은 단지 무섭고 슬픈 것을 목적으로 하는 것이 아니라 보다 심각하고 의미심장한 인식의 체험을 마련해 주기 위한 것이

라는 주장이다.[7]

물론 마광수는 이러한 의견들에 대해 찬성하지 않는다. 그 근거로 사디즘적인 쾌감의 인정과 비인정 사이의 갈등이 존재함을 내세운다. 그래서 그는 서구적 문학예술전통의 시각에서가 아니라, 동·서양을 통틀어 인간이라면 누구나 느낄 수 있고 경험할 수 있는 '감정 또는 욕구의 대리적 배설(또는 충족)'의 측면으로 카타르시스의 의미와 효용을 폭넓게 고찰하려 하였다. 그의 이런 주장에 동의한다면 카타르시스의 치유 기제 나아가 감성 발현 기제로서의 가능성을 말할 수 있게 된다. 이에 대해 아리스토텔레스가 말한 '공포恐怖'와 '연민憐憫' 중 특히 '연민'에 대해 주목해 보자. 공포와 연민을 순전히 감정의 한 유형으로만 보았을 때, '공포'는 내가 고통을 당할 때 느끼는 감정이고, '연민'은 남에게 고통을 가했을 때 부수적으로 잠깐 느끼게 되는 감정이라는 마광수의 주장[8]에도 일리는 있다.

그러나 연민이 비극적 체험에 대한 공감에서 우러나오는 것이라면, 특히 시조 읽기에서 그러한 행위가 행해질 수 있다면, 그것은 분명 치유 기제로서의 효용성을 가진다고 볼 수 있다. 연민이 공감과 소통의 제1기제가 될 수도 있기 때문이다. 따라서 이것들, 특히 '연민'에 대해 치유 기제 혹은 감성 발현의 한 기제로 본다면, 그것은 '잠깐 느끼게 되는 감정'에 머물게 해서는 안 된다. 연민은 한국적 감성 발현의 측면에서 '짠하다'와도 같은 맥락이라고 할 수 있다. '짠하게 여기는 것'은 대상에 대해 순간적이고 즉발적이며 아주 '잠깐'일 수도 있겠지만, 중요한 것은 그러한 발현이 대상에 따라 지속될 수 있고, 반복될 수 있다는 점이다. 그 지속과 반복이 이런 감정들을 치유 기제 나아가 감성 발현의 한 기제로 만들어주는 것이다.

적극적 인정, 승화에서 포용까지

이제 적극적 인정에 대해 말해보자. 적극적 인정은 인간의 집단성과 사회성 측면에서 주목되는 부분이다. 어느 집단이나 사회의 구성원으로서 자신을 인지하거나 자연의 일부로서 자신을 인정하는 경우에 주로 나타난다. 이런 경우 우리는 작품 속에 내재된 화자의 포용을 어렵지 않게 찾아낼 수 있다. 다음 작품을 보자.

④ ᄇᆡᆨ셩을 알냐 ᄒᆞ면 아젼이 야쇽이요
아젼을 알냐 ᄒᆞ면 ᄇᆡᆨ셩이 원망이라
엇지타 인간의 ᄉᆡᆼᄋᆡ가 다 각각 (이더냐) (1715)

⑤ 백구白鷗 백구白鷗들하 내 네오 네 내로라
내 버지 네어니 네 나ᄅᆞᆯ 모ᄅᆞᆯ소냐
차중此中의 한가閑暇ᄒᆞᆫ 계산溪山의 나와 너와 놀리라 (1668)

④는 이세보李世輔의 작품으로, 여기에서 화자는 백성과 아전들을 모두 살펴볼 수 있는 지점에 서 있다. 그러나 그곳에 비판의 시선은 보이지 않는다. 오히려 두 입장을 모두 인정하는 모습만 보인다. 그

인정하는 모습 또한 적어도 심적으로는 추상적이지 않다. 야속과 원망이라는 구체적인 심리 현상을 통해 그 두 모습을 포용하고자 하는 것이다. 이때의 두 심리 현상은 표면적으로는 화자에게서 나타나는 것으로 보이지만, 실은 서로 다른 두 입장이 가진 각각의 심리 현상을 대변해주는 것으로 보아야 한다. 이런 행위 자체가 화자가 우리에게 보여주고자 했던 타인에 대한 포용성이라고 말할 수 있다.

"아전들의 부정을 보고 이를 탓하면 아전들이 야속한 수령이라 하고, 아전들 하자는 대로 하면 백성들이 수령을 원망하니 수령 노릇하기 어렵다는 노래이다. 그러나 아전의 도움 없이는 수령의 직무 수행이 어렵기 때문에 아전의 의견도 들어야 하는 수령의 어려운 처지를 풍자한 노래다. 이를 통해서 당시 서리들의 횡포를 짐작할 수 있다."[9]는 성낙은의 지적은 그래서 적절하지 못한 면이 있는 듯하다. 이 노래의 궁극은 수령 노릇의 어려움을 토로하는 것이 아닌 수령(혹은 작중 화자)이 갖고자 했던 포용의 어려움, 그것도 애민을 염두에 둔 포용의 어려움을 토로하는 것으로 보이기 때문이다.

⑤는 이중경李重慶(1724~1754)의 〈어부사漁父詞〉 중 두 번째 작품이다. 이 작품은 동일시同一視 혹은 동화同化를 통한 포용을 보여주는 사례라고 할 수 있다. 또한 일종의 승화昇華라고도 할 수 있다. "승화(Sublimation)란 허용될 수 없는 충동을 사회적으로 허용되는 사고와 행위로 전환시키는 것을 말한다. 예를 들어 부모님에 대한 분노를 부모님께 직접 표출하지 않고 노래나 시로 대신 표현하는 등의 예술 행위 따위"[10]가 그것이다. 종교 활동 역시 이와 관련한 대표적 사례가

될 수 있다. 승화는 감성 발현 기제 중에서 비교적 긍정적이라고 할 수 있다. 승화는 부정적인 것들에 대해 부정하려고도 하지 않는다. 오히려 그것들을 인정하고, 그 극복의 과정에 적극적으로 개입하려 한다. 따라서 자아를 부정하거나 억압하지도 않으며, 그 갈등 과정에서의 충돌 역시 염려할 필요가 없다. 그렇기 때문에 개인적으로나 사회적으로 비교적 효용성이 높은 기제라고 할 수 있겠다.

고산 윤선도의 〈어부사시사〉가 그렇듯, 대개 〈어부사〉의 작자들은 자의이든 타의이든 몸담고 있던 곳에서 물러나와 강호에 머무르며, 그곳에서의 소회를 풀어내는데 노래를 사용하곤 한다. 이때 그들의 소회는 대개 부정적-치사致仕의 이유에 따라 다르겠지만-이지만, 노래만큼은 그와 정반대라고 볼 수 있다. 오로지 자연과 동화된 자신의 모습을 보여주며, 물아일치의 경지를 노래하고, 강호한정을 풀어내는 것이다. 읽는 이야 그 속을 모를지라도 작자 자신만큼은 내면의 부정적 면모를 노래를 통해 긍정적 면모로 바꾸어보고자 하는 노력의 일환이었다는 의미이다.

⑤의 작품 역시 이러한 맥락으로 설명될 수 있다고 여겨진다. 평소에는 무심했을 백구白鷗지만, 어찌 되어 자연으로 돌아와 보니 그 백구가 노니는 양이 결코 무심해 보이지 않는다. 작자 자신이 처한 환경 혹은 그러한 심정과 돌아온 자연 사이에서 생겨난 어쩔 수 없는 괴리가 느껴지는 것이다. "사회와의 심리적 거리가 멀수록 자연은 심리적 보상처로서 이상적인 조화로움을 구유한 곳으로 나타나 자연과의 일체된 삶을 노래한다. 이 경우에 자연은 조화와 전일함의 세계로서 당

위적 세계로 놓여 있다. 그런데 이와 같이 자연 속에서 내성적 완성의 모범을 찾고 자연과 일치하고자 했던 데"[11]에서 이 작품을 설명하려는 성기옥의 의도와도 맞닿아 있다고 볼 수 있다.

이상의 논의를 통해 필자는 위안과 포용이 감성치유, 특히 시(시조) 치유를 위한 대표적인 감성 기제가 될 수도 있음을 밝혔다. 물론 감성치유를 위한 시조 읽기가 위안과 포용에서만 그치는 것이 아니다. 이 외에도 시조에는 더 많은 감성적 기제들이 다루어지고 있다. 찬송讚頌, 회한悔恨, 기탁寄託, 회고懷古, 애상哀傷, 경계警戒 등이 그것이다. 그럼에도 불구하고 이 글에서 위안과 포용만을 그 대상으로 삼은 까닭은 이들이 다른 기제들보다 좀 더 즉각적이고 가시적인 기제라고 여겼기 때문이다.

이상의 논의를 통하여 필자는 시조 작품에 나타나는 위안이 '비하'를 통한 개인적인 심리 행위의 결과일 수도 있음을 보여주었다. 물론 이때의 위안은 자기 위로를 의미한다. 타인을 위로하여 그의 마음을 편안하게 해주는 능동적인 의미가 아니라, 타인에게 어떤 행위를 가함으로써 자신이 오히려 위로받는 그런 위안을 의미한다는 것이다. 필자는 그 행위를 비하라고 본 것이다. 앞서 살핀 바와 같이, 못된 것, 웃긴 것, 잘 못된 것 등을 작품에 등장시키는 행위는 이미 그 대상에 대한 비하가 투영된 관점의 반영이라고 할 수 있다.

나아가 이러한 관점들이 반영된다고 함은 이미 그것이 풍자를 통한 심리적 긍정성 확보를 위한 기본 전제임을 인식했기 때문일 것이다. 즉, 작품에 내재된 풍자 행위의 전제 중의 하나는 비하이며, 이러한 비하는 단순한 비하로서 그치지 않고 긍정적 감성을 발현시키기 위한 하나의 매개로 작용한다는 사실에 주목하고자 했던 것이다. 우리보다 못한 것을 통하여 우리가 더 나은 것이 되고자 하는 그런 심리적 메커니즘이라고도 해석할 수 있다. 따라서 이러한 작시 행위에서 비하를 통해 얻는 것은 웃음이요, 해학이고, 또한 그것으로 자기 위안을 삼았다는 점에서 시조의 치유적 기능을 설명할 수 있었다.

다음은 포용이다. 이 부분에서 필자는 '인정'을 통한 집단적인 심리 행위의 결과로서 포용을 다루었다. 그리하여 인정 혹은 인정에 관한 욕구가 우리 삶에 끼치는 긍정성을 전제한 다음, 이를 시조 읽기와 연관시켜 보았다. 우선 인정에 대해 소극적 인정과 적극적 인정으로 구분하여, 소극적 인정이 자기 자신의 처지나 상황을 인정함으로써 위안과도 관련이 있음을 살펴보았다. 나아가 적극적 인정은 타인의 처지나 상황을 인정하고, 나아가 거기에 공감을 표현함으로써 포용의 의지를 보여준다는 점도 살펴보았다. 물론 여기에서는 자신의 처지를 다루며 인정하는 경우도 포함한다. 시조 작품에서 주로 표현되는 '안분지족安分知足'과 같은 경우가 대표적이었다. 결국 시조에서의 포용은 인정하는 대상의 차이가 아니라, 인정의 대상과 범위가 어느 정도에까지 이르러 그 차이를 보이느냐에 있을 뿐, 인정을 통해 공감을 형성하려는 의도는 같았음을 확인할 수 있었다.

3. 에필로그

이 글에서는 감성의 여러 지점들을 옛 노래를 통해 문학적 관점에서 재구성해보고자 하였다. 특히 감성 혹은 감성적인 것들에 대해서 특정 문학 작품과 연관시켜 재해석되는 모습을 확인해봄으로써 감성의 역동성을 설명해보고자 했던 것이다. 나아가 이 글을 통해 옛 문학을 넘어 문화예술의 전반적 영역에서 한국 혹은 한국인의 감성을 조망해보고자 하는 필자의 소박한 열망 또한 부인하지 않는다.

닫힌 사회에서 열린 사회로의 전환을 '근대'라는 단어로 모두 설명할 수는 없을 것이다. 바로 이 점이 고전과 감성을 만나게 하는 하나의 이유가 되었다. 고전이 도외시되는 이유 중의 하나가 바로 '지나간' 사회요 사람의 문제였기 때문이다. 물론 사회 자체를 하나의 유기체로 보고 그 사회 현상과 변화를 설명하려는 시도는 언제나 정당하다. 그러나 적어도 그런 논의의 과정에는 해당 사회의 사람들에 대한 통찰이 전제되어야 한다. 그것이 '지나간' 사회, '지나간' 사람일지라도 말이다.

그럼에도 불구하고 우리는 지나간 '사람 없는 사회'에 대해 논의하는 것에 대한 반성이 거의 없었다는 점을 인정해야 한다. 지나가든 다가오든 그 어떤 사회이든지 그 성격은 그 사회의 사람들에 의해 규정된다. 열린 마음을 가진 사람들의 집합체라면 마땅히 열린 사회가 될 것이고, 그렇지 않다면 그 반대의 경우가 될 것이다. 그러나 근대라는 잣대를 두고 보면 지나간 사회는 불행히도 닫힌 사회라는 결론에 이를 수밖에 없었다. 적어도 문학 작품으로만 보자면 당대의 사람들은 분명 충분히 열린 사람들이었음에도 말이다.

물론 이러한 관점은 매우 일반적이고 초보적이며, 그럼에도 불구하고 우리가 상상하는 이상향의 모습이기도 하다. 가장 초보적이면서 이상향이 되는 그런 사회를 '꿈꾸는 사람'들은 어느 사회에든 존재했었다. 따라서 어떤 이유에서건 그 꿈을 '꾸는' 데 그치지 않고 '실현'하고자 했던 사람들의 삶을 살펴보는 것도 이 글의 주요 목적이었다. 닫힌 사회라고 해서 모두가 닫힌 마음으로 살지는 않았다는 사실은 역사적으로도 충분히 증명되고 남음이 있다.

그런 까닭에 그 사람 혹은 사람들의 감성적 행위 자체가 시대 감성의 탄생이라고 하겠다. 이는 감성의 작용이 어느 한 지점에만 머물러 있지 않고, 언제나 어느 사람들에 의해서건 끊임없이 탄생된다는 관점의 시작이라고 할 수 있다. 따라서 감성의 탄생은 닫힌 사회 속에서의 경우라면 더욱 주목할 가치가 있게 된다. 또한 우리가 고전을 다시 읽어야 하는 이유가 되기도 한다.

■ 주석

1 이 절의 내용은 필자의 논문인 「위안과 포용 – 인문치료를 위한 시조 읽기」, 『인문과학논총』 제28집, 강원대학교 인문과학연구소, 2011을 본 저서의 내용에 맞게 수정·보안한 것임을 밝힌다.

2 미의 추구를 위해 어떤 형식을 취할 것이냐는 순전히 작자 자신의 감각, 혹은 감수성의 질에 따른 개별 선택이라고 할 수 있다.

3 유건상, 「시를 이용한 인문치료」, 『인문치료, 어떻게 할 것인가』, 강원대학교 출판부, 2009, 44쪽.

4 정재호, 『한국시조문학론』, 태학사, 1999, 300~301쪽.

5 정재호, 위의 책, 301쪽.

6 류연석, 『시조와 가사의 해석』, 역락, 2006, 163쪽.

7 마광수, 「카타르시스의 實體的 效用에 관한 硏究」, 『연세논총』 24, 연세대학교대학원, 1988, 3쪽.

8 마광수, 위의 글, 10쪽.

9 성낙은, 『고시조산책』, 국학자료원, 2003, 494쪽.

10 민경환 외 옮김, 앞의 책, 389쪽.

11 성기옥, 『한국시의 미학적 패러다임과 시학적 전통』, 소명출판, 2004, 345쪽.

참고문헌

_문집

金正喜, 『阮堂全集』.

懶 翁, 『懶翁和尙歌頌』.

普 雨, 『虛應堂集』.

浮 休, 『浮休堂大師集』.

逍 遙, 『逍遙堂集』.

申 緯, 『紫霞詩集』.

尹善道, 『孤山遺稿』.

草 衣, 『艸衣詩集』.

______, 『文字般若集』.

沖 止, 『圓鑑國師歌頌』.

海 眼, 『中觀大師遺稿』.

慧 諶, 『眞覺國師語錄』.

_단행본

기세춘, 신영복 편역, 『中國歷代詩歌選集』 2, 돌베개, 1994.

김달진 편역, 『韓國禪詩』, 열화당, 1994.

김신중 외, 『호남의 시조문학』, 도서출판 심미안, 2006.

김종진, 『불교가사의 계보학, 그 문화사적 탐색』, 소명출판, 2009.
동국대학교출판부 편, 『韓國佛教全書』, 東國大學校韓國佛教全書編纂委員會, 1993.
류연석, 『시조와 가사의 해석』, 역락, 2006.
민족문화추진회 편, 『국역 완당전집』 2, 도서출판 솔, 1996.
朴乙洙 編著, 『韓國時調大事典』, 亞細亞文化社, 1991.
法 興 엮음, 『禪의 世界』, 도서출판 호영, 1992.
釋智賢, 『禪으로 가는 길』, 일지사, 1994.
성기옥, 『한국시의 미학적 패러다임과 시학적 전통』, 소명출판, 2004.
성낙은, 『고시조산책』, 국학자료원, 2003.
송준영, 『禪, 언어로 읽다』, 소명출판, 2010.
柳晟俊, 『申緯作品集』, 형설출판사, 1977.
유홍준, 『완당평전』 1, 도서출판 학고재, 2002.
이상보, 『한국불교가사전집』, 민속원, 1996.
李舜堯・梁瑄模 共著, 『가상현실형 감성공학』, 淸文閣, 2006.
이종찬, 『한국불가시문학사론』, 불광출판부, 1993.
李鍾燦, 『韓國의 禪詩 <高麗篇>』, 二友出版社, 1985, 87쪽.
林鍾旭, 『艸衣選集』, 東文選, 1993.
張淳容, 『禪이란 무엇인가 - 十牛圖의 사상』, 도서출판 세계사, 1991.
정 민, 『한시미학산책』, 솔출판사, 2001.
정재호, 『한국시조문학론』, 태학사, 1999.
조동일, 『한국문학통사』 2, 지식산업사, 1996.
千柄植, 『韓國茶詩作家論』, 國學資料院, 1996.
통 광 역주, 『草衣茶禪集』, 불광출판부, 1999.

한국정신문화연구원, 『한국인물대사전』, 중앙일보/중앙M&B, 1999.
홍사성 주편, 『불교상식백과』, 불교시대사, 1993.
홍윤식, 『5월의 문화인물 - 초의』, 한국문화예술진흥원, 1997.

_역서

杜松柏 지음, 朴浣植·孫大覺 옮김, 『선과 시(禪과 詩)』, 민족사, 2000.
行場次朗・箱田裕司 編著, 조경덕・남기춘 공역, 『지성과 감성의 심리학』, 웅보출판사, 2002.
Keltner & shiota(2003), p.89. James W. Kalat, Michelle N. Shiota 지음, 민경환 외 옮김, 『정서심리학』, 시그마프레스, 2007.

_논문

강명혜, 「抵抗의 美學으로서의 辭說時調」, 『시조학논총』 제9집, 한국시조학회, 1993.
金大幸, 「時調의 構造的 特性」, 『先淸語文』 제7집, 서울대학교 국어교육과, 1976.
_____, 「時調形式의 意味」, 『시조학논총』 제11집, 한국시조학회, 1995.
김기종, 「지형의 불교가사 연구」, 『한국문학연구』 24, 동국대 한국문학연구소, 2001.
김덕근, 「십우도의 선적표현과 그 의미 연구」, 『인문과학논총』 25, 청주대학교 인문과학연구소, 2002.
金雲學, 「韓國 禪茶의 硏究」, 『佛教學報』 제12집, 동국대학교 불교문화연구소, 1975.
김중순, 「한국문화의 미적 가치 개념에 대한 도가적 해명」, 『한국학논집』 제

36집, 계명대학교 한국학연구원, 2008.

김흥규, 「사설시조의 愛慾과 性的 모티브에 대한 재조명」, 『한국시가연구』 13집, 한국시가학회, 2003.

류해춘, 「가족갈등을 매개로 한 사설시조의 성담론」, 『시조학논총』 27집, 한국시조학회, 2007.

마광수, 「카타르시스의 實體的 效用에 관한 硏究」, 『연세논총』 24, 연세대학교 대학원, 1988.

변선환, 「십우도에 나타난 진정한 자기추구」, 『불교연구』 6, 7집, 한국불교연구원, 1990.

서철원, 「침굉 가사의 종교적 자연관」, 『비평문학』 35집, 한국비평문학회, 2010.

유건상, 「시를 이용한 인문치료」, 『인문치료, 어떻게 할 것인가』, 인문치료총서 3, 강원대학교 출판부, 2009.

유호선, 「靑泉 申維翰의 불교관 연구 – 『奮忠紓難錄』을 중심으로」, 『불교학연구』 8집, 불교학연구회, 2004.

유홍준, 「秋史 金正喜 筆 <雲外夢中>帖 고증」, 『人文硏究』 18집, 영남대학교 인문과학연구소, 1997.

이민홍, 「山水와 時調學, 그리고 性情美學」, 제6차 한국시조학회 전국학술발표대회 발표집, 2009.

이정옥, 「사설시조의 '산것들'과 그들에 대한 작가인식」, 『시조학논총』 20집, 한국시조학회, 2004.

전재강, 「침굉 가사에 나타난 선의 성격과 진술 방식」, 『우리말글』 37집, 우리말글학회, 2006.

鄭惠蘭, 「枕肱의 漢詩 硏究」, 전남대학교 박사학위논문, 2006.

조태성, 「위안과 포용 – 인문치료를 위한 시조 읽기」, 『인문과학논총』 제28집, 강원대학교 인문과학연구소, 2011.
_____, 「고려 '가'와 날 것의 감성」, 『배달말』 49, 배달말학회, 2011.
_____, 「'산–바다'의 공간 기호와 욕망의 진퇴 – 고산 시조의 감성적 독해」, 『국어국문학』 156집, 국어국문학회, 2010.
_____, 「감성의 발현과 그 방식, 파장 혹은 스펙트럼」, 『감성연구』 창간호, 2010.
_____, 「시조의 감성 구조 – 감・발・흥의 개념 도입을 중심으로」, 『시조학논총』 제32집, 한국시조학회, 2010.
_____, 「선시, 감성의 배제 혹은 베풂」, 『배달말』 44집, 배달말학회, 2009.
_____, 「한국 선시의 갈래와 선취의 문제」, 『고시가연구』 22집, 한국고시가문학회, 2008.
_____, 「고시조에 구현된 물[水]의 심상」, 『시조학논총』 제29집, 한국시조학회, 2008.
_____, 「18~9세기 불교가사에 나타난 현실인식」, 『고시가연구』 20집, 한국고시가문학회, 2007.
_____, 「한국 선시에 나타난 소의 상징성」, 『배달말』 40집, 배달말학회, 2007.
_____, 「유사들의 시에 나타난 선취 연구」, 『고시가연구』 제14집, 한국고시가문학회, 2004.
_____, 「완당 김정희의 불교한시」, 『고시가연구』 제12집, 한국고시가문학회, 2003.
_____, 「초의선사의 시문학 연구」, 전남대학교 박사학위논문, 2003.
_____, 「초의선사의 다시에 대하여」, 『고시가연구』 제11집, 한국고시가문학

회, 2003.

______, 「<목우도>의 십계송과 선시」, 『고시가연구』 제7집, 한국고시가문학회, 2000.

최강현, 「뭇 꽃들 지고 마지막 피우는 꽃」, 이어령 책임편찬, 『국화』, 도서출판 종이나라, 2006.

찾아보기

ㄴ

ㄷ

ㅅ

ㅇ

ㅈ

고전과 감성

우리 옛 시 다시 읽기

인쇄 | 2012년 6월 15일
발행 | 2012년 6월 20일

저자 | 조태성
기획 | 전남대학교 호남학연구원 인문한국사업단
발행 | 김윤수
발행처 | 전남대학교출판부

등록 | 1981. 5. 21. 第53호
주소 | 500-757 광주광역시 북구 용봉로 77
전화 | (062) 530-0571~3
팩스 | (062) 530-0579

값 17,000원

ISBN 978-89-97620-16-6 (93810)

이 도서의 국립중앙도서관 출판시도서목록(CIP)은 e-CIP홈페이지(http://www.nl.go.kr/ecip)와 국가자료공동목록시스템(http://www.nl.go.kr/kolisnet)에서 이용하실 수 있습니다.
(CIP제어번호 : CIP2012002664)

이 저서는 2008년 정부(교육과학기술부)의 재원으로 한국연구재단의 지원에 의한 것임(NRF-2008-361-A00006).